教育部人文社会科学规划基金项目
“古代会计史料搜集、整理与会计史料学学科建设问题研究”
（项目批准号：19YJA790084）资助

会计史料学

The Science of Accounting Historical Materials

王遂昆◎编著

中国经济出版社
CHINA ECONOMIC PUBLISHING HOUSE
·北 京·

图书在版编目（CIP）数据

会计史料学／王遂昆编著．--北京：中国经济出版社，2022.6

ISBN 978-7-5136-6941-2

Ⅰ．①会… Ⅱ．①王… Ⅲ．①会计史-史料-汇编-中国 Ⅳ．①F23-092

中国版本图书馆 CIP 数据核字（2022）第 092420 号

组稿编辑　崔姜薇
责任编辑　焦晓云
责任印制　马小宾
封面设计　任燕飞

出版发行　中国经济出版社
印 刷 者　北京力信诚印刷有限公司
经 销 者　各地新华书店
开　　本　710mm×1000mm　1/16
印　　张　17
字　　数　287 千字
版　　次　2022 年 6 月第 1 版
印　　次　2022 年 6 月第 1 次
定　　价　88.00 元
广告经营许可证　京西工商广字第 8179 号

中国经济出版社 **网址** www.economyph.com **社址** 北京市东城区安定门外大街 58 号 **邮编** 100011
本版图书如存在印装质量问题，请与本社销售中心联系调换（联系电话：010-57512564）

会计史料是会计史研究的基础，作为支持会计史研究的一部指南，王遂昆博士所撰《会计史料学》是一部具有创新价值与开拓性意义的著作。

这是一本以“会计史料学”为主要研究对象的著作。王遂昆博士对中国古代会计史料的分类、分项及其应用原理进行了系统研究，具体包括：第一，会计史料及其检索与考证原理；第二，会计史料查证对考古成果的学习与研究；第三，会计历史文献学习原理与方法；第四，对中国古代优异会计文化的认识与分析；第五，会计史料检索与应用的历史规律；第六，断代史中的会计史料收集、查证、剖析与遴选应用。以上研究成果体现了王遂昆博士这部著作的贡献。

——中南财经政法大学教授、博士生导师

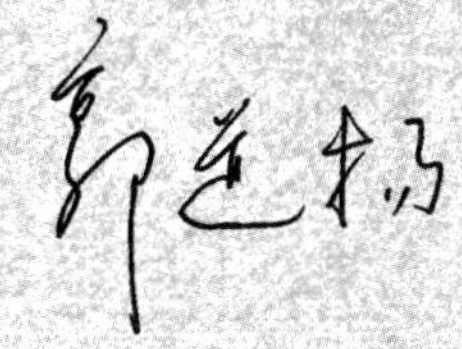

前言

历史学是一门实证学科，会计史也是这样，没有多少主观想象的空间，必须掌握充分的资料。史料研究是会计史研究的基础性工作，许多学者已对此进行过探索和研究，并取得了一些可喜的成果，但是除了一些史料汇编性著述外，目前探讨会计史料学学科理论和方法论的专著较为少见，完整的、科学的会计史学科体系尚未建立。中国是一个具有悠久文化传统的国家，数千年来留下了丰富的会计思想文化遗产，有待深入研究。作者把个人在日常学习和研究中的点滴体会汇集成书，希望能在一定程度上助推会计史料研究的发展。本书适用于高等院校财务会计专业本科生、研究生的会计史教学，也可为研习中国会计史的学界同人提供助益。

本书是一部专门研究会计史料学的论著，既探讨搜集、鉴别、整理和利用会计史料的方法论和一般规律，也研究中国古代会计史料的来源、价值和利用等问题。本书共四章内容：第一章，介绍研究的目的、意义、国内外研究现状及研究对象、研究内容和总体框架。第二章介绍会计史料学基础理论；第三章介绍会计史料搜集、鉴别、整理和利用的方法论；第四章阐述古代典型性会计史料。需要说明的是，由于近现代会计史料十分丰富和浩繁，用一部书整理完几乎不可能，故本书仅对古代会计史料进行考证和汇编，至于近现代会计史料，就留待以后有条件时再予增补。

本书尝试从学科建设的角度探究会计史料问题，具有以下四个特点：

(1) 立足会计史的整体学科体系，把会计史料学定位于会计史学的基础性分支学科展开研究。

(2) 努力突破“史料介绍”的局限，从会计史料学学科建设的高度着眼，较为集中、系统地论述会计史料的搜集、鉴别、整理与利用等有关方法和理论。

(3) 积极拓宽学术视野，深入挖掘会计史料资源，把新出考古文献和档案文献中的会计史料纳入研究范畴。

(4) 较好地将会计史料学的理论与实践结合在一起，注重对史料实用价值的挖掘。

作为会计史料研究及会计史料学学科建设的引玉之砖，本书力求在前人研究成果的基础上有所突破，其主要贡献在于：

(1) 对会计史料的内涵、特征、分类及搜集、鉴别、整理和利用等问题进行初步阐述，力求对会计史料学进行客观的学科定位。

(2) 深入挖掘目前已有传世文献、考古文献和档案文献中的会计史料，按照现代会计学科的分类方式进行汇集整理和系统梳理，以期更好地传承中华民族悠久的会计文明。

由于学识有限和史事繁杂，本书在会计史料的取舍、观点的阐述等方面可能存在不足，欢迎学界同道批评指正，以便日后进行完善和补充。

目录

第一章　绪论

第一节　研究目标及研究意义

一、研究目标

没有史料就没有史学，稳定的史料学基础是开展会计史学术研究的前提。本书的研究目标在于：一是借鉴已有研究成果，结合新出文献和考古成果，运用互联网检索技术，对我国古代会计史料进行系统搜集、鉴别和整理，为会计史研究提供系统、可靠和有价值的史料，以传承和发展中华民族悠久的会计文明；二是在借鉴已有研究成果的基础上，对会计史料及会计史料学学科建设基本理论进行初步探讨。

二、研究意义

史料问题事关会计史学术研究和学科发展，也与中国传统会计文化的传承密切相关，重视和加强会计史料整理及研究工作具有重要的现实意义。

（一）会计史料研究是完善会计史学科体系的需要

凡成熟的学科必有相对稳定的史料基础，[①] 每一门学科在具体建构和发展过程中都需要解决自身的史料问题，没有史料基础的学科是不成熟的，其学科地位也极难稳固，这是历史学科发展的基本规律。会计史研究发展到一定阶段，必须重视史料意识培养和史料建设问题，需要依靠史料来提升学科地位。会计史学科体系是会计史研究发展到一定阶段的产物，它包括会计史料

---

① 谢泳．思想利器：当代中国研究的史料问题［M］．北京：新星出版社，2013：114.

学、会计史方法学和会计史学史等不同的内容或分支①，对会计史学术研究具有引导和推动作用。会计史料学的构建是会计史研究发展成为一门独立学科所不可或缺的，也是会计史学科发展成熟的一个重要标志。会计史料整理及研究工作的滞迟，以及会计史料学学科建设的缺失，是至今尚未建成完善、成熟的会计史学科体系的一个重要因素。

（二）会计史料研究是会计史学科可持续发展的需要

史料研究是会计史研究的一部分，它内在地体现了研究者个人的史识及其重构历史的动机。一方面，史料研究是会计史研究的基础阶段，同时也贯穿于会计史研究的全过程，会计史研究不能脱离史料整理与研究工作；另一方面，史料研究本身也是会计史研究的专门领域，史料研究方法运用得当，完全可以为会计史研究开辟新的路径。在会计史研究中，有时会因史料纷繁复杂而让人感到难以入手，但大多数情况下，是研究者因史料不足而感到困惑。因此，会计史研究的创新和研究领域的开拓在很大程度上取决于能否突破史料研究的瓶颈，这也取决于会计史料整理及研究工作的完善程度。目前，人类会计活动的演进历程已经基本理顺，并被广泛认可，但仍存在不少重大问题，如龙门账的真相和政府审计的起源等，由于缺乏直接史料的佐证而处于悬而未决的状态亟待厘清。认真思考会计史料整理及研究工作的重要意义，有助于从新的视角、用新的方法推进会计史研究的可持续发展。

（三）会计史料研究是传承和发展中国会计文化的需要

会计作为人类记录与报告经济活动、提供经济活动信息的管理行为，本身具有深刻的文化烙印，以及极其丰富的文化内涵。自出现会计实践活动起，中式会计的演进便显现出十分丰富的文化色彩。从日成、月要、岁会、国计簿、会计录到会计报告，从司会、簿曹、计史、度支到会计，从考功、上计、勾检、磨勘到审计，以及颇具中国文化特色的会计体数码、记账符号、账簿名称、月份雅号和红蓝色账目戳记，等等，经由会计史料的记录和传承，形成了一个连续而完整的链条，最终形成中国这一文明古国博大精深的会计文化，也积累了丰富的会计文化遗产。史料客观地记录了人类会计活动的基本环节，是会计文化遗产的重要组成部分和基本表现形式，是国家和民族的宝贵财富，也是中国为人类文明所作出的至为突出的贡献。不注重会计史料的

---

① 付磊．会计史研究三十年［J］．会计研究，2008（12）：29.

整理及研究工作，必将影响中国文化的民族特色和整体性，也不利于中华民族优秀会计文化的传承与发展。

第二节 国内外研究现状述评

历史研究必先从整理史料入手，史料研究在会计史研究中具有基础性地位。会计史料学是对会计史料的搜集、鉴别、整理、利用的理论和方法进行研究的一门学科，目前国内该领域的研究主要从四个方面展开。

一、通过汇编性论著对会计史料进行搜集与整理

有些机构和学者已认识到史料研究的重要性并取得了一些成果，如中国会计学会组织编写的《中国会计史料选编——东北根据地和东北大行政区时期》（中国财政经济出版社 1989 年版）、《中国会计史料选编——中华民国时期》（江苏古籍出版社 1990 年版），中国审计学会组织编写的《中国革命根据地审计史料汇编》（北京工业大学出版社 1990 年版），魏文享的《民国时期之专业会计师论会计师事业资料汇编》（湖北人民出版社 2011 年版），以及方宝璋的《民国时期审计史料汇编》（国家图书馆出版社 2015 年版）。这些史料汇编性论著虽然仅停留在史料搜集、整理和汇编的层面，但具有重要的会计史料学价值，能够为研究者提供第一手参考资料。此外，财政史、金融史等领域的史料汇编成果，如中国人民银行的《红色中华——金融史料摘编》（中国金融出版社 2016 年版），能够提供中央苏区的统一会计制度和财政收支史料，在会计史料研究中也具有一定的参考价值。

二、通过会计史专著对会计史料进行研究

目前，与会计史有关的专著颇丰，其中最为重要的当属郭道扬先生的《中国会计通史》（中国财政经济出版社 2022 年版），其他通史类论著还有方宝璋的《中国审计史稿》（福建人民出版社 2006 年版）、李金华的《中国审计史》（中国时代经济出版社 2004 年版）、李宝震和王建忠的《中国会计简史》（经济科学出版社 1989 年版）和《中国审计简史》（中国审计出版社 1989 年版）等。会计断代史专著有付磊等的《新中国会计制度发展演变研究》（立信会计出版社 2021 年版）、李锦绣的《隋唐审计史略》（昆仑出版社

2009年版)、杨时展的《1949—1992年中国会计制度的演进》(中国财政经济出版社1989年版)、赵友良的《中国古代会计审计史》(立信会计图书用品社1992年版)和《中国近代会计审计史》(上海财经大学出版社1992年版)等。中外会计比较史专著有李孝林的《比较会计史学》(中国财政经济出版社2007年版)。会计思想史论著有方宝璋的《民国审计思想史》(中央编译出版社2010年版)、杨智杰的《中国古代官厅理财思想史研究》(经济科学出版社2009年版)、刘常青的《中国会计思想发展史》(西南财经大学出版社2005年版)、陈信元和金楠的《新中国会计思想史》(上海财经大学出版社1999年版)等。会计专题史论著有宋小明的《成本会计史研究》(立信会计出版社2014年版)、池田温的《中国古代籍帐研究》(中华书局2007年版)、康均的《产权会计史研究》(中国财政经济出版社2006年版)、唐耕耦的《敦煌寺院会计文书研究》(新文丰出版公司1997年版)等。以上论著中的会计史料比较系统和丰富,为会计史料学研究奠定了基础。

三、通过财政史、经济史等专著对会计史料进行研究

财政史研究方面的论著有朱玉湘的《山东革命根据地财政史》(中国财政经济出版社2017年版)、李锦绣的《唐代财政史稿》(社会科学文献出版社2007年版)、项怀诚的《中国财政通史》(中国财政经济出版社2006年版)、汪圣铎的《两宋财政史》(中华书局2005年版)、包伟民的《宋代地方财政史研究》(上海古籍出版社2001年版)等;经济史研究方面的论著有漆侠的《宋代经济史》(南开大学出版社2019年版)、王毓铨的《中国经济通史》(中国社会科学出版社2007年版)、赵德馨的《中国经济通史》(湖南人民出版社2002年版)等;商业史、赋税史和货币史研究方面的论著有彭信威的《中国货币史》(上海人民出版社2015年版)、孙翊刚的《中国赋税史》(中国税务出版社2007年版)、吴慧的《中国商业通史》(中国财政经济出版社2004年版)等;法制史研究方面的论著有张晋藩的《中国法制史》(中国政法大学出版社2016年版)等。以上论著对会计史料多有涉猎,是进行会计史料学研究不可或缺的参考资料。

四、通过学术论文对会计史料进行研究

对传世文献和考古成果中的新出史料进行考证和研究一直是会计史研究的热点,如会计起源研究(郭道扬,2014),战国牛肋骨墨书账簿研究(蔡全

法，2013；陈敏 等，2015），秦汉魏晋简牍中的籍账研究（王祥伟，2008；陈明光，2009），隋唐敦煌吐鲁番文书中的手实、计账与寺院会计文书研究（杨际平，2014；陈敏，2007；明成满，2009），宋代籍账制度研究（戴建国，2007；方宝璋，2004），西夏黑水城账籍文书研究（潘洁，2009；许生根，2013；史金波，2020），明清民间商业账簿研究（袁为鹏，2010；刘秋根，2010；卢忠民，2011；董乾坤，2017），民国审计制度与复式簿记研究（夏寒，2016；朱灵通，2017）等。这些为数可观的对史料进行发掘、考证和研究文章的问世，为进行会计史料研究提供了大量有用的线索。

总之，改革开放以来，会计史学界对于史料研究从无到有，已经具有了一定的学术积淀，但也存在一些不足，对会计史研究的可持续发展造成了不利影响。这些不足主要体现在以下三个方面：一是对会计史料研究的重要性认识不足，在会计史料学理论方面的阐发较为薄弱。在学术研究中，不注重运用史料等情形较为常见，专门研究会计史料，尤其是将其作为一门相对独立的学科进行专门探讨的著述比较少见，至今尚无一部系统探讨会计史料学学科理论的论著出版。二是缺乏对古代会计史料的系统梳理。中国会计文明源远流长，但古代会计史料多散见于历代典籍和考古文献，搜集和整理起来难度很大，使得专门针对古代会计史料的研究论著至今仍尚付阙如。三是缺乏对新出考古文献中所见古代会计史料的系统整理，应及时予以补充和吸收，以利于深入研究。这些不足正是本书希望予以探讨和解决的问题。

第三节 研究对象、总体框架及研究内容

一、研究对象及总体框架

没有明确的研究对象，研究者将无的放矢。会计史料研究有自己独立的学术价值，需要将其作为一门“学问”来认知和研究。本书尝试对会计史料及与其相关的工作进行专门研究，研究对象有三个：一是会计史料学学科建设基础理论；二是搜集、鉴别、整理和利用会计史料的方法论；三是中国古代会计史料的系统搜集、整理与研究。借鉴已有史料学和文献学论著，本书的总体研究框架如图 1-1 所示。

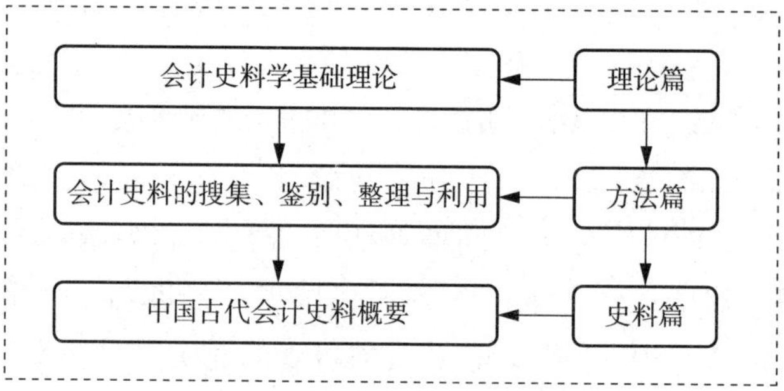

图 1-1　本书的总体研究框架

二、研究内容

本书的研究内容主要分为以下三部分：

（一）会计史料学基础理论

这部分主要探讨会计史料及会计史料学领域的基本理论问题，以利于本学科学术规范的建立和学科理论研究的进一步开展。主要研究两方面内容：一是会计史料的内涵、分布范围、分类及主要特征，分析史料对会计史研究的重要性；二是会计史料学的研究对象、研究任务、学科体系及学科属性，会计史料学与文献学、考古学等相关学科的关系，以及会计史料学的研究现状和未来研究趋势等。

（二）会计史料的搜集、鉴别、整理和利用

这部分主要探讨搜集、鉴别、整理和利用会计史料的方法和一般规律，以利于会计史料整理与研究工作的全面推进与整体提升。主要研究两方面内容：一是会计史料搜集、鉴别、整理和利用的原则与方法；二是会计史料与数字化技术的结合问题。具体研究内容包括：探讨搜寻会计史料的途径和方法，常用古籍文献网址和检索工具的利用；探讨如何鉴别会计史料；分析会计史料引用致误的主要原因，以及在写作中如何规范引用会计史料。这部分非常注重结合会计史料中的典型例子进行具体分析，以为读者活学活用和掌握方法提供较为清晰的借鉴，从而提高其利用会计史料的能力和学术修养。

（三）中国古代会计史料概要

这部分主要研究三方面内容：一是不同历史时期会计演进状况及会计史

料的特点；二是不同历史时期与会计史料有关的典籍文献及古籍数据库；三是不同历史时期典型会计史料的来源、内容、价值及利用。这部分对古代会计史料进行了系统的归纳、梳理与整合，可为学界进行会计史研究提供基础资料，同时为查找新会计史料提供线索和路径。按照历史演进顺序，这部分将中国古代社会划分为先秦、秦汉、三国两晋南北朝、隋唐、宋代、辽西夏金元、明代和清代共八个时期，即分八个小节对传世文献、考古文献和档案文献中的会计史料进行系统搜集、分类与整理，重点对葛陵楚简、走马楼吴简、黑水城文献、徽州文书等新出考古文献中的会计史料进行整理与研究。在每个小节中，首先评价该历史时期的总体社会经济环境和会计发展情况，然后按财计组织和会计职官、账簿设置和核算方法、会计审计法制、会计思想和会计人物等类别分别介绍基本会计史料。

三、研究方法、研究价值及研究创新

（一）研究方法

学术研究必须针对研究对象制定相应的研究方法。研究方法不同，即使研究对象相同，所得出的结论也会有差异。本书主要采用以下四种研究方法：

1. 马克思主义唯物史观分析法

马克思主义唯物史观包括辩证唯物主义和历史唯物主义，是用唯物辩证法认识社会历史的科学，是人类社会文明发展迄今“唯一科学的历史观”①，为各门社会科学提供了理论基础和科学的方法论。本书涉及许多复杂的社会政治经济问题，充分体现了主客观的有机融合过程，因此必须坚持以马克思主义唯物史观为指导，本着“让历史说话，用史实发言”的宗旨来研究会计史料。会计史研究只有坚持以马克思主义唯物史观为指导，才能深刻揭示中国会计演进的必然性和规律性。要始终坚持以马克思主义唯物史观为指导，以推动会计史料学研究的繁荣发展。

2. 文献研究法

本书在研究中充分运用文献研究法，通过搜集、鉴别和整理相关专著、论文等文献资料，尽可能全面掌握与会计史料相关的已有研究成果，进而形成对会计史料的理性认识。主要利用互联网检索技术和古籍数字化资源，如

---

① 徐光春．马克思主义大辞典［M］．武汉：崇文书局，2018：12.

中国哲学书电子化计划、国际敦煌项目（IDP）、二十五史、文渊阁《四库全书》等在线检索系统，以及读秀、知网、超星等学术搜索系统，对传世文献、考古文献和档案文献中的会计史料进行系统搜集、整理与研究。

3. 比较研究法

比较研究法是通过比较找出事物之间的相似性与差异性的一种研究方法，它是人们认识客观事物的重要方法。本书主要采用横向和纵向两种比较研究方法，对不同历史时期及同时期不同来源的会计史料进行对比研究，通过比较其异同来获得对会计史料的清晰认知。

4. 探索性、描述性与解释性研究相结合法

本书在研究中采用了探索性、描述性与解释性研究相结合的方法。具体来说，在第二章对会计史料学学科建设问题进行分析时，主要采用探索性研究的方法，为后续深入研究奠定基础、指明方向；第三章主要采用探索性和解释性相结合的研究方法，对会计史料搜集、鉴别、整理和利用中的方法论进行扩展；第四章采用描述性和解释性相结合的研究方法，阐明古代典型会计史料的来源、内容、价值及利用问题。

（二）研究价值

本书具有以下三个方面的研究价值：第一，将会计史料学作为一个学科进行阐述，有助于健全会计史学的学科体系。缺乏理论的会计史料研究是没有思想和灵魂的，通过对会计史料学学科建设的基础理论进行探讨，使之规范化和科学化，有助于会计史学乃至会计学学科的可持续发展，意义重大且十分必要。第二，全面梳理考述中国古代会计史料的来源、内容和价值，可为学界同人提供较为清晰、完整的会计史料信息，使其可以节省出更多的精力用于新史料的发掘和对史料本身的深入研究，从而对会计史研究起到一定的推进作用。第三，会计史料学理论、方法与史料介绍相辅相成，有助于培养和提高学者自身的史料学方法论素养，使其初步熟悉和掌握搜集、鉴别、整理和利用会计史料的基本方法，逐渐形成重视史料的优良治史传统。

（三）研究创新

本书具有以下两个方面的研究创新：第一，选题内容较为新颖。本书首次对中国古代会计史料进行系统搜集、鉴别、整理与研究，可为学界提供清

晰、完整的古代会计史料信息，也可为进一步开展会计史学术研究提供史料线索和史证依据，从而为推动会计理论研究奠定良好的基础。第二，研究视角具有前瞻性。本书首次将会计史料学作为一个学科进行阐述，在学科体系、学科定位、学科任务等方面对学科建设问题进行初步探讨，可为会计史料学研究提供参考范本，并在一定程度上推进该领域的相关研究，也有利于促进中国会计史学的整体性建设和发展。

第二章　会计史料学基础理论

基础理论是一门学科必不可缺的核心内容，理论研究的滞后，必然会成为制约会计史料学建构的瓶颈。本章探讨会计史料学学科基础理论，主要阐述两方面的内容：一是对会计史料的内涵、构成与分类等基本问题进行探讨，阐明史料对会计史研究的重要性；二是阐明会计史料学的定义，以及会计史料学研究的对象、任务与方法，对会计史料学的学科定位与学科发展等问题进行初步探讨。

第一节　会计史料

在会计史料研究中，对基本概念给出准确的定义，有助于澄清一些原本模糊的概念，避免在使用会计史料时出现混乱。本节对会计史料的概念、类型、特点和学术价值等进行初步探讨，以利于会计史料学学术规范的建立。

一、会计史料的概念、类型和特点

（一）会计史料的概念

会计史是人类在特定时空中的会计实践活动，具有一去不复返的性质。要了解和认识会计演变的历史，就必须对人类在会计实践活动中所留下来的具体材料进行间接的研究。这些具体的材料即人们通常所说的会计史料。历史上有很多东西搞不清楚，就是因为没有掌握翔实的史料。史料是历史发展过程中形成的东西，会计史料的概念也是相对于会计史研究来说的，离开了会计史研究，也就谈不上会计史料。比如，现在的公司账簿和政府部门会计法律制度文件暂时还不具备历史研究的价值，也就不能称为会计史料。

会计史料是指反映特定会计史原貌的各种材料，包括人类在会计实践活动中遗留或保存下来的各种传说、实物和文字资料。会计史料是前人会计思想或会计活动留下的历史证明，是了解人类会计演进的唯一载体，可以帮助人们认识、解释和重构会计演进历程。会计史料有特定的材料范围，不能把任何资料都随意拿来当作史料使用，对其概念进行界定必须谨防陷入以下两种误区：

1. 把会计史料简单解释为研究会计史所使用的材料

这种定义过于笼统和宽泛，在逻辑上犯了定义过宽的错误。史料和材料有本质的区别。史料是能够进入会计史内容建构的特定材料；而材料相对而言可能成为史料，也可能永远不能成为史料。历史材料包括理论材料和事实材料。理论材料如史学理论观点、研究成果等，是会计史研究的理论依据；事实材料如秦汉简牍中的簿记简、明清民间账簿文书等，可为会计史研究提供事实依据。会计史料反映的是客观存在的历史事实，它并不等同于历史材料，而仅仅指其中可以作为证据来使用的事实材料。不是任何历史材料都可以拿来作为会计史料使用，应防止将会计史料的范围随意扩大，否则，会计史研究就会丧失严谨性。比如，《会计发展史》教材中有关夏代会计的叙述，就不具有研究夏代会计的史料价值，而只能作为该书作者进行专题研究或对相关学术史，如会计教育史或会计史学史进行研究的史料，因为作者已经对《史记》《尚书》等传世文献中的夏代会计史料进行了大量的概括、提炼等改造工作，教材内容反映的是作者对夏代会计的认识。

2. 把会计史料单纯解释为人类会计思想或行为之遗迹

这类定义认为，只有人类活动的直接遗存，如睡虎地秦简、敦煌汉简、走马楼三国吴简、黑水城文书等考古文献中的直接史料才能算作会计史料，而把那些后人著述的典籍文献，如《通典》《资治通鉴》《文献通考》等传世文献中的间接史料排除在外。这样的定义过于具体和狭窄，也是不科学的。会计史料不仅包括没有经过后人加工整理的直接史料（或称原始史料），还包括仅对直接史料进行整理和编纂，绝大部分内容还是对历史事实原貌进行描述而形成的间接史料（或称派生史料），如《明史》的编纂就主要取材于《明实录》《明会典》及大量档案、邸报等资料，可为明代会计史研究提供较为可信的间接史料。史料越原始越可靠，过多有意识的加工和整理，往往会隐瞒历史的真相。在会计史研究中，应尽量搜集和利用直接史料，因为它是一切间接史料的源头，可信度和利用价值较高。由于年代久远，许多直接史料已亡佚毁损，无从查阅。在缺少直接史料的情况下，可以使用与之最接近的间接史料，但对间接史料要抱着“多闻阙疑”的态度进行交叉互证，以便作出正确的分析和判断。

（二）会计史料的范围

史料是研究历史和著述历史时所用的材料，现在所知的会计史料，事实上只是留存下来的人类会计活动的很小一部分。随着时代记载历史手段的变化，以及会计史研究范围的扩大和研究视角的改变，会计史料的范围也在不断扩大。会计史料具有丰富的构成，凡是人类历史上遗留下来的同会计活动有关的材料，都可能是会计史料，除传统的经、史、子、集等传世典籍文献外，还有甲骨文、汉晋简牍、敦煌遗书、黑水城文书等考古文献，以及明清政府档案和民间契约文书。会计史料分布很广，要善于发现和使用新的别人未曾注意到的史料。随着会计史学的发展，对会计史料的认识和利用也在不断发生变化。应当对史料保持敏锐的意识，在研究中注意开辟新的史料来源，寻找和运用最为可信的会计史料，以更好地开展会计史研究。

（三）会计史料的分类

会计史料的分类具有多元性。可以按照不同的标准，将会计史料划分为不同的类型，不同类型的会计史料在价值和使用方式上也有差别。对会计史料进行科学的分类，有利于弄清其价值高低及在使用中应注意的问题，提供搜集新会计史料的线索，提高利用会计史料的科学性，以便更好地为会计史研究服务。

1. 实物、口述和文字会计史料

史料的载体形态多种多样，史学界通常把会计史料划分为实物、口述和文字三大类，它们各有特点，在利用时应当互相补充。一般来说，会计史研究应以文字和实物史料为主，而以口述史料为辅。

（1）实物会计史料。实物会计史料是指历史上遗留下来的与人类会计活动有关的遗物和遗迹。实物会计史料具有可靠和直观的特点，能够增强人们对当时社会生活的感性认识，具有独特的史料价值。博物馆陈列的展品，如政府统一会计制度文件、民间账簿文书、名家手稿等，都属于实物会计史料。实物会计史料能提供人类会计活动的直接证据，可打破文字史料的局限，印

证文字史料的可靠性，纠正传世文献记载和历史传说中的错误，解决会计史上的一些疑难问题。距今年代越久远，实物会计史料就越重要。先秦及其后的会计史，文字史料丰富，实物史料的价值虽有所降低，但也起着重要的补充和佐证作用。

（2）口述会计史料。口述会计史料是人们口头对所记忆历史的复述，如传说、歌谣和访谈录等，其最终存在形式是文字记录或录音录像。口述会计史料可提供历史事件的具体经过，也能够补充一些鲜为人知的历史事实。使用口述会计史料，应与文字史料或实物史料相互印证、相互补充，使研究更具说服力。口述会计史料对先秦史研究影响重大，如司马迁在撰写《史记》时就采用了大量的口述史料。在没有民族文字和文献流传的少数民族历史研究中，应该采用口述和实物等史料进行创造性研究，以拓展会计史研究领域。口述会计史料对补救一些重要的、缺少纸质资料佐证的现代会计史料也具有重要意义。比如，2012 年上海国家会计学院推出“会计口述历史”项目，以录制音视频的形式，旨在抢救性记录会计学界、实务界及政界前辈（如潘序伦、雍家源、杨纪婉、徐政旦、葛家澍等）独特的会计经历，以丰富人们对中国现代会计发展历史的认知。

（3）文字会计史料。文字会计史料是指采用文字记录的形式保存下来的会计史料。文字会计史料是最常见、最基本的会计史料，在会计史料中占有最重要的地位。今人研究会计史，尤其是秦汉以后的会计史，基本上都要依靠文字会计史料。文字会计史料通常指各种古籍中所保存的史料，也包括出土文物中散存并经过整理的文字史料，还包括以电子技术为载体的电子文献史料。我国的文字会计史料非常丰富，它们是国家和民族的宝贵文化遗产。根据依附载体的不同，文字会计史料可划分为以下五种类型：

第一，甲骨文会计史料。甲骨文会计史料是指锲刻于龟甲或兽骨上的文字史料。这是目前我国所知最早的文字史料，其内容基本上是占卜记录和记事刻辞。尽管甲骨记录与占卜迷信有着密切关系，但这些记录客观上反映了商朝王室的各类活动，其中也包括许多与经济收支相关的事项，是研究殷商和西周会计史的重要史料来源。甲骨文会计史料属于原始史料，可以与传世文献中的记载相印证，以补正传世文献记载的不足或错误。由于历史条件的限制，甲骨文史料一般简短而零散，加之年代久远，释读起来十分困难，因此甲骨文会计史料有很大的局限性，应用起来难度较大。

第二，金文会计史料。金文又称“钟鼎文”，是铸刻于钟、鼎等青铜器上的铭文。金文盛行于西周到战国时期，其中，西周是金文史料保存最集中的时期。金文的字数一般很少，如司母戊大方鼎上只有“司母戊”3个字，周成王时代的《令彝铭》有187个字，周宣王时代的《毛公鼎铭》有497个字。与甲骨文会计史料一样，金文会计史料也属于原始史料，是研究周代会计史的重要史料来源之一。但是，金文会计史料也存在简单、零碎和难以释读等缺陷。

第三，简牍会计史料。简牍会计史料是指书写在竹简或木牍上的文字史料。在纸张得以普遍应用之前，简牍是古代最主要的书写载体。简牍流行于战国至魏晋时期，两汉时最盛，直到东晋时才逐渐被纸质文献所取代。简牍文书是当时社会经济生活的原始记录，在中华文明的发展历程中占据着重要地位。迄今已经发现的简牍史料以汉代为最多，极大地弥补了传世文献的不足，是研究当时社会经济情况不可多得的原始史料。已出土的简牍内容丰富，大都包含一定数量的账簿和律令，为研究从春秋战国到魏晋时期的古代会计史提供了重要的原始资料。

第四，典籍会计史料。典籍会计史料是指书写或印刷在纸张上的文字史料。魏晋以来，纸张逐渐取代简牍成为主要的记录载体，书籍记载也就成了各种文字史料中最主要的史料来源。我国典籍文献史料尤为丰富，如经、史、子、集诸部传世典籍，明清以来的官方档案和私家账簿文书等，对于研究当时的社会经济情况和会计活动具有较高的史料价值。

第五，电子化会计史料。电子化会计史料是指通过数字化手段把档案、图书、报刊等史料放置于互联网上，可分为扫描型和检索型两种。电子化会计史料具有储量大、检索方便、传播范围广等优点，目前有大量图书资料被置于网上供研究者使用，像《四库全书》《古今图书集成》这样以前较难接触到的大型古籍，都可以在电脑上随时翻阅，为会计史研究提供了很大便利。近现代会计史料数量庞大，电子化史料将成为近现代会计史料的主要载体之一。充分认识信息时代带来的新机遇，掌握使用电子化会计史料的必备技能，才能在研究中取得事半功倍的效果。但是，电子化会计史料不像纸质文献那样经过严格的编审，史料质量有时得不到可靠保障。许多史料经电子化处理之后，会存在漏字、错字等问题，这对研究者甄别史料真伪、判断史料价值的能力提出了较高的要求。

2. 传世文献类、考古文献类和档案文献类会计史料

从传统的文献学角度出发，依据文书的时代与存在形态进行分类，可将

经、史、子、集四部典籍称为“传世文献”，将汉晋简牍文书、敦煌吐鲁番文书和黑水城文书称为“考古文献”①，把明清官府文书（如内阁大库档案）和民间档案文书（如徽州文书和清水江文书）称为“档案文献”。根据所依附文献的来源，可将会计史料划分为传世文献类、考古文献类和档案文献类三类。

（1）传世文献类会计史料。传世文献是世世代代流传下来的古代文献。我国古代文献典籍非常丰富，其中保存至今的古代文献有10万余种，它们成为传承中华文明最重要的组成部分。中国传统史学研究所依据的史料主要来源于正史、政书、方志、文集等传世文献，它们构筑了今日所能看到的中国历史的基本面貌。传世文献特别是正史和政书中关于政治活动和典章制度的记载较多，但关于这些制度具体实施状况的史料很少，与会计活动有关的史料和反映社会基层生产经营活动的史料也很少，而且不大具体。此外，传世文献经过作者的加工，往往带有作者的个人情感，因而容易失真或部分失真，存在着年代、内容等方面的辨伪问题。传世文献类史料是会计史研究的重要基础，其中的许多内容具有很高的史料价值。

（2）考古文献类会计史料。考古文献主要是指近现代以来发现的出土文物上的文字资料。考古文献不如传世文献系统、完备，但保存了大量传世文献没有收录的史料。考古文献的主要特点在于长期掩埋于地下而未经流传，没有经过后世人为的加工和改动，真实地保留着原貌。考古文献类会计史料一般比较微观、具体，是当时社会经济生活的原始记录，是研究当时社会经济状况和基层生产经营活动不可多得的第一手资料。汉晋简牍文书、敦煌吐鲁番文书、黑水城文书等考古文献中的账簿史料，为会计史研究提供了重要物证，有助于将会计史研究引向深入，在会计史研究中也占有重要地位。

一般说来，考古文献类史料主要在证史和补史方面发挥作用，即对以传世文献类史料为基础的历史研究命题作出补证。考古文献类史料比较客观，受主观因素影响较小，可靠性较强，可以在考校传世文献类史料的错讹方面发挥不可替代的作用。但是，考古文献类史料往往残缺不全、背景不清，如果对传世文献（特别是其中的典章制度）不熟悉，很难准确使用。考古文献和传世文献相互补证，可以补充和纠正其各自的不足和缺漏，并进一步拓展研究范畴。因而，在利用时必须坚持将二者相结合，即采用国学大师王国维

① 本书对出土文献和考古文献的基本概念不作详细区分，根据行文方便进行表述。

倡导的“二重证据法”①。比如，《汉书》《后汉书》等传世文献中对汉代上计活动的记载比较简略，对其实际执行情况往往失载或语焉不详，而尹湾汉简等考古文献中的“集簿”为汉代上计簿的内容提供了珍贵的实物证据，说明了胡广在《后汉书·百官五》中所注的正确性，即上计的内容主要是审核地方户口、垦田、钱谷入出和盗贼多少。又如，传世文献最早明确提及四柱结算法的是北宋马端临《文献通考》卷23引宋人陈傅良语：

淳化五年（公元994年）十二月，初置诸州应在司，具元管、新收、已支、见在钱物申省。

实际上，敦煌吐鲁番出土文书显示，唐五代时期敦煌会计文书就已熟练运用四柱结算法，这为确定四柱结算法的年代提供了重要证据。② 再如，传世文献对秦汉上计制度缺乏详细记载，甚至仅承认汉代存在上计制度，而秦代则无上计制度。云梦睡虎地秦简的出土，则提供了秦国和秦王朝均存在上计制度的确证。③ 在会计史研究中，必须坚持考古文献类史料与传世文献类史料相结合，认真研究、积极利用考古文献中的会计史料。

（3）档案文献类会计史料。历史档案是当时政治、经济、文化、社会等领域活动情况和历史人物工作与生活情况的原始记录，是作为历史真迹保存起来，以备查考的文字和音像等材料，可划分为官方档案和民间档案两种类型。官方档案是指中央及地方政府部门保存的档案。明清时期的内阁、内务府、度支部、会考府等政府档案，主要保存在北京中国第一历史档案馆（原称故宫博物院明清档案部）。民国时期的官方档案，如国民政府主计处、审计部等政府机构的档案则主要收藏在南京中国第二历史档案馆。民间档案是指社会组织和私人收藏的档案，如交通银行、汉冶萍公司和轮船招商局，以及徽商、晋商等近现代民间工商业档案文书等。历史档案是再现历史真实面貌的原始文献，古往今来，许多史学名著都是采用大量的档案史料写成的。例如，司马迁编著《史记》、班固撰写《汉书》，都曾参考大量的官方档案资料。近年来，历史档案收集、整理和出版工作取得了令人瞩目的成果，档案类史料在近现代史学研究中的价值越来越得到认同。

重视档案的史料价值是中国史学的优良传统。在三种类型的史料中，档

① 季风．王国维讲国学［M］．北京：北京时代华文书局，2015：192.

② 杨际平．杨际平中国社会经济史论集（先秦秦汉魏晋南北朝卷）［M］．厦门：厦门大学出版社，2016：6.

③ 高敏．秦汉史探讨［M］．郑州：中州古籍出版社，1998：175.

案记述内容详细，时空观明确，准确性较高，是研究会计史的重要依据。首先，历史档案能直接反映历史事实，具有内容原始、真实等特性。历史档案很大一部分是原始记录，记录的客观历史过程和提供的史实内容多数是真实的；其次，档案类史料不仅可以补充、丰富传世文献记载的不足，也可订正传世文献记载的错讹。在研究明清和近现代会计史时，应当特别注意收集、利用档案类史料。比如：有关清末筹备立宪中的审计思想与雍正朝会考府的审计活动，由于历时短暂，《清史稿》《清会典》等史籍记载均十分简略。由故宫博物院明清档案部编辑、中华书局1990年出版的《清末筹备立宪档案史料》，以及《历史档案》2003年第1~2期刊载的由王道瑞整理的《雍正朝会考府汉文档案全编》（上、下）为研究清末筹备立宪中的审计思想及雍正朝会考府的审计活动提供了不可多得的原始史料。

3. 原始会计史料和孳生会计史料

按原始程度不同，可将会计史料划分为原始会计史料和孳生会计史料，二者的价值和在会计史研究中受重视的程度有所不同。

（1）原始会计史料。又称直接或第一手会计史料，是指当时人的直接观察、记载或者当时遗留下来、未经他人修改或整理的史料。汉晋简牍中的收支记录、明清工商业账簿文书等就属于原始会计史料。原始会计史料属于原生态史料，是一切史料的源头，没有经过改造，是求得事实真相最可靠的依据，因而可信度最高，也最有价值，是会计史研究最应该重视的史料。会计史研究应尽量搜集和利用原始会计史料，力求让研究建立在坚实的史料基础上。但是，原始会计史料并非都是历史事实的真实记录，对于未必可靠的原始会计史料，仍需考订核实，以鉴别其内容的真伪。

（2）孳生会计史料。又称间接会计史料，是指对原始会计史料进行加工整理后形成的史料。类书、丛书、史料汇编、编年体和纪传体史书等文献中的史料就属于孳生会计史料。比如，《文献通考》卷60《职官考·审计院》中对审计院沿革的叙述，主要依据的是《咸淳临安志》卷8《诸司诸军审计司》中所载《监察御史吴博古记诸司题名》这一原始史料。孳生会计史料可能是第二手，也可能是第三手、第四手的，转手的次数越多，其可信程度也就越差，其价值也就越小。孳生会计史料是人类有意识记述历史活动的产物，能反映作者的立场、感情以及编撰水平等。由于经过了中间人的修改，其可靠性往往要差一些，使用时要注意进行真伪评判。

应辩证地看待原始会计史料与孳生会计史料之间的关系。一般情况下，原始会计史料是最可靠的史料，可以校正和弥补孳生会计史料的错误和不足，孳生会计史料只能起到参考作用。但是，相对而言，原始会计史料存世的数量要少得多，会计史研究凭借的主要是孳生会计史料。当没有原始会计史料时，孳生会计史料也具有重要价值。比如，司马光《资治通鉴》所载史事皆为二手史料，但其有关中古史的记载，一向为治中古史的学者所重视，并未因其为孳生史料而遭弃。[①] 又如，宋人编写的《册府元龟》《玉海》等类书中收集了大量会计录资料，但也大都是孳生史料。早出的会计史料比晚出的会计史料可信度更高一些，在原始会计史料已经亡佚的情况下，最好利用孳生会计史料中年代较早的史料。由于原始会计史料匮乏，古代会计史研究多参考正史、政书、会要等传世文献中的孳生史料，近现代会计史研究则应尽可能参考官方和民间档案中的原始会计史料。

4. 纪传体、编年体和政书体会计史料

古代史书的体裁，有按年月日编写的编年体、以人物传记为中心的纪传体、分门别类记载典章制度的政书体等多种。按照古代史书的体裁，可将会计史料划分为以下三种类型：

（1）纪传体会计史料。纪传体会计史料指纪传体史籍中保存的会计史料。纪传体是我国古代史书的主要体裁之一，习惯上把《史记》《汉书》《明史》《清史稿》等二十五部纪传体史书称为“正史”。纪传体史书是以纪、志、表、传等叙事体例组成的史书，具有明确的时间断限，文献的系统性较强，其编写素材主要来源于实录、国史和官方档案等，能较为全面地反映某一朝代的政治、经济及典章制度，是研究古代会计史的基本史料来源之一。

“户帖”是明洪武三年实行的户籍登记制度，《明史》卷2《太祖本纪》中的记载非常简略：

辛亥，诏户部置户籍户帖，岁计登耗以闻，著为令。

《明太祖实录》卷58“洪武三年十一月辛亥”的记载则比较详细：

辛亥，核民数，给以户帖。先是，上谕中书省臣曰：“民，国之本。古者司民，岁终献民数于王，王拜受而藏诸天府，是民数有国之重事也。今天下已定，而民数未核实。其命户部籍天下户口，每户给以户帖。”于是，户部制户籍、户帖，各书其户之乡贯、丁口、名岁，合籍与帖，以字号编为勘合，

① 戴建国．大力开拓宋代文献史料源，不断提升学术创新力［J］．历史教学，2019（2）：11.

识以部印。籍藏于部，帖给之民。仍令有司岁计其户口之登耗，类为籍册以进。著为令。

对比正史与实录中的记载，可以看出《明史》关于“户帖”的记载不过是摘取《明太祖实录》的几句话概括而成，而《明太祖实录》对于户帖的内容、格式、功能等均有详细的记载。

（2）编年体会计史料。编年体史书按年月日顺序记事，优点在于时间顺序不乱，便于了解事件的来龙去脉，而且可以避免重复；缺点是不能集中于一人一事，容易造成互相割裂，头绪纷繁。《春秋》既是儒家经典，也是我国现存最早的一部编年体史书。最著名的编年体史书是司马光的《资治通鉴》。实录属于官修的编年体史料汇编，涉及政务活动、财政赋役、典章制度等方面的内容，是研究明清两代会计史的重要史料来源。会计史料研究中比较常用的编年体史书有《明实录》《清实录》《东华录》《资治通鉴》《续资治通鉴长编》等。

（3）政书体会计史料。政书体是分门别类记述历代王朝政治、经济等典章制度及其执行情况的一种史书体裁。政书体史籍起源很早。《尚书》就是一部政书体史料汇编。政书体史籍主要有以下几种类型：

第一，会要与会典体政书。会要是分类记载某一朝代政治、经济等典章制度的专书。会典记事主要在职官方面，以政府机构为纲记载各部门的职掌。现代所存会要、会典基本上能把从春秋战国到清朝的历史连接起来，主要有《春秋会要》《秦会要订补》《西汉会要》《东汉会要》《三国会要》《唐会要》《宋会要辑稿》《明会要》《大清会典》等。元代没有会要、会典，但《元典章》可作参考。明代除官修会要外，还编纂有会典。《明会要》比较简略，不如《明会典》详尽，其中万历《明会典》（共 228 卷）最为完备，会计史料价值最高。在各代会要中，最为浩繁的是《宋会要辑稿》，该书为清代学者徐松从《永乐大典》中辑出，从中可以找到大量宋代会计史料。应充分利用各朝代的会要、会典等断代史籍，对古代会计史料进行详细考察。

第二，通史体政书。通史体政书记载各朝代社会政治经济典章制度，以“三通”“十通”为代表。杜佑的《通典》、郑樵的《通志》和马端临的《文献通考》，合称“三通”。清代沿袭“三通”的体例，又编纂了“清三通”，即《清朝通典》《清朝通志》《清朝文献通考》，加上“续三通”（《续通典》《续通志》《续文献通考》），以及清末刘锦藻的《清朝续文献通考》，总称“十通”。通史体政书经过了编撰者的重新组织和撰写，简略、疏漏之处较多，难免存在一些讹误，利用其中的会计史料时应注意详加鉴别。

第三，其他政书体史籍。会计史料研究中需要利用的政书体史籍还包括：职官体政书，如《汉官六种》《唐六典》等；法律体政书，如《唐律疏议》《宋刑统》《庆元条法事类》等；典制体政书，如《元典章》《通制条格》《明朝典汇》等；诏令类政书，如《唐大诏令集》《宋大诏令集》等；奏议类政书，如《历代名臣奏议》《国朝诸臣奏议》等。

5. 无意会计史料和有意会计史料

从史料作者的主观角度，可将会计史料划分为以下两种类型：

（1）有意会计史料。会计史料是前人活动的记录，这些记录有些是有意传至后世的，其中含有当事人的主观成分，可能存在夸大、隐瞒的情形，有些内容经过了选择性处理，使得史料的客观性难以得到保障。比如，各种国史、实录、回忆录等成文的历史著述，其原作者大都“有意”想以自己的文字或数字左右时人和后人的视听，在使用这些史料时，应详加辨析。需要注意的是，有意史料虽有故意作伪之嫌，也具有意存真之实，要学会从有意史料中提取历史的真实信息，更应学会从故意造伪的有意史料中发现历史的真相①，这样才能度量出史料价值的高低，进而推动会计史研究的进步。

（2）无意会计史料。无意史料是人们无意间留存下来的。一般来说，“无意史料”要比“有意史料”真实。原始的政府档案、私人信函、民间契约文书、交易活动记录和各种文物等，都属于无意史料。甲骨文、金文、简帛中的文字史料，有相当一部分也是无意遗留下来的。② 明清以来，为数众多的商号在日常经营活动中留下了许多交易活动记录和账簿文书，这些账簿史料较少受到后人的修改、润饰甚至伪造，可信度较高，为会计史研究提供了丰富的历史信息。

（四）会计史料的特点

与历史学、财政史、经济史等学科史料相比，会计史料既具有一般史料的性质，也具有特殊性。熟悉和掌握会计史料的这些特点，有助于推进史料的深入研究和提高史料利用的科学性。

---

① 张秋升．论无意史料与历史研究［J］．四川师范大学学报（社会科学版），2014（5）：102.

② 何忠礼．中国古代史史料学［M］．上海：上海古籍出版社，2012：11.

1. 会计史料散乱糅杂、分布无序

中国作为一个有着上下五千年历史的文明古国，史料资源浩如烟海，可谓汗牛充栋，是任何其他国家所无法相比的。但是，历代王朝大都奉行重农抑商的基本政策，重视发展小农及以小农为基础的农业经济。中国传统文化以农业为本、以商业为末，主流社会意识长期推崇贱商轻商、耻于言利的义利观，加之古代社会会计不是孤立存在的，而是与国家财政、户籍、赋役和监察活动互相依存、互相影响，使得传世典籍文献虽然非常丰富，但其中的商业经营管理活动资料和会计活动记录十分零碎杂乱，甚至隐藏在字里行间或者躲藏在文字的背后难以寻觅。古代文献类目中仅有“食货”和“财用”，而没有“会计”等门类。会计史料所依存的载体具有多样性，除来源于正史、政书、方志等传世文献外，也需要从甲骨卜辞、简牍文献、敦煌吐鲁番文书、黑水城文书等考古文献，以及明清档案文书中辑录。因为古代会计史料零散杂乱、分布无序，查找起来如同沙里淘金一样难度较大，需要对史料进行分类和整理，使之条理化，以便于交流、传播和利用。这不仅需要研究者具备必要的史学专业知识和技能，更需要在史料搜集与整理工作中付出艰苦的努力。

2. 会计史料真伪并存

史料是前人活动的记录，其产生是一种偶然、随机和自然的无序过程。[①] 会计史料来源于已逝去的历史事实，但因年代久远、人为改动等诸多原因，会存在含混、错谬、缺漏等问题，其真伪、年代和价值往往不易确定。并非所有的会计史料都是准确可信的，要注意史料制作和流传过程中一些人为因素对史料价值的影响，不要盲目地相信甚至崇拜史料。必须用科学的方法搜集和利用史料。审查和鉴别史料的真伪与价值大小，是正确运用会计史料的前提。

目前所知的与“宰夫”职掌有关的代表性史料主要来源于《国语》《左传》《仪礼》《周礼》。由于《周礼》成书的年代较晚，其内容有颇多争议，如果仅凭其中的有关记载就认定“宰夫”从事的是政府审计工作，进而认为政府审计起源于西周时期，恐有偏颇。应结合相关考古资料和其他文献加以论证，以增强说服力。[②] 应持质疑、批判的态度来分析和利用史料，只有搞清

---

① 雷戈．论史料［J］．史学月刊，2003（8）：14.

② 郝云松．关于国家审计历史的几点思考［J］，审计研究，2010（6）：48；吴泽湘．宰夫详考：论中国审计史研究中的一个误区［J］．审计研究，2002（2）：35.

其确切含义，才能恰当地加以使用，对会计史料不问来源和出处、不作补充和印证就盲目使用的做法是不正确的。

3. 会计史料分布具有不均衡性

会计史料分布不均衡主要表现在三个方面：第一，会计史料在不同历史阶段分布不均衡。时间能淘汰和筛选史料，会计史料数量的多少与时间的长短呈正相关关系。上古时代距今太远①，会计史料不仅数量偏少，而且言之过简，增加了我们对许多问题的认识难度；中古时代文献足征，保存下来的文献资料较为丰富；近现代会计史料数量较多，增加了整理与研究的难度。第二，会计史料在不同类型史籍中分布不均衡。一般说来，史部的会计史料相对集中、记载较直接，正史、实录、会要等传世文献中保存了大量会计史料，而经部、子部和集部典籍中的会计史料记录相对较少。第三，会计史料在不同地域分布不均衡。在研究中国古代会计史时，由于中原内地政治、经济和文化较为发达，史籍记载较多，会计史料相对较多；边疆民族地区汉文文献记载较少，民族文献典籍也很欠缺，少数民族会计史料积存非常有限，查找和使用的难度均较大。

二、会计史料的学术价值

史料价值是指史料对于历史研究的价值。会计史料是国家和民族的珍贵文化遗产，在学术上具有以下两方面的价值。

（一）史料是会计史研究的前提和基础

史料是记录历史事实的载体，它凝聚和积淀了当时人类活动的各种信息，利用史料能够澄清历史事实。会计史研究需要史料支撑，以史料为依据有助于进行合理判断，离开史料，会计史研究便无从谈起。史料是历史信息的唯一载体，是进行会计史研究的基础和前提。史料越翔实、可靠，会计史研究便越具体而深入。会计史学是一门实证的学科，没有多少主观想象的空间，只有详细、全面地占有史料，对史料进行准确解读和运用，才可能克服历史唯心论和形而上学，也才能真实、完整地还原会计史实的原貌，对人类会计活动的历史进程和演变规律做出科学的解释。会计史学必须具有史料基础，

---

① 本书中对上古史和中古史的划分以秦朝为界，先秦时期属于上古史，秦朝至 1840 年以前的时期属于中古史。

没有史料基础的学科是不成熟的。“论从史出”，史料对于历史研究的重要性早已被学界公认。英国史学家阿克顿认为“历史科学只是收集历史资料的艺术”[①]；中国“史料学派”的代表人物傅斯年也强调“史学便是史料学”[②]，认为史学就是史料整理和编辑之学。以上两种观点虽然有些绝对，但史料的重要性却是学界公认的，谁也不能否认史料研究是从事会计史研究必备的基本功和治学的基本途径。

会计史研究必须遵循历史学的研究规律，把人类会计活动的来龙去脉缕述清楚。史料为会计史研究提供了最基本的资料基础，没有史料的积累，缺乏例证，就不可能形成有价值的研究成果。史源的开拓与史料工作的水平，事实上在很大程度上决定或制约着会计史的研究水平。会计史研究的创新没有捷径，在很大程度上要取决于所掌握史料的数量和质量，尤其是新史料的发掘与深度研究。会计史料的全面收集与系统整理，是当前深化与创新会计史研究的关键途径之一。例如，新郑战国牛肋骨墨书账簿和尹湾汉墓简牍《集簿》的发现，就分别填补了战国时期仓廪账簿实物和汉代郡国上计报告实物的空白，能够为研究中式簿记的演进提供珍贵的原始史料。影印南宋龙舒本《王文公文集》纸背文书出版的《宋人佚简》（第5册），则在很大程度上促进了宋代会计史研究的深入。史料研究作为会计史研究和学科建设的一项基础性工作，在任何时候都必须得到应有的重视，应充分肯定会计史料研究的重要意义。

（二）会计史料在经济史、财政史等学科研究中也具有重要价值

会计史料中蕴含着丰富的政治、经济、文化和社会等方面的历史信息，涉及财政、商业、金融、经济等多学科的内容。会计史学主要从财计组织和会计职官、会计法制、账簿体系、记账方法和会计信息披露等视角进行研究。除了可作为会计史研究的资料，会计史料也能为经济史、财政史、金融史、社会史、商业史、货币史等学科提供丰富的历史信息，也可以利用其来研究更为复杂、更为宏观的课题。例如，近现代民间工商业账簿史料保留了全面、系统的社会经济信息，以其为分析对象，可对晋商、徽商等地域性商帮、近现代中国借贷市场的机制、工商企业的特征、货币行用与价格变化、工商企业中的官利制和典当资本的经营效益等问题进行多角度研究。

---

① ［美］汤普森 J W. 历史著作史（第三分册）［M］. 北京：商务印书馆，2009：533.

② 傅斯年．史学方法导论［M］. 上海：上海古籍出版社，2011：5.

三、会计史研究应树立科学严谨的史料意识

史料意识是指以严肃认真的态度积累和使用会计史料的意识。树立史料意识是从事会计史研究应当具备的一种业务基本功和学术道德。从事会计史研究应具有科学严谨的史料意识，并将这种意识认真落实到研究工作中，应坚持一丝不苟的严谨学风。一方面，史料意识涉及事业心和责任心问题。有些人在研究中缺乏史料意识，对史料持无所谓的态度，在引用史料时漏洞百出，解读史料时断章取义、不甚客观，导致研究结论牵强附会，进而损害研究结论的科学性和可信性。另一方面，如何利用会计史料主要看研究者的需要和见识。历史是由人书写与建构的，史料不是历史，史料也不能直接产生理论。史料有无价值以及价值大小因人而异。学术观念、治学路径的不同，会导致对史料判断的差异。相同的史料在不同研究者的眼中，其价值也不会完全相同。进行会计史研究，必须具备严谨科学、高度自觉的史料意识，加强对已有史料的掌握和利用，重视对新史料的发掘和阐释，这样有助于校正目前会计史研究中面临的空洞化和泡沫化问题，也有助于促进会计史研究的可持续发展。

四、会计史料的亡佚与积存

会计史料在流传过程中，会产生亡佚和积存的情况。进行会计史研究，有必要了解史料亡佚和积存的有关知识和内在规律，尽可能地保管和利用好现存会计史料。

（一）会计史料的亡佚

史料是人类过去活动的残迹，由于自然消亡、战乱、人为毁禁以及保管不善等诸多原因，大量古籍文献散失或残缺不全，导致大量史料毁灭、流失，有效保存下来的会计史料非常有限。会计史料在流传过程中存在着亡佚现象，年代越久远，典籍文献流传越不易，会计史料亡佚就越严重，会计史实的详情也越难考知。人们常说中国古籍浩如烟海，其实主要是指宋元明清的文献浩繁，唐代以前的文献传世的很有限。近现代民间工商业契约和账簿文书，由于距今不远，容易发现、搜集与整理，是研究当时社会经济状况和经营管理活动十分难得的微观材料。但是，由于纸张质量差翻动易碎、保管不善等原因，这些史料正面临着损毁的危险，如果现在不及时加以搜集、整理、保

存或电子化，今后就可能永远消失，无法恢复。会计史料的毁损散佚是民族文化遗产的损失，应尽可能保存好现存会计史料，不让既存会计史料毁损于当代，这是迫切和不容忽视的任务和要求。

（二）会计史料的积存

1. 会计史料积存的过程

会计史料的产生是一种无序过程，但史料的积存则更多是一种人为的有序过程。[①] 会计史料的积存包含自然遗留和人类自觉积累两个过程。人类在进入文明社会之前，没有文字记录历史，所有社会生活的痕迹，除了极少数口述的以外，基本上都处于自然遗留的状态。史料积存的主要途径是人类的自觉积累，文字史料的产生是史料积存过程中具有深远历史意义的重大变化。丰富的史料积存是伟大史学著作产生的重要条件，“天下遗文古事，靡不毕集太史公”[②]，司马迁依靠前代及当代的大量史料，才能够完成《史记》的创作。随着人类社会的不断发展，会计史料必定会越来越多，应把握会计史料本身的特点及史料积存的内在规律，及时对会计史料进行汇编整理和分析利用，以促进会计史研究的可持续发展。

2. 会计史料积存的主要途径

（1）典籍文献的编纂。会计史料的积存和流传在很大程度上依赖于典籍文献的编纂。史料只有通过历史研究和历史编纂，成为传播历史知识的流动载体，才能真正体现出它的学术价值。古代史书大部分属于历史记录和资料编纂的范畴，正是由于《春秋》《战国策》《史记》《资治通鉴》等史籍的编纂和整理，才使得古代的大部分会计史料得以流传至今。古代会计史料，正是以这些数量庞大的历史文献为载体的。

（2）历史档案的积存。档案是指集中保管以备查考的文卷[③]，主要是官方的原始文件，当然，民间工商业组织也有自己的档案。档案是修撰史书的重要依据，司马迁在撰写《史记》时，就曾利用了大量档案史料。档案经过整理也可以汇集成史书，如《唐大诏令集》《宋大诏令集》《陆宣公奏议》《历代名臣奏议》等，大都取自档案文卷的副本。因年代久远，明代以前的档

---

① 雷戈．论史料［J］．史学月刊，2003（8）：14.

② 《史记》卷130《太史公自序》。

③ 白寿彝．史学概论［M］．北京：中国友谊出版公司，2012：52.

案原件已不多见，现存最多的是清代原始档案，民国以来的档案保存也很多。许多档案的会计史料价值较高，应注意搜集、利用和保护。

（3）近世考古资料的收集。新中国成立以来，随着考古工作的广泛开展，会计史料的积存越来越丰富。在近世考古的新发现中，较为重要的成果有甲骨文、金文、汉晋简牍、敦煌吐鲁番文书、黑水城文书等。这些考古文献资料有助于改进古代会计史料的内容构成，也为会计史研究提供了新的路径。

第二节　会计史料学

史料学是伴随着历史学而产生的，史料学和会计史学出现以后，会计史料学也出现了。了解和掌握会计史料学知识是研究会计史的必经路径，也可以说是打开会计史料宝库的一把钥匙。借鉴其他学科史料学的成果，本节尝试对会计史料学的研究对象、基本体系、研究价值等问题进行初步的探讨。

一、会计史料研究具有独立的学术价值

会计史研究发端于对史料的掌握。应按照特定的原则和方法开展会计史料的搜集、鉴别、整理等工作，在史料发掘、史实考证等方面下足功夫，而后才能使其服务于会计史研究。会计史料研究是一个独立的研究领域，具有相应的学术规范，需要一套严谨的科学方法。会计史料的搜集、鉴别和整理，需要利用人文社会科学甚至是自然科学的知识，也需要历史学、考古学、古文字学和文献学等学科的辅助才能进行，是综合利用多种科学知识从事专业研究的一门学问。要想提升会计史研究的水平，就应该树立科学的史料意识，也需要对会计史料研究进行必要的理论升华。史料研究是会计史学术研究和学科发展的基础支撑，具有独立的学术价值、治学方法和研究范围，在会计史学术研究中具有不可替代的地位。把对史料的重视纳入学科建设的体系，真正认识史料在会计史研究中的价值，是规范会计史学术研究、推动会计史学科发展的必由之路。会计史料研究能够发展成为一门独立的学科有其必然性与合理性，这也是现代社会学术分工日趋精细和专业化的客观要求。

要辩证地看待史料在会计史研究中的作用，防止“重史料，轻理论”和“重理论，轻史料”两种错误倾向。第一，“重史料，轻理论”。这种倾向的

典型观点就是“史料即史学”或“史料第一”，认为占有了大量史料就是史学研究的成功。史料不等于历史，科学的历史研究并非对史料的大量堆砌、机械排比与简单组合，占有充足的史料也并不意味着拥有对历史的话语权。脱离了恰当的理论分析，会计史研究就会降低为单纯的史料整理，甚至会陷入琐碎的、无意义的史料考据中。第二，“重理论，轻史料”。这种观点则走向了另一个极端，即在研究中忽视甚至否定史料的重要性。系统地搜集和整理史料，是历史研究的前提。但是，有些学者在研究中不太注意根据史实分析问题，而是满足于空泛地谈论一些理论观点，对史料整理和研究工作缺乏严谨的态度，随意选择和解读史料，其研究往往缺乏扎实的史料做支撑，也缺乏史实作为立论的坚实基础。在会计史研究中，应摒弃以上两种错误倾向，坚持“史论结合”的做法，在充分占有会计史料的同时，认真学习马克思主义唯物史观，了解当前新的史学理论和研究范式。只有用科学的理论来阐释会计史料，才能得出令人信服的结论。

二、会计史料学的研究对象与研究体系

一个学科的理论体系往往是由对其定义、研究对象和研究体系的理解所决定的。

（一）会计史料学的定义

会计史料研究不能单纯地就史料论史料，而必须以马克思主义唯物史观为指导，使之成为一门科学。会计史料学是在各种不同类型的会计史料日益增多、会计史料相关工作日趋繁杂的情况下，为适应会计史学术研究和会计史学科发展的实际需要而逐步产生和发展起来的一门学科。作为会计史学的基础性分支学科，会计史料学是探讨会计史料的来源、价值和利用，对会计史料的搜集、鉴别、整理和利用等工作进行专门研究，重在阐述搜集、整理、鉴别和利用会计史料的方法与规律的一门学问。①

（二）会计史料学的研究对象与研究内容

会计史料学的研究对象不是人类会计实践活动的演进历程，而是会计史料的源流、真伪、价值和利用方法，具体应包括三个层次的内容：第一，会计史料本体。这一层次具体研究会计史料的定义、属性和分类，以及会计史

---

① 付磊　会计史研究三十年［J］. 会计研究，2008（12）：29.

料在会计史研究中的地位和作用等。第二，会计史料工作。这一层次具体研究人类在会计史料方面的实践活动，包括历代人们对史料的搜集、鉴别、整理和利用情况，以及取得的重要成果等。第三，与会计史料有关的研究方法和理论。人类在长期开展会计史料工作的实践过程中，积累了丰富的经验和教训，逐渐总结出诸多研究方法和理论，如二重证据法、史论结合等，这些都属于会计史料学的研究范畴。

当前，会计史料学的研究内容主要集中于以下四个方面：第一，积极开展正常和必要的学术争论，指出别人利用会计史料的不足和错误，包括引用史料的疏漏，史料文本选择的失察，以及对史料解读的不正确，由此引发修正或推翻其结论；第二，利用校勘学知识鉴别会计史料，对史料的来源、真伪和价值作出新的说明，以改正原来的片面或错误认识；第三，从事搜集、整理、汇编和出版会计史料工作，为进一步开展学术研究提供便利；第四，利用新发现的会计史料延伸学术研究的成果，积极开展跨学科研究，乃至开辟新的学术领域。

（三）会计史料学的基本体系

会计史料学不能仅停留在史料堆砌、简要介绍层面，它需要一定的理论指导，必须有完善的体系。会计史料学是一个系统的学科体系，应包括以下三方面内容：第一，会计史料学基础理论。主要研究会计史料的概念、分类、特点和分布等与会计史料相关的理论问题，以及会计史料学的研究对象、研究任务、学科体系及学科属性等与会计史料学相关的理论问题。第二，会计史料的搜集、鉴别、整理和利用。主要研究搜集、鉴别、整理和利用会计史料的一般方法和规律。第三，会计史料举要。主要研究某一历史时期或某一专门领域会计史料的分布、特点、价值和利用问题，前者如古代会计史料概要、近现代会计史料概要，后者如革命根据地和解放区会计史料概要、少数民族会计史料概要等。以上三者是相互联系、相辅相成的。

（四）会计史料学的基本任务

会计史学科体系由会计史学、会计史料学和会计史学史三个分支学科构成。作为一门独立的学科，会计史料学的基本任务是在马克思主义唯物史观的指导下，考察会计史料的源流和演变，总结和探讨搜集、鉴别、整理和利用会计史料的一般方法和规律，为会计史研究提供充分、可靠和有价值的史料或史料线索，使会计史研究成果能够建立在可靠的史料基础上，以提高会计史学术研究的水平，并推动会计史学科的可持续发展。会计史料学的构建对打造具有中国特色的会计史学科体系具有基础性意义。

（五）会计史料学的学科定位

会计史学是通过史料研究人类会计实践活动，并探索其演进规律的学科。会计史学的基本任务，是在详细地占有史料的基础上，通过科学的理论分析，揭示会计活动发展的实际过程和内在规律。会计史料学是会计史学的一个分支和辅助学科，它是专门研究会计史料的来源、价值和利用方法的一门学问。会计史料学研究必须坚持为会计史学服务，如果离开这一根本方向，会计史料学研究就会成为盲目的工作。

近代西方史学界曾有一种很流行的观点，即认为历史学就是史料学。这种观点对中国近代史学也有很大影响，以胡适、傅斯年等为代表。他们认为，只有史料学的考证工作，才能使历史学具有科学属性。傅斯年积极倡导“史学便是史料学”[①]，认为历史学的研究工作就是整理史料，这片面夸大了史料学的意义。会计史料工作毕竟是会计史研究的初步阶段，缺乏史料固然不能研究会计史，但史料研究决不能代替会计史研究。应该分清“会计史学”与“会计史料学”的区别，二者担负着不同的任务，不能混为一谈。会计史料学只能是会计史学的辅助学科，用会计史料学代替会计史学，会把会计史料工作引到错误的路上去。我们必须用马克思主义唯物史观研究会计史料，既不能片面夸大会计史料学的地位，也不能抹杀会计史料学的基本作用。

三、会计史料学与其他相关学科的关系

会计史料学与史料学、考古学和文献学等诸多学科都存在密切的关系。会计史料学研究不能简单地、孤立地进行，必须借助其他学科的研究成果，以免陷入自我封闭的误区。

（一）与史料学的关系

史料学一般可以分为两大类别，二者的研究内容各有侧重。一是通论性史料学，专门探讨搜集、鉴别和利用史料的一般规律和方法，如翦伯赞的《史料与史学》（中国盲文出版社 2020 年版）、谢国桢的《史料学概论》（北京出版社 2014 年版）、冯尔康的《史料学研究》（天津人民出版社 2019 年版）

① 傅斯年．史学方法导论［M］．上海：上海古籍出版社，2011：5.

等。二是专史类史料学，专门研究某一历史时期或某一专门领域的史料问题。前者如何忠礼的《中国古代史史料学》（上海古籍出版社 2012 年版）、安作璋的《中国古代史史料学》（福建人民出版社 2010 年版）、黄永年的《唐史史料学》（中华书局 2015 年版）、冯尔康的《清史史料学》（故宫出版社 2013 年版）等，后者如冯友兰的《中国哲学史史料学》（中华书局 2018 年版）、张岱年的《中国哲学史史料学》（中华书局 2018 年版）、张注洪的《中国现代革命史史料学》（中共党史资料出版社 1987 年版）等。史料学有较长的发展历史，已经取得了丰硕的研究成果，其在史料搜集、鉴别、整理和利用方面所积累的经验与形成的理论，成为会计史料学借鉴的宝贵学术资源。会计史料学应以史料学的研究成果为基础，要注意及时跟踪史料学研究的最新进展。当然，会计史属于专史类学科，会计史料学不能局限于史料学的研究内容和方法，在研究中要紧密结合本学科的理论体系，重视对本学科理论建设和研究方法的探讨。

（二）与文献学、考古学等其他相关学科的关系

从事会计史料学研究，必须具有广阔的视野。与会计史料学研究关联较大的是考古学、文献学等学科，应吸收和借鉴这些学科的理论知识和研究方法。

1. 与文献学的关系

文献习惯上指历史文献或古典文献。文献学是研究文献的产生、发展、整理、流传和利用的专门学科，其研究的目的在于全面认识和利用文献。[①] 开展文献学研究，需要综合运用版本、校勘、辨伪、目录和注释等方面的知识，对文献典籍进行搜集、分析、整理、研究和利用。文献学的研究对象是文献，会计史料学的研究对象是史料，许多史料取自文献，这两门学科的研究领域不可避免地存在交叉关系。会计史料学重视的是构筑历史的材料，侧重于文献的史料价值，而文献学则注重由这些材料构筑起来的史学成果，二者研究的对象、任务、范围和方法并不完全一致。会计史料尤其是文字会计史料的搜集、鉴别、整理和准确使用，有赖于对相关文献予以深入了解，从根本上说，离不开文献学的研究。以文献学的相关研究成果指导会计史料工作，有助于避免随意误信和误用史料。

---

① 张三夕．中国古典文献学［M］．武汉：华中师范大学出版社，2018：3.

2. 与考古学的关系

作为历史科学的重要组成部分，考古学是根据古代人类通过各种活动遗留下来的实物来研究人类古代社会历史的一门学科。[①] 金石学是我国考古学的前身。有关金石资料的著录、考释和研究著作很多，许多过去有疑问的古史传说和古文献记载，需要考古学上的新发现去证实、补充和订正。中国考古学至今已有百年的发展历程，在早期人类至宋元明清各个时期的研究中，都取得了引人瞩目的成就，尤其是大量简牍、帛书、墓志及其他文物的出土，极大地丰富了秦汉以来的历史研究。

考古学的成果扩大了会计史料学研究的范围和途径，有助于改进会计史料学的研究方法。古代会计史研究必须依靠传世文献与考古发现的互证。需要注意的是，考古学所提供的史料是零碎和离散的，有其自身的局限性，在有文献记载可以参考的情况下，必须结合传世文献中的史料进行研究。

四、会计史料学研究的意义

（一）继承与发扬中国会计文化

中国是没有中断历史记载和发生文化断层的文明古国，它为人类社会文明宝库留下了丰富和连续性的会计记录。会计史料是人类历史遗产的组成部分，也是中国会计文化的重要组成部分，通过会计史料，人们能够更为全面地了解中国文明，从而增强民族自豪感和自信心。离开史料，不仅会计史会成为无源之水，中国会计文化也无法得到传承和发扬。构建和完善会计史料学，可以更好地继承会计领域的历史遗产，有助于提高国家的文化软实力。如果不重视会计史料学建设，必将影响到中国历史的整体结构，也必将影响中国文化发展的民族特色。会计史料的搜集与整理工作可视为一种文化的传承，是弘扬和传播中国传统文化不可或缺的一部分。比如，具有会计文化特色的结绳记事、刻符记数标志着人类文明的起源，而明清晋商、徽商等民间工商业账簿史料也是具有历史与现实价值的商业文化遗产。会计史料是国家和民族的宝贵财富，做好会计史料的搜集、整理和研究工作具有重要意义。

（二）稳固会计史的学科基础

史料研究是会计史研究的基础工作，会计史学科建设需要史料学的支撑。

---

① 夏鼐．夏鼐文集（上）[M]．北京：社会科学文献出版社，2000：4.

会计史研究需要充分掌握史料，以史料为依据进行合理判断，而不能主观臆测和草率论断。会计史研究的创新与会计史料的新发现有着密切的关系，包括甲骨文、金文、汉晋简牍、敦煌吐鲁番文书和明清民间账簿文书，每一次重大发现都会在一定程度上推进会计史研究的创新。比如，在敦煌文书公布以前，人们普遍认为四柱结算法始于宋代，但敦煌寺院经济文书中的大量四柱式诸色入破历算会牒的记载表明，四柱结算法在唐五代时期已被广泛运用。史料工作是会计史研究的基本功，丰富、发展、创新会计史料整理与研究的方法和手段是加强会计史研究的重要途径。只有做好史料研究工作，才能找到会计史研究的真正活力，稳固会计史的学科基础。史料学不仅是会计史学科建设的基础工作，也具有推动会计史学科发展的作用。加强会计史料学研究，有助于克服学术浮躁，将会计史料学置于会计史学发展的整体中加以系统研究，对会计史学的整体建设和发展具有战略性意义。会计史料学是中国会计史学科发展的基础和前提，建设中国会计史料学是会计史学科深入发展的当务之急。

五、会计史料学的研究现状及未来研究趋势

（一）史料学的历史沿革

经过历代学者的不断积累，在史学领域逐步形成了一种重视史料的优良治史传统，也形成了一整套与史料研究相关的理论与方法。唐代刘知几的《史通》、清代章学诚的《文史通义》都对中国传统史学研究的方法和经验进行过总结。明清以来考据之风盛行，以王鸣盛、段玉裁为代表的乾嘉学派（或考据学派），在研究中重视名物训诂、辨伪考证等治学方法，对古籍进行了大规模整理。以顾颉刚、钱玄同为代表的“古史辨派”的疑古辨伪精神，启迪了史学界对古代文献的考证风气。以王国维、陈寅恪和陈垣为代表的新考据学派（或史料学派）提出用地下出土的新材料与文献记载相互补证的“二重证据法”，致力古代文献史料的发掘和利用。中华人民共和国成立以后，尤其是改革开放以后，我国史料工作取得了前所未有的成就，史料学研究已形成一定的规模，也出版了很多史料学专著（见表 2-1）。在中国史学等传统学科中，史料学已成为一个较为成熟的学科，这为进行会计史料学研究奠定了较为坚实的基础。

表 2-1　史料学领域代表性论著

研究领域	代表性论著
古代史	陈高华和陈智超的《中国古代史史料学》、安作璋的《中国古代史史料学》、何忠礼的《中国古代史史料学》、黄永年的《唐史史料学》、冯尔康的《清史史料学》
近代史	张革非的《中国近代史料学稿》、严昌洪的《中国近代史史料学》、曹天忠的《中国近现代史史料学》、张注洪的《中国近现代史史料学述论》、张岂之的《中国近现代史史料学》
现代史	张宪文的《中国现代史史料学》、何东的《中国现代史史料学》
通史	谢国桢的《史料学概论》、冯尔康的《史料学研究》
专题史	张岱年的《中国哲学史史料学》、刘建国的《中国哲学史史料学概要》、冯友兰的《中国哲学史史料学》、商聚德和韩进军的《中国哲学史史料学论稿》、刘文英的《中国哲学史史料学》、张注洪的《中国现代革命史史料学》

（二）会计史料学的研究现状

改革开放以来，中国会计史研究取得了可喜的进展，一批具有较高学术水平的研究成果陆续问世，会计史料的积累也越来越丰富。1982 年，郭道扬先生的《中国会计史稿》出版，这是新中国第一部现代意义的会计史著作。随后，赵友良、李宝震、王建忠、方宝璋、文硕等的会计（审计）史专著陆续出版（见表 2-2）。这些论著虽然没有专门探讨会计史料研究的理论与方法，但涉猎了大量史料，尤其是 2022 年郭道扬先生历时十余载完成的鸿篇巨制《中国会计通史》，更是集会计史料之大成。在没有数据库和互联网资源可利用的年代，完全依靠手工查阅古籍文献和报刊等途径，进行繁杂而认真的史料搜集、鉴别与筛选，其工作量之大，是现在难以想象的。会计史料研究的开展依靠的是众多学者的合力同心，先贤们献身学术的精神与扎实的学风值得我们继承和发扬，他们用辛勤的劳动为开展会计史料学研究奠定了坚实的基础。

表 2-2　会计史领域代表性论著

研究领域	代表性成果
会计	郭道扬的《中国会计通史》、李孝林的《中外会计史比较研究》、王建忠的《会计发展史》、康均的《产权会计史研究》、宋小明的《成本会计史研究》、陈信元和金楠的《新中国会计思想史》、叶青的《财政与会计关系史比较研究》、付磊等的《新中国会计制度发展演变研究》、赵友良的《中国古代会计审计史》和《中国近代会计审计史》、吴秋生的《晋商会计史研究》、韩东京的《中国会计思想史》、严行方的《会计简史——从结绳记事到信息化》、宋丽智的《民国会计思想研究》、刘常青的《中国会计思想发展史》

续表

研究领域	代表性成果
审计	方宝璋的《中国审计史稿》、余玉苗等的《以史为镜——注册会计师职业发展史》、肖清益和谭建立的《中国审计史纲要》、李金华的《中国审计史》、张涛的《中国军事审计史研究》、方宝璋的《民国审计思想史》、白玉贵的《审计史初探》、朱灵通的《民主法治视角下的民国政府审计思想研究》

研究任何一门学科的历史，都应该建立与之相应的史料学。中国会计史研究迄今所取得的成就，与史料研究方面的积累关系密切。但是，由于“重理论，轻史料”的主观认识普遍存在，会计史料整理与研究大大落后于其他学科。这些缺陷具体表现为：会计史料搜集不够全面、整理不科学；会计史料研究不成体系，碎片化严重，需要进一步理论化和规范化。目前，除少量史料汇编性论著外，尚无会计史料学著作问世。这表明会计史料的重要性、利用与规范等问题在学界还未得到足够的重视，会计史料学作为一门独立的学科还处于萌芽阶段。如何从自发、零散和不成体系的史料研究走向系统的、理论性的会计史料学体系，已经成为当下会计史学界亟须解决的问题，将会计史料学作为一门学科进行研究应及早提上议事日程。

（三）会计史料学的未来研究趋势

会计史研究的进展或突破，在很大程度上取决于会计史料的积累与发现。现代信息技术迅速进入会计史料研究领域，将对会计史学科发展和会计史料学研究提出更高的要求。会计史料学要真正成为一门学科，必须不断充实自己的研究内容，充分借鉴其他学科相对成熟的史料整理和研究范式，形成自己的研究体系。会计史料学建构最薄弱的地方在于学科理论的匮乏，目前已有学者积极从事会计史料理论和方法论研究。会计史料学研究是一项系统工程，需要坚持问题导向，深化和拓展研究领域，创新发展研究理论、方法和手段。会计史料学的未来研究方向在于：一是及时吸收和补充相关的考古新成果，进一步开展会计史料的搜集、汇编、整理工作；二是积极展开会计史料学理论及方法论研究，不断提升会计史料研究的学术创新能力，开创会计史料研究的新局面。

思考题

1. 简述会计史料研究的重要意义。

2. 简述实物会计史料与文字会计史料的区别与联系。

3. 文字会计史料有哪些类型？简述文字会计史料在会计史研究中的重要性。

4. 简述会计史料的内涵与特点。

5. 在研究中，应如何利用原始会计史料和孳生会计史料？

6. 简述“二重证据法”的内涵，以及在研究中如何综合利用传世文献类会计史料和出土文献类会计史料。

7. 档案文献类会计史料在近现代会计史研究中有何重要性？

8. 简述政书体会计史籍的类型，以及会要和会典的区别。

9. 简述会计史料学的研究体系和学科定位。

10. 简述会计史料学的研究对象和研究内容。

11. 简述会计史料学与文献学、考古学等相关学科的关系。

12. 简述会计史料学的研究意义。

第三章　会计史料的搜集、鉴别、整理与利用

史料的搜集、鉴别、整理和利用是会计史研究必不可少的基础工作，也是一项十分繁杂的系统工程。本章探讨搜集、鉴别、整理和利用会计史料的方法和一般规律，主要阐述四个方面的问题：一是探讨会计史料的搜集；二是探讨电子化史料及其检索；三是探讨会计史料的真伪鉴别；四是探讨会计史料的整理和利用。

第一节　会计史料的搜集

会计史料的搜集是会计史研究的一个重要环节，也是从事会计史研究必须掌握的基本技能。要从浩如烟海的文献中找出所需要的会计史料，必须了解其分布规律，掌握合适的搜集途径和方法。本节主要探讨会计史料的分布与搜集方法。

一、会计史料搜集的内涵和原则

（一）会计史料搜集的内涵

史料搜集是在历史研究中，通过查索、寻求，把散见各处的史料汇集起来，使之发挥应有的作用。会计史料多散见于考古文献、档案文献和传世文献之中，东鳞西爪，搜集颇难，对其进行搜集和整理是一项艰苦的工作。人们常说："搜集好史料，便是完成了史学研究的一半任务。"[①] 史料搜集是分析和利用史料的前提。在会计史研究中，首先必须广泛地搜集史料，然后通

① 何忠礼．中国古代史史料学［M］．上海：上海古籍出版社，2012：3.

过鉴别、分析、比较和综合，得出结论。会计史料搜集在会计史研究中具有重要意义。

（二）会计史料搜集的原则

在会计史料搜集的过程中，必须秉持踏实认真、实事求是的态度和不畏困难的精神，还应遵从以下四项原则：

1. 力求“竭泽而渔”

没有系统、完备的史料，就不可能认识和描述真实的历史。会计史料搜集应当全面，只有广征博采，才能使所搜集的史料尽可能完备。不同类型的史料，都只是记载历史真相的一个侧面，各有其优缺点。搜集的会计史料越全面，数量越丰富，则归纳的结果越可靠，也会避免陷入“孤证”的泥潭。要确立“竭泽而渔”的史料搜集意识，尽量扩大会计史料搜求的范围。在搜集会计史料的过程中，不仅要注意搜集直接史料、无意史料，还要相应地搜集间接史料和有意史料，以及与自己的观点不一致的史料。

2. 兼顾普通史料和特别史料

普通史料是指常见于古代典籍并经过初步整理流传下来的史料；特别史料是指在一般古籍或考古文献中不易见到的史料。普通史料数量较多，易于获得；特别史料稀见难得，不能轻易获取。史学家严耕望指出：“新史料的发掘极其难得，要尽量利用，但历史研究的基本功夫仍在精研普通史料，要善于从人人见得到的普通史料中发现新问题和提出新见解。”[①] 会计史料搜集要力求普通史料和特别史料兼顾。例如，研究明代会计史，必须先搜集《明史》《明会典》《明实录》等史籍中的基本史料，同时也要关注档案和方志中的特别史料。

3. 兼顾考古文献与传世文献

除了搜集传世文献中的会计史料外，从考古文献中发现新史料也是会计史料搜集的重要途径。考古新发现往往可以提供许多珍贵的新史料，并提出新的会计史研究课题，应注意及时搜集利用这些史料。比如，隋唐时期的计账史料，在《唐会要》《唐六典》《旧唐书》《新唐书》等传世典籍中只有简单、笼统的记载，没有详细、具体的内容。敦煌吐鲁番出土文书中则有许多具体的案卷，为比较详细地考察这一问题提供了可靠素材。又如，传世文献

① 严耕望．治史三书［M］．上海：上海人民出版社，2016：23.

中关于古代寺院会计的记载相当欠缺，但敦煌寺院经济文书中有许多关于寺院财务活动的记载，为研究该时期寺院经济和寺院财务管理提供了丰富的资料。

4. 向上和向下延伸兼顾

事物有源起，也有流变。一项制度能够发展延续下去，必定有其内在原因和适应其生长的历史条件。在史料搜集中，应突破朝代的束缚，向上和向下延伸，以拓宽会计史料的来源。例如，隋唐的很多典章制度都可以从三国魏晋南北朝找到源头。要想弄清隋唐比部审计制度，就需要关注和利用三国两晋南北朝时期的审计史料。又如，夏商周时期有些文献未能流传下来，传世文献中的会计史料相当匮乏，但有不少史料在后世的著述中或多或少地被转述和摘录下来。因此，应积极挖掘和利用《史记》《汉书》等文献中散落的先秦会计史料，通过开辟新的史料源提升学术创新力。

二、会计史料的分布和搜集方法

（一）会计史料的分布

1. 与会计史料相关的传世典籍文献

按照传统的四部分类法，古代传世文献可以划分为经、史、子、集四大类别，应根据不同文献的特点有针对性地搜寻会计史料。

（1）经部文献。经书一般指儒家学派的经典著作。经部典籍主要是“十三经”，即《周易》《尚书》《周礼》《春秋》《仪礼》《论语》等儒家经典论著，以及《仪礼注疏》《尔雅注疏》《周礼注疏》等历代注疏。清代章学诚在《文史通义》中提出“六经皆史”“六经皆先王之政典”①，先秦时期经史不分，经书虽为明道而作，但其中也记载了很多史事。经部文献涉及哲学、政治、经济等多方面的史料，其中，《尚书·禹贡》《易经·系辞》《礼记·王制》《周礼》《春秋》等经部典籍中散见一些与会计相关的记载，可以作为研究先秦时期会计活动的史料。

（2）史部文献。史部典籍可划分为正史、政书、实录和方志等类别，能提供大量有关会计法制和会计职官设置方面的史料。

第一，正史。正史大都专门设有“志”，详细记载了历代王朝典章制度和职官制度的发展沿革。正史中的会计史料主要分布于《食货志》、《职官志》

① （清）章学诚《文史通义》卷1《易教上》。六经指的是《诗》《书》《礼》《易》《乐》《春秋》。

（或《百官志》）、《刑法志》部分，相对容易查找，要注意通过仔细阅读进行搜集和利用。比如，《晋书》《旧唐书》《新唐书》中《职官志》部分有关比部审计的记载，是其他史籍很难替代的。除“志”中的记载外，正史的本纪、列传中也有零星会计活动的记载，也不容忽视。

第二，政书。政书是专门记载各种典章制度的史书，可划分为典制体和会要体等类型。

典制体政书包括《通典》《通志》《文献通考》等典籍文献，系统地记录了中国历代典章制度的沿革。其中，杜佑《通典》分为九典，会计史料主要分布于食货典、职官典和刑法典。郑樵《通志》把志改称“略”，共分为二十略，会计史料主要分布于职官、刑法和食货三略。马端临的《文献通考》分为二十四门，记述的内容更加丰富，其中田赋、国用、职官、刑等门有较集中的会计史料。比如，《文献通考》通过《国用考》五卷“叙历代财计首末”①，把历代职官分成十八类加以叙述，其中，卷60《职官考十四》“审计院”载：

宋朝以三司使总邦计，司各有院，以秉中外泉谷出入之政，盖会计之府也。然案牍从委，典者不能遍察，而奸容焉。淳化三年，始用户部使樊知古奏，剔其冗籍，复别为院，置官专领之，以听稍食之要贰。置院之初，特掌骑兵、徒兵给受之数，犹未及诸司也。元丰三年，合步、骑两院为一，遂以其一主诸司。自宫禁朝廷下至斗食佐史，凡赋禄者，以式法审其名数而稽其辞受。唯郊赐给己乃审，禄有疑予，则诏以法。凡四方之计籍上于大农，则逆其会。凡有司议调度会赋出则諏焉。设员二，曰左、右厅。分案六，吏八人。其名旧为“诸军诸司专勾司”，建炎元年避高宗御讳，改“诸军诸司审计官”。

以上史料简略叙述了南宋审计院的沿革和职责，即如何从淳化三年设三司马、步军专勾司，到元丰三年的诸军诸司专勾司，再到南宋建炎元年为避高宗赵构同音讳改名诸军诸司审计司的沿革过程。

会要体政书包括会典和会要，属于断代的典章制度类史书。会要一般分为食货、官制等门类，是分类记载一朝一代典章制度沿革的政书。会典是会要的别体，一般分为吏、户、刑等门类，重在记载国家政策法令。与典制体政书相比，会要、会典中的许多内容直接取自诏令、奏疏等，在性质上与档案相似，基本上可作为第一手史料使用，其中职官、食货、刑法等部分与会

① （南宋）马端临《文献通考》自序。

计史关系最为密切。比如，《唐会要》卷 59 所载“比部格”是有关唐朝比部审计法制的史料。又如，光绪《大清会典事例》卷 1014～1016 中有关科道官兼职进行审计的记载，是清代文献中最为集中的审计史料。

第三，方志。方志是地方志书的简称，是以各地方行政区域为单位的百科全书式的历史资料汇编。方志种类繁多，所记载史实往往比较具体，一些在其他史书中缺载的政治经济史料，常常会收入方志之中。先秦时期的《越绝书》、北魏的《洛阳伽蓝记》、唐代的《元和郡县图志》，以及宋代的《咸淳临安志》等方志文献，主要记载人物、名胜和古迹等内容，其中也有少量会计活动的记录。

（3）子部文献。子部文献内容较为庞杂，包括儒家、农家、法家、释家、类书等著作。其中，《荀子》《管子》《商君书》《韩非子》《吕氏春秋》《盐铁论》等书中均有与会计活动相关的记载。此外，在古代农书，如《氾胜之书》《齐民要术》《王贞农书》《农政全书》等论著中，也可以找到一些成本会计方面的内容。

需要强调的是，在会计史料搜集中，应特别关注类书的价值。类书是把古籍文献中的各种资料，以一定方式分门别类地汇辑在一起而编成的资料性工具书。类书通常是整段整篇地抄录原书，其中保存了大量接近原作的珍贵史料，具有较高的史料价值。类书种类繁多，对会计史研究具有较高参考价值的有《太平御览》《册府元龟》《玉海》《群书考索》等。会计史料一般分布在类书中的职官、食货、刑法等门类。比如，《册府元龟·宪官部》收集了大量唐代御史审计的史料，《太平御览》中的《时序部》《职官部》《人事部》等卷中辑录了不少汉代上计史料。在研究宋代会计录时，《宋史》《宋会要辑稿》等史籍所缺载的史料，常常能从《玉海》等类书中获得。

（4）集部文献。集部文献主要指古代文学方面的著作。会计思想史料在《陆宣公集》《栾城集》等集部文献中有零散分布。

2. 与会计史料相关的考古和档案文献

（1）考古文献。考古文献是指借助考古手段从地下发现的古代文献资料，主要指那些著于出土文物上的文字材料。[①] 我国考古文献非常丰富，主要包括甲骨文文献、金石文献、简帛文献、敦煌文献、黑水城文献等。考古文献中

① 张三夕．中国古典文献学（第 3 版）［M］．武汉：华中师范大学出版社，2018：310.

保存了许多可与传世文献参校的会计史料，对传世文献中的史料有着重要的补充作用。会计史料主要分布于睡虎地秦简、里耶秦简、居延汉简、尹湾汉简、走马楼三国吴简、敦煌吐鲁番文书、黑水城文书等考古文献中。

（2）档案文献。档案是指国家机构、社会组织或个人在社会活动中直接形成的有价值的各种形式的历史记录。档案文献是指已向社会开放的档案。[①] 明清以来，档案文献遗存数量逐渐增多，在明清史及近现代史研究中发挥着重要作用。会计史料主要分布于明清政府档案，以及晋商、徽商等民间工商业账簿文书中，要注意利用《徽州千年契约文书》《清代民国财政预算档案史料汇编》《晋商史料集成》等档案文献中的会计史料。

（二）查找搜集会计史料的方法

我国古代典籍文献浩如烟海，人类会计活动的遗存纷繁复杂，会计史料搜集工作非常烦琐，必须遵循科学的路径，才能取得事半功倍的效果。

1. 利用文献目录搜集会计史料

大多数史料包含在传世文献、档案文献和考古文献之中，搜集史料首先必须寻找合适的文献。认真阅读文献是寻找史料的基础，因为它不仅能帮助研究者找到所需的史料，而且有助于研究者正确理解史料，以便科学地加以利用。为寻找会计史料而阅读文献，通常采用广泛博览和专精阅读两种方法。前者属于涉猎或浏览性质，需要从了解和利用文献目录开始，通过查阅文献的有关论述，确定自己所需史料是否存在于该文献之中。后者属于精读性质，当发现文献中存在自己所需要的史料时，通过专精阅读，可将蕴藏于文献中对自己有用的会计史料找出来。

2. 利用文献索引搜集会计史料

会计史料散见于各种文献之中，查找起来很不方便，要善于利用文献检索工具。索引是分别摘录文献中的字、词或句子，注明出处，并按一定方法编排起来的检索工具，大多附在书后，也有单独成册的。文献索引旨在提供查找史料的线索，而不是直接提供史料，如果文献已有索引，就会很容易找到所需要的史料，从而大大提高搜集效率。文献索引是检索既定文献中会计史料的重要途径，利用文献索引进行字词句检索和篇目检索可以比较便捷地

---

① 吴雁平，刘东斌．档案、档案文献、文献档案的定义与辨析［J］．档案，2020（9）：8

查阅到会计史料。比如，通过在《韩非子索引》（周钟灵主编，中华书局1982年版）或《韩非子逐字索引》（香港中文大学中国文化研究所编，商务印书馆2000年版）中逐字索引“计”字，就可在《韩非子》一书的《外储说左下》《外储说右下》《难二》等篇中找到西门豹为邺令上计、田婴相齐辅王上计、苦陉令上计而入多等多条有关上计的史料。会计史料研究中较常用的索引类工具书有《辞海》《十三经新索引》《周礼引得》《仪礼引得》《食货志十五种综合引得》《全唐文篇目分类索引》《中国官制大辞典》等。随着互联网技术的快速发展，古籍索引的编制和检索迎来了电子化时代，“二十四史”、《四库全书》、《古今图书集成》等古代文献均可通过计算机进行准确快速的逐字查找检索。利用互联网检索会计史料的方法将在下节进行详述。

3. 利用论著和期刊搜集会计史料

许多会计史料通过考古的新发现不断地被发现和整理，并发表于相关论著和期刊中。因此，应经常翻阅财政史、金融史、经济史、商业史等学术专著，以及《敦煌学研究》《敦煌学辑刊》《西域研究》《西夏研究》《吐鲁番学研究》《出土文献研究》《考古》《历史研究》《中国史研究》《中国经济史研究》《中国社会经济史研究》《近代史研究》《清史研究》《民国档案》《历史档案》《文献》《近代史资料》《史林》《中国地方志》《中国档案》《历史档案》《档案与史学》等史学期刊，往往可以从中找到一些有用的会计史料，或一些有价值的史料线索。

4. 利用学术资料汇编查找会计史料

史料汇编是从大量历史资料中选取编者认为最有价值的资料汇编成书，它是现代通行的一种编纂史料形式，有利于史料的保存、检阅和查找，可为研究者提供便利。史料汇编一般节选代表性的原著史料，在史料搜集与编排上要求做到不遗漏史料，不滥收、误收史料，制定科学的体例并合理地编排史料。[①] 王保存和杨伟宏的《陕甘宁根据地土地革命时期财政经济史料》（西北大学出版社2020年版）、谢冬慧的《民国审计法规资料选编》（知识产权出版社2019年版）、沈力行和董建波的《西路销货客清册》（上海辞书出版社2018年版）、柯华的《中央苏区财政金融史料选编》（中国发展出版社2016年版）、山西省晋商文化基金会的《协和信上海三原账簿》（三晋出版社2016

① 陶敏．中国古典文献学［M］．长沙：岳麓书社，2014：149.

年版）、方宝璋的《民国时期审计史料汇编》（国家图书馆出版社 2015 年版）、楚雄彝族自治州人民政府的《彝文帐簿文书》（云南民族出版社 2012 年版）、刘建民的《晋商史料集成》（商务印书馆 2018 年版）等，都属于史料汇编性论著，从中可以查到大量有用的会计史料。

第二节　电子化会计史料及其检索

互联网时代为史料研究提供了便利，史料检索工具由纸质文本检索逐渐转向电子文本检索。本节主要探讨电子化会计史料及其检索问题。

一、互联网时代对史料及会计史研究的影响

互联网时代不仅改变了传统的史料搜集、整理与分析的范式，也推动了会计史研究方法的创新。应充分认识互联网时代给会计史研究带来的影响，推进会计史研究的深化和发展。

（一）互联网时代引起了会计史料获取方式的变革

近年来，随着党和政府越来越重视发展和繁荣中华优秀传统文化，史学界加快了史料电子化和数据库建设的进程，大量古籍文献陆续影印出版，各种文献数据库也不断创建，为会计史料的搜集、整理和研究提供了便利。与传统的费时费力翻阅古籍文献搜检史料不同，利用互联网检索会计史料具有快速、便捷等优点，研究者对史料的获取突破了时间、空间的限制，能够在一定程度上弥补传统历史研究史料搜集的局限性。电子化史料已成为会计史研究中必须重视的资料来源，借助网络资源进行会计史料研究已经成为必不可少的手段之一，因而必须熟练掌握电子文献检索操作层面的知识和技能。

（二）互联网时代对会计史研究提出了新的要求

互联网时代带来了便利的史料检索方式，它不仅能够推动会计史料搜集方式的发展，也为史料的分析处理和比较研究提供了有力工具，相应催生出了新的史学研究范式。随着各种历史数据库的大量出现，以及统计方法在史学研究领域的推广，传统史学研究受到很大影响，用社会科学理论和数量统

计方法对历史数据进行量化分析的“量化史学”（也称“计量史学”）[1] 已成为史学研究的新兴领域之一。量化研究是对传统会计史研究范式的有益补充，借助于这一研究范式，可以使沉寂多年的资料重新成为独具研究价值的史料，从而拓展会计史研究的分析领域。比如，蒋宝麟的《清末财政预算体系中的教育经费编制研究》、张超的《国民政府的公库制度建设与财政资金管理（1936—1945）》等论文，都属于这方面的力作。在互联网时代，进行会计史研究不能仅凭借一些纸质文献，必须掌握相应的信息技术和技能，充分利用网络资源和电子文献。应紧跟时代，充分认识互联网时代给会计史研究带来的新机遇，积极利用信息化技术，推动量化史学与传统史学的优势互补，采用科学的方法对会计史料进行搜集、分析和整理。

二、电子化会计史料的概念及特点

（一）电子化会计史料的概念

电子化会计史料（或称数字化会计史料），是指通过数字化手段把史料从纸质载体转换为电子载体，并以电子化方式储存的一种新式载体史料。电子化会计史料多出自电子古籍文献，即以电子光盘和互联网为载体，并且具有多种检索功能的中国古籍文献。电子化会计史料可划分为两种类型：第一，扫描型史料。通过对史料原文照相或高清扫描，使史料载体从纸质变成电子版。《大成故纸堆数据库》和《晚清期刊全文数据库（1833—1911）》等数据库中的史料就属于该类型，其缺点是只能阅读史料内容，不能对其进行在线检索。第二，检索型史料。即把史料中的文字通过人工输入或技术转换变成 Word 文档。《中国基本古籍库》和《二十五史全文检索阅读系统》等数据库就属于该类型，其中的史料内容可以进行在线检索和阅读。就史料准确性而言，扫描型电子化会计史料要优于检索型电子化会计史料，因为它可以避免史料在文档转化过程中因为技术或人为原因造成的错误。

（二）电子化会计史料的特点

电子化会计史料具有制作成本低、存储量大、传播范围广、检索便利等特点，能够使许多平时难得一见的珍稀史料变得大众化，这有助于打破史料

---

① 典型的量化历史研究可分为五个步骤：提出问题和假说；寻找史料和数据；对数据进行量化分析，寻找因果关系；对发现的因果关系进行解释，寻找作用机制；论文写作。参见林展，陈志武．量化历史的研究步骤和作为新史学的价值［J］．社会科学文摘，2021（4）：87.

封闭和垄断现象，从而使会计史研究建立在更加全面和扎实的基础之上。通过对电子化会计史料进行比较分析和量化统计处理，能够推进史学研究方式的变革，深化会计史研究。作为互联网时代的新生事物，史料的电子化为搜集、阅读和利用史料提供了方便，但信息化只是改变了史料的存在形态，会计史料本身并没有发生本质的改变。对于通过网络检索搜集到的电子化会计史料，仍然需要根据其内容和价值加以利用。

三、电子化会计史料检索的优缺点

互联网时代为人们检索和利用会计史料提供了极大便利，但同时也带来了一些不可忽视的弊端，在检索和利用电子化史料时应注意网络资源自身的局限性。

（一）电子化会计史料检索的优点

1. 能够提高会计史料搜集的效率

在互联网时代的史学研究中，大家多利用中国知网、读秀等学术搜索引擎，在各种古籍文献数据库中检索、阅读和搜集自己需要的史料，不再花费大量时间去搜寻相关史料，阅读纸质文献的人越来越少。古籍电子索引、古籍全文检索系统具有强大的检索功能，可以在数量繁多的文献中进行以“字”为单位的检索。与传统的手工纸质文献检索相比，利用互联网检索史料能够减少简单的重复劳动，有助于推进史料工作的专业化，使学者有更多的时间与精力进行创造性研究，提高会计史学术研究的效率。

2. 可为研究者提供更大范围的史料基础

互联网打破了传统查寻史料中的时间、地域和国别等因素的限制，为学者提供了远程搜集史料的机会，使得大量分散藏于各处、原先难得一见的史料顺畅地进入研究视野，不再是阻碍学术研究的难题。研究者通过互联网登录档案馆、图书馆和博物馆的官方网站，可以方便地查阅和获取公开资料。比如，许多珍贵的古籍文献如《四库全书》《古今图书集成》等都被制成了电子文本，可以在互联网上很方便地阅读。又如，许多敦煌和其他考古遗址出土的文献流失海外，1998 年国际敦煌项目（International DunHuang Project, IDP）网站正式开通，用户可以在网上进入 IDP 数据库，免费检索到高质量的敦煌写本及其他材料的图像、目录信息，从而极大地推动了敦煌文献中会计史料的保护与共享。利用互联网进行史料检索能够促进资源共享和国内外学术交流，可为研究者提供更多的史料。

（二）电子化会计史料检索的缺陷

1. 容易出现史料文字错漏等问题

电子化会计史料是传统纸质文献经数字化处理过后的虚拟再现，是二次加工的结果，无论如何努力保存更多的信息，都无法做到与原始文本完全一样。许多纸质版会计史料经电子化处理之后，存在忽略版本、没有对内容进行必要的考订等现象，从而极易出现文字错漏、不注明版本依据等问题。会计史研究必须建立在坚实的史料基础上，这是治学常识。电子化会计史料的鉴别是特别需要注意的问题，利用时要养成核实史料原文的习惯，以免造成以讹传讹。

2. 可能导致遗漏重要史料或断章取义

依靠互联网检索史料极易忽略反证性的史料，也可能会遗漏许多不能直接与检索关键词匹配的重要史料，这样会造成史料的同质化和单一化，容易出现断章取义，进而影响研究结论的可靠性。在很多时候，根据关键词检索到的是会计史料的片段和局部，仅能得到那些最表面、最直接的史料，一些相关的、间接的史料有时是无法检索到的。比如，以“两税法”为关键词对《新唐书》《旧唐书》《唐会要》等史书进行检索，可检索到不少史料，但是虽无“两税法”三字却与其直接有关的史料，如“两税法”实行的历史背景、失败原因、对当时社会的影响等内容，就不可能仅凭网络检索轻易获取。需要注意的是，利用互联网检索不能从根本上解决会计史料的搜集问题，最好能以此为线索去阅读原书，以发现更为重要的间接史料。

四、电子化会计史料检索的注意事项

互联网时代给会计史料搜集带来了极大便利，但也对研究者的综合素质提出了更高要求。只有及时转变思想，加强基本功训练，才能借助互联网时代的馈赠，在会计史研究中占据先机。

（一）要求传统文史素养更加扎实

历史学不仅是历史资料和数据的函数，也是历史学家心灵与思想的函数。[①] 互联网虽然为会计史料收集提供了便利，也为史料的分析处理提供了有力工具，但它仅仅提供了研究的史料，并不能改变史学研究的本质。如何分析和处理史料取决于学者自身，史学成就的取得依赖学者自身的思考和探索。一个学者研究水平的高低，不仅取决于其使用数据库的水平和熟练程度，还取决于其传统文史素养和研究视野。信息技术的作用在会计史研究领域是有限的，在互联网时代，会计史研究对传统文史基础的要求不是降低了，而是提高了。只有重视对会计史料的积累和跟踪，加强史学基本功学习和训练，深入分析和科学利用史料，才能对会计史研究真正起到推动作用。

（二）熟练掌握各种数据库的特性和检索技巧

1. 熟悉各种古籍文献和报刊数据库

每个数据库都有自己的特点，其收录文献的年限、内容和范围不同，检索方法也不完全相同。要清楚哪些数据库仅提供摘要而不能提供全文、哪些数据库仅提供在线阅读而不能进行检索、哪些数据库需要授权后方能使用等细节。目前，国内许多大学购买了古籍文献数据库的使用权，可从其图书馆的电子文献资源库方便地进入使用。平时要注意归类总结，重点掌握史学领域的常用核心网站和文献数据库。

2. 掌握电子化会计史料检索技巧

网络检索只能检索与所输入的字词完全匹配的史料，或者说只能检索到包含所输入字词的史料。为了尽可能地检索到研究所需要的史料，要注意从不同的角度输入不同的字、词、句检索，输入的关键词越多，检索到有用会计史料的概率就越大。比如，在近现代会计史上有两位叫“杨汝梅”的会计学家：一位是河北的杨汝梅（1899—1985 年），字众先，河北磁县人，曾留学美国，主要从事无形资产等会计理论研究；另一位是湖北的杨汝梅（1882—1966 年），字予戒或玉阶，湖北随州人，曾留学日本，主要从事政府审计理论与方法研究。[②] 检索时，所有与杨汝梅有关的称呼都要尽可能查证，否则极易出现张冠李戴的错误。

五、常用会计史料数据库和检索网址

利用网络文献资源能跨越地理限制，进行实时全文检索、阅读或图像浏

---

① 顾晓伟．大数据时代史学的人文关怀［J］．史学月刊，2017（5）：24.

② 陈元芳．中国会计名家传略［M］．北京：立信会计出版社，2013：470-471.

览。能否很好地利用电子化会计史料，首先取决于是否了解相关图书馆和古籍资源网站，掌握其收藏的信息。

（一）常用图书馆网站

常用图书馆网站包括大型公共图书馆、高校和科研院所图书馆及专业数字图书馆网站。除专业数字图书馆外，这些网站通常提供的是自己的馆藏资源。

（1）中国国家图书馆·中国国家数字图书馆（www. nlc. cn）。提供中华经典古籍库、全唐诗分析系统、二十五史研习系统、国学宝典、数字古籍、敦煌文献库、明清实录等古籍文献资源，能够提供中国古代历史类、群经类和诸子类典籍的在线阅读与检索。

（2）超星数字图书馆（www. sslibrary. com）。拥有大量珍本、善本、民国图书等稀缺文献资源，提供的电子图书按《中国图书馆分类法》分为22个大类，其中K类有文史资料、地方志、传记类图书，Z类有《古今图书集成》《清实录》等古代文献，可以对电子图书进行在线阅读。

（3）中国高等教育文献保障系统（www. calis. edu. cn）。该系统是教育部组织全国高校图书馆共建共享信息资源的一个合作项目，其“学苑汲古”高校古文献资源库（http：//rbsc. calis. edu. cn：8086/）汇集了北京大学等知名高校图书馆的古文献资源，内容包括各馆藏古文献资源的书目数据和部分相关书影或全文图像，可以提供古籍检索和文献传递服务。

（二）常用的古籍资源网站和研究网站

以下网站大多整合了古籍文献书目数据与原始文献全文，可进行在线书目检索和全文阅读及检索。有些网站还提供相关研究成果、背景材料等其他相关资源。

（1）简帛网（www. bsm. org. cn/）。武汉大学简帛研究中心主办的学术网站，主要提供楚简、秦简、汉简、三国晋简和古文字等方面的研究资料。

（2）清华大学出土文献研究与保护中心（www. ctwx. tsinghua. edu. cn/）。主要提供甲骨文、金文、秦汉简牍、先秦秦汉史等领域的研究资料。

（3）“瀚堂典籍”数据库（www. hytung. cn/）。由北京时代瀚堂科技有限公司开发，涵盖文史哲等专业常用的古籍文献，包含史部集成库、经部集成库、子部集成库、出土文献库和近代报刊库等多个子库，可进行全文、标题和书目检索。

（4）国际敦煌项目（idp. nlc. cn）。由中国国家图书馆、大英图书馆、法国国家图书馆等成员单位发起成立，其宗旨是开发各国所藏敦煌文献并全部实现数字化，通过网络共享来促进敦煌学的研究。可对敦煌文献史料和相关研究成果进行在线检索和阅读。

（5）中国基本古籍库（www. er07. com/）。由北京爱如生数字化技术研究中心开发，收录先秦至民国的历代重要典籍文献，是中国有史以来最大的历代典籍汇总[①]。该数据库拥有完备的检索系统和功能平台，能提供全文检索和图文对照服务。

（6）二十五史全文阅读检索系统（http：//202. 112. 82. 27/net25/default. asp）。由天津永川软件技术有限公司开发，利用该系统，可对《史记》《汉书》《清史稿》等25部正史进行全文阅读和字词检索。此外，也可利用北京大学和国家图书馆共同开发的“二十五史研习系统”，在国家图书馆在线注册账号后即可使用。

（7）读秀学术搜索（www. duxiu. com/）。北京世纪读秀技术有限公司研发的学术搜索与文献服务平台，能够提供图书、期刊、报纸、学位论文等文献的在线检索、阅读及文献传递服务。

（8）国学宝典数据库（www. gxbd. com/）。北京国学时代文化传播有限公司开发的中华古籍全文数据库，收录上起先秦下至民国的历代汉字典籍文献，能够提供经、史、子、集等文献的全文检索服务，也可通过中国知网的“国学宝典数据库”登录。

（9）中国史学库（www. er07. com/）。由北京爱如生数字化技术研究中心研发，收录了先秦至民国的历代史籍，如正史、奏议、政书等各种史书，以及史考、史论等诸家史评等，能提供全文检索和图文对照服务。

（10）中国类书库（www. er07. com/）。由北京爱如生数字化技术研究中心研发，收录了魏晋至民国的历代类书近千部，其中包括《古今图书集成》《永乐大典》等大型类书，能提供全文阅读和图文对照服务。

（11）书同文古籍数据库（http：//guji. unihan. com. cn）。由北京书同文数字化技术有限公司开发，是以明清古籍为主的全文检索数据库，能提供《明会典》《明实录》《清实录》《清会典》等文献的全文检索服务。

（12）大成故纸堆数据库（http：//dachengdata. com）。由北京尚品大成

---

① 王会梅. 古籍概述［M］. 芜湖：安徽师范大学出版社，2018：117.

数据技术有限公司开发，主要收录晚清与民国时期的期刊、图书、地方志等文献，能够提供按刊检索、按篇检索和全文阅读服务。

（13）国学大师（www. guoxuedashi. net）。该网站集成古典图书 2 万多种，能够提供二十四史、《四库全书》、《古今图书集成》等古籍的在线阅读和全文检索，以及《甲骨文合集》《殷周金文集成》等论著的在线检索。

（14）中国哲学书电子化计划（https：//ctext. org/zhs）。这是一个线上开放的电子图书馆，利用该系统可对中国历代传世文献（尤其先秦两汉文献）进行全文检索和字词检索。

此外，中国社会科学网（www. cssn. cn）、古籍网（www. bookinlife. net/）、古籍在线（www. gujionline. com）等网站大都可以提供古代史籍的在线阅读或全文检索服务。

第三节　会计史料的鉴别

会计史料有真伪之分，不能拿来就用，必须对不明晰的、有所怀疑的史料加以鉴别。史料鉴别对会计史研究具有重要意义。本节探讨版本学、校勘学和避讳学等方面的知识，以及利用这些知识来鉴别会计史料的方法。

一、会计史料经常出现错舛的情况

由于各种主客观因素的影响，会计史料在真实性和完整性方面往往会出现问题。古往今来，失误、失真以至伪造的史料可谓比比皆是。无论是正史，还是实录、会要、方志等史籍，其所载会计史料都有可能出现错误。不仅文字史料存在讹误和作假现象，就是通过考古发掘取得的史料，以及电子化史料，也经常存在错舛的情况。会计史料经常会存在篡改、隐匿和不实之处，可能内容是片面的、虚构的，也有可能是技术上的错误，如漏字、错字、语句义不可解等情形。史料是否翔实可靠决定着能否得出科学的结论，因而在使用会计史料时，我们决不能轻信，应该持质疑批判的态度，选取最能反映真实历史的史料，否则容易受史料影响而无法得出客观的结论。

二、会计史料鉴别的内涵

史料是关于客观历史的记录，但并非所有史料都准确可信。史料记载本身，往往不具有自然科学数据那样的精确性，在利用时需要仔细鉴别，特别是要放在当时的社会政治经济背景下进行考察。会计史料鉴别主要是指鉴别会计史料的真伪、确定会计史料的年代、考察会计史料所记事项的虚实，从而判断会计史料的实际价值。会计史料鉴别的目的是纠正史料中的各种错误，为会计史研究提供可靠的材料，以增加立论依据的可靠性和论著的说服力。

史料并非史实，会计史料搜集到手后，要经过鉴别考证，才能为研究提供真实可靠的依据。史料错误是会计史研究的“硬伤”，鉴别史料是利用史料的先决条件，否则就无法探求历史的真相。研究者应有史料规范意识和史料鉴别能力，警惕某些带有明显主观性的史料影响研究结论。

三、鉴别会计史料的基本方法

会计史料错误的类型多种多样，需要鉴别的是真伪不明，时间、空间、作者或者版本不明的史料。鉴别会计史料常采用书证、理证和物证等方法。

（一）理证法

理证法即依据常理、逻辑或历史事实来进行鉴别。当发现会计史料存在明显错误，又没有足够的资料可供参考时，就需要采用理证法来加以鉴别。会计账簿史料涉及数字较多，且彼此之间存在勾稽关系，在鉴别时可采用理证法。

例如，《至正直记》卷 3《出纳财货》中有“谨出纳，严盖藏。此掌事者大字铭也”，很明显，此处“大”字应为“六”字。①

又如，《旧唐书》卷 12《德宗纪》所记“户部计帐三百八万五千七十有六，赋入一千三百五万六千七十贯”指的是两税钱，而不是两税钱和斛斗税的合计数。因此，《册府元龟》卷 488《邦计部·赋税二》记载“是年天下两税之户，凡三百八万五千七十有六，赋入一千三百五万六千七十贯斛”的赋税数字加了一个“斛”字，虽然仅一字之差，但实际上是错误的。②

再如，关于宋代四柱结算法实例的分析，常用的史料是《宋史》卷 177《食货志》所载：

是岁，诸路上司农寺岁收免役钱一千四十一万四千五百五十三贯、石、

---

① 谢国祯．明代社会经济史料选编（下）［M］．福州：福建人民出版社，2004：274.

② 沈世培．《册府元龟》所载“两税法”史料辨误［J］．史学史研究，2009（4）：114.

匹、两；金银钱斛匹帛一千四十一万四千三百五十二贯、石、匹、两，丝绵二百一两；支金银钱斛六百四十八万七千六百八十八两、贯、石、匹；应在银钱斛匹帛二百六十九万三千二十贯、匹、石、两；见在八十七万九千二百六十七贯、石、匹、两。

《文献通考》卷12《职役考一》中的记载与《宋史》相同。但是，《宋会要辑稿》食货65中“见在”的数额为“八百八十七万九千二百六十七贯、石、匹、两”，二者差额为“八百万”之多，两者中必有一条史料是错误的。经查《永乐大典》卷7507所载《中书备对》原文，上述“见在”之数同《宋会要辑稿》，且有明细数字：

见在八百八十七万九千二百六十七匹、贯、两、石：钱斛银绢八百八十七万五千七百六十四匹、贯、两、石，丝绵一千四百五十六两，草一千九百七十五束，交子交引七十二道。

由此可以推断，《宋会要辑稿》中的记载是正确的。[①]

（二）书证法

书证法即利用文献记载进行鉴别，可分为内证法和外证法。内证法是根据同一部古籍的前后文字互证，比较异同，以发现会计史料中的错误，找到改正错误的依据。外证法是依据其他文献中的记载来鉴别本书中的文字。应尽量利用类书中的记载，或者依据接近作者时代的其他著作中的引文来鉴别本书中的错误和遗漏。

例如，在两汉统一的中央集权制度下，上计工作一般是有序进行的，而分裂时期的魏晋南北朝是否存在上计制度，由于史料缺乏，看法不一。《文献通考》卷36《选举考九》云：

自魏晋以来，州郡无上计之事，公府无辟召之举，士之入仕者，始则中正别其贤否，次则吏部司其升沉而已。

在马端临看来，上计制度在魏晋南北朝已不复存在。但从魏晋南北朝时期文献中关于上计制度的零星描述来看，其所谓魏晋以后“州郡无上计之事”之说是值得商榷的。

又如，“成吉思汗纪元”是1939年日本侵略者在当时的绥远省设立蒙古联合自治政府时采用的年号，因此，署名年代为“成吉思汗纪元七三拾年立”

---

① 李伟国．宋代财政和文献考论［M］．上海：上海古籍出版社，2007：225.

的民间借据并非元代的史料，而是出自1945年的现代史料。

（三）物证法

物证法即依据实物，主要是依据文物和考古两方面的证据，来鉴别史料内容是否可靠。比如，史籍对秦代上计制度的起源、演变等缺乏详细记载，以致对秦汉上计制度缺乏清晰认识，认为秦代无上计制度，只承认汉代有上计制度。如唐代杜佑《通典》卷33《职官十五》云：

汉制，岁尽，遣上计掾、史各一人，条上郡内众事，谓之计偕簿。

《礼记正义》卷62《射义》亦云：

汉时，谓郡国送文书之使谓之为计吏，其贡献之物，与计吏俱来，故谓之计偕物也。

云梦睡虎地秦简的出土，提供了战国和秦朝存在上计制度的确证，秦简所载内容表明当时已具备相当完备的行政管理系统，上计的内容也十分广泛，从而使人们弄清了汉承秦制在上计制度方面的表现以及上计制度的发展演变。

四、运用版本学、校勘学、年代学、避讳学等知识进行鉴别

应综合运用版本学、校勘学、年代学和避讳学等多个学科的知识，来鉴别古籍文献及会计史料的真伪。

（一）运用版本学知识进行鉴别

版本是一部论著经过多次传抄或印制所形成的各种不同的本子。每一种古籍[①]都有多个不同的版本，版本不同，古籍文献的内容和质量会存在差异，要获取可靠的会计史料，阅读古籍和查阅史料时一定要讲求版本。版本学是研究各种古籍版本的形成、特征和差异，鉴别其真伪、优劣和成书时间的学问，其主要任务是确定版本内容的优劣，从而为历史研究提供可靠的古籍版本。掌握版本学知识，对于会计史料鉴别具有重要作用。

通过鉴别版本，可以确定古代文献和史料的价值。同一种古籍的不同版本，内容不一定完全相同，最常见的是文字差异，其次还有卷数差异，以及作伪等复杂情况。善本是指具有较高的历史文献性、学术资料性和艺术代表性的古籍版本，[②] 其文物价值、史料价值和学术价值都很高。鉴别会计史料要

---

① 一般所称的“古籍”，是指1911年辛亥革命以前的各种形式的书籍。

② 张三夕．中国古典文献学［M］．武汉：华中师范大学出版社，2018：110.

重视版本，应着重从内容上选择和利用善本，以免影响对原著的正确理解。但是，古籍善本十分珍贵，印数极少，流传下来的不多，一般需专门保管，不公开阅览和外借。因此，在研究中多选择和利用古籍的校注本，这些校注本大多是资深学者以善本为底本，结合各种版本进行仔细校勘，其内容讹误较少。例如，由中华书局组织专家重新校订的点校本二十四史和《清史稿》，不仅增加了断句标点，而且在校勘记中反映了各种不同版本的异同，是当前最好的读本，可使学者在研究中少走弯路。

（二）运用校勘学知识进行鉴别

1. 校勘学概述

古籍文献只有内容正确，才有使用价值。古籍文献在流传过程中经过多次传抄或翻刻，难免会出现错字、别字、多字和少字等错误。校勘是采用科学的方法，纠正古籍在篇章、句读、文字等方面的错误，使之成为完整、正确的文献资料。校勘学的基本任务是通过整理错乱的内容、删去误增的文字、补上脱漏的文字，改正别字、错字、倒乙等各种讹误，尽可能地恢复古籍文献的本来面目。校勘是整理古籍、鉴别史料的基本环节，也是开展会计史料研究所必备的基本技能之一。

2. 会计史料中常见的讹误现象

古籍文献在流传过程中发生错误的原因及情形非常复杂，由此常常会导致会计史料出现以下讹误现象：

（1）讹文。讹即“错误”，讹文是指将史料中原有的文字写错了。会计史料中常见的讹文有形讹和声误两种情况（见表 3-1）。形讹指字形相近而误，声误指音同或音近而误，其产生原因有两个：一是用电脑打字时粗心大意；二是缺乏史学常识，对有些会计史料一知半解。

表 3-1　常见会计史料讹文情况汇总

史料来源	正确史料	讹文史料
《汉书·平准书》	上林财**物**众，乃令水衡主上林	上林财**务**众，乃令水衡主上林
《隋书·食货志》	**计**帐进四十四万三千丁，新附一百六十四万一千五百口	**记**帐进四十四万三千丁，新附一百六十四万一千五百口
《旧唐书·杨炎传》	初，国家旧制，天下财**赋**皆纳于左藏库	初，国家旧制，天下财**富**皆纳于左藏库

续表

史料来源	正确史料	讹文史料
桓谭《新论》	汉**定**以来，百姓赋敛一岁为四十余万万，吏俸用其半，余二十万万藏于都内为禁**钱**	汉**宣**以来，百姓赋敛一岁为四十余万万，吏俸用其半，余二十万万藏于都内为禁**财**
《酉年下部落百姓曹茂晟便豆种帖》	酉年三月一日，下部落百姓曹茂晟，为无种子，遂于僧海清处**便**豆壹硕捌斗	酉年三月一日，下部落百姓曹茂晟，为无种子，遂于僧海清处**借**豆壹硕捌斗
《史记·货殖列传》	蜀卓氏之先，赵**人**也，用铁冶富	蜀卓氏之先，赵**入**也，用铁冶富
《睡虎地秦简·效律》	计脱**实**及出实多于律程，及不当出而出之	计脱**食**及出实多于律程，及不当出而出之
《天盛改旧定新律令》卷15《纳领谷派遣计量小监门》	纳粮食者当于簿册依次一一唤其名，量而纳之。当予收据，上有斛斗总数、计量小监手记，不许所纳粮食中**入**虚杂	纳粮食者当于簿册依次一一唤其名，量而纳之。当予收据，上有斛斗总数、计量小监手记，不许所纳粮食中**人**虚杂
乾隆《大清会典》卷8《户部》	云南清**吏**司掌稽云南布政使司民赋奏册	云南清**史**司掌稽云南布政使司民赋奏册

（2）脱文。脱文是指史料在传抄过程中将原有的文字弄丢了。脱文在简牍会计史料错误中所占的比例较高，根据脱漏内容的多寡，可分为脱字、脱句和脱简三种情况，其中以脱去一两字最为常见。脱漏的文字，一般用“□”表示，几个“□”即脱去几字。由于连简的绳子中断，造成简的脱失，从而造成脱字，称“脱简”。

（3）衍文。衍文是指史料在传抄过程中增加了原来没有的文字，其中以衍一字或数字较为常见。衍文的出现多是因传抄史料时不慎，或把注里的文字误入正文。比如，把《汉书·宣帝纪》中“御史察计簿，疑非实者，按之，使真伪毋相乱”，误记为“御史察其计簿，疑非实者，按之，使真伪毋相乱”，句子中“其”字为衍文，应当删除。

（4）倒文。倒文是指史料原文中的文字或句子出现次序颠倒错乱的现象。倒文可分为字的倒置、句的倒置和错简三种情况。其中以一字或数字倒置的情况最为常见，如把《汉书·食货志》中“金钱以巨万计”，误记为“钱金以巨万计”。又如，把光绪《大清会典事例》卷177《户部·奏销》所载“各省报销，或半年奏报一次，或一年奏报一次，上半年者限本年十二月到部，下半年者限次年六月到部，一年者限次年八月到部。不准经年累月汇案造报”，误记为“各省报销，或半年奏报一次，或一年奏报一次，上半年者限本年十二月到部，一年者限次年八月到部，下半年者限次年六月到部。不准经年累月汇案造报”。

（5）误改。误改是指胡乱改动史料中的文字，多是因为不明史料原意或随意引用而产生。例如，有些学者在引用杨时展教授关于会计重要性的至理名言“天下未乱计先乱，天下欲治计乃治”[①] 时，不作认真考察而误记为“天下欲乱计先乱，天下欲治计乃治”，或者是“天下未乱计先乱，天下已治计后治”。

（三）运用年代学知识进行鉴别

年代学是研究古代各个时期的纪年方法，断定古籍文献、历史人物和历史事件所属年代的学科。运用年代学知识，可以鉴别会计史料在时间上的错误、考证历史人物的生卒年月，以及纠正与时间有关的其他错误。

先秦历法有多种，夏代以正月为岁首，商代以十二月为岁首，周代以十一月为岁首，秦代以夏历十月为岁首。从汉武帝太初元年（公元前 104 年）起，以夏历正月初一为岁首，并为后世历代所沿用，只是名称有所不同：汉代把岁首称为正月旦、正旦或正日，魏晋南北朝称其为元正、元日或元会，隋唐称其为元日、岁日或元正，宋元明清各代称其为元日或元旦。古籍文献特别是编年体史书中的史事，一般以时间先后为序进行记载，以年系时，以时系月，以月系日，以日系事。古人还将每季的三个月，分别称为孟月、仲月和季月，把阴历（即农历）每月初一称“朔”，把每月十五日称“望”，每月十六日称“既望”，月末的三十日称“晦”。比如，《居延汉简》中有“孙卿食马廪计：月晦日食马二斗，月二日食粟二斗，三日食二斗，四日二斗，十月廿三日食马二斗”,[②] 此处的“月晦日”指的是农历的每月三十。

（四）运用避讳学知识进行鉴别

避讳是中国历史上特有的一种文化现象，是指对尊者、长者或贤者的名字不能直接在所书写的文字中出现，要采取适当的方法加以回避，以表示尊崇。避讳学是研究避讳的产生和规律，并利用它来鉴别史料、从事校勘的学问。[③] 由于避讳随意改动文字，给史书记载带来了很大混乱，往往会造成史实的错淆，给史料研究带来许多困难。在史料鉴别中，应掌握避讳的规律，将

---

① 杨时展 . 杨时展论文集［M］. 北京：企业管理出版社，1997：181.
② 谢桂华，等 . 居延汉简释文合校［M］. 北京：文物出版社，1987：557.
③ 何忠礼 . 中国古代史史料学［M］. 上海：上海古籍出版社，2012：391.

可能出现的各种避讳因素充分考虑在内，这样才不致造成对会计史料理解的错误。

古人常常基于语言文字中形音义等要素的关系进行避讳，常用的方法是用意义相同或相近的别的字来代替要避讳的字。例如，为了避秦始皇嬴政“政”字之讳，秦代的“正月”写作“端月”，秦人还称“端正法度”为“端直法度”，司马迁《史记》的年表中也改“正月”为“端月”。又如，唐代改“民部”为“户部”，改“民部尚书”为“户部尚书”，就是为了避唐太宗李世民“民”字之讳。再如，宋代“专勾司”被改为“审计司”，是为了避宋高宗赵构“构”字之讳。

第四节 会计史料的整理和利用

搜集和鉴别史料的目的是有效利用，因而有必要对会计史料进行规范整理，及时将史料运用到研究工作中，以便充分发挥其学术价值。本节探讨整理和利用会计史料的有关知识。

一、会计史料整理

（一）会计史料整理的内涵及意义

会计史料整理是指把零散、杂乱无章的史料集中起来，按照一定体例进行梳理和编辑，使之从原始状态进入到规范和有序状态，以供检索和利用。会计史料整理既是开展会计史研究的基础，也是深化会计史研究的开始。把典型性会计史料汇编成册是一种以当代历史意识去建构历史的路径，它内在地体现了编著者的史识及其重构历史的动机。

会计史料所依存的载体种类多样，加之史料零散无序、分布无规律，极大地阻碍了研究者对史料的利用。会计史料的搜集和鉴别固然重要，但只有将其纳入研究视野，才能充分凸显其价值。会计史料整理的目的在于推动史料的传播和最大限度地被利用，把经过鉴别的会计史料及时进行分类、汇编和整理，使之纲举目张、体系分明，很好地进入研究领域，能够提升会计史研究的水平。比如，新民主主义革命时期陕甘宁边区、中华苏维埃共和国等主要革命根据地的审计档案，由于受到战争环境的影响，保存至今的相当零星分散，利用起来很不方便。中国审计学会和审计署审计科研所编著出版了

《中国革命根据地审计史料汇编》（北京工业大学出版社 1990 年版），书中内容涉及机构设置、组织条例、审计标准和审计实务等审计史料，大大便利了对革命根据地审计史的研究。

（二）会计史料整理具有学术研究的性质

会计史料整理需要具备一定的专业眼光，它既是一种辛苦的资料整理工作，也是一种学术研究工作，能够充分反映出编著者的学识和智慧。会计史料整理之所以具有学术研究的性质，其原因有三：第一，在会计史料搜集上，需要从浩如烟海、卷帙浩繁的文献中查找史料；第二，在会计史料选择上，需要从零散杂乱、真伪混杂的史料中挑选出典型性史料；第三，在会计史料分类与论著编排体例上，需要精心设计专题和框架来编录相关史料。因此，如果仅把常见会计史料简单汇编成册，往往会导致史料汇编成果没有太大参考价值，这样的会计史料整理工作也就没有太大意义，需要提高学术含量。

（三）会计史料整理的方法

1. 确定主题搜集和鉴别史料

史料整理是为会计史研究服务的。进行会计史料整理，首先要确定主题。主题确定之后，就要围绕这一主题去搜集史料。在搜集史料时，要限定取材范围，明确时间断限，还应注意史料的真实性、完备性和典型性。所收史料应保持原貌，不能随意改变。对于真伪存疑的史料，应加以鉴别，以免以讹传讹。对于晦涩难懂的史料，应酌加注释。

2. 公开出版或建立会计史料数据库

史料收集齐备经过鉴别之后，要进行分类整理，按照一定的纲目和体例汇编成书；也可以对收集到的史料分门别类予以编目，在此基础上建立会计史料数据库。通过这两种途径，可以使他人省去搜罗爬梳之苦，能够为会计史研究提供极大便利，使会计史料易于为全社会所共享，以充分发挥其应有的价值。

（四）会计史料汇编整理现状

改革开放以来，随着会计史研究的深化和发展，史料汇编整理工作开始提上议事日程。有关政府部门和有识之士已认识到史料整理的重要性，在会计史料搜集与整理方面也做出了不懈努力，并取得了一些成果（见表 3-2），其中在审计史料汇编整理方面取得的成果最为突出。这些资料汇编性论著虽然仅停留在史料收集、整理和汇编的层次，但在很大程度上解决了近现代会计史料过于分散的问题，为开展近现代会计史研究提供了便利。

表 3-2　会计史料汇编整理成果汇总

年份	著者	成果
2019	谢冬慧	《民国审计法规资料选编》
2016	柯华	《中央苏区财政金融史料选编》
2015	方宝璋	《民国时期审计史料汇编》
2011	魏文享	《民国时期之专业会计师论会计师事业资料汇编》
2002	耿建新	《中国会计研究文献摘编（1979—1999）》
1995	江苏省审计局	《江苏革命根据地审计史料》
1990	中国会计学会	《中国会计史料选编：中华民国时期》
1990	中国审计学会	《中国革命根据地审计史料汇编》
1989	中国会计学会	《中国会计史料选编：东北根据地和东北大行政区时期》
1988	江西省审计局	《中央苏区审计史料汇编》

目前，会计史料整理工作存在两个突出问题亟待解决：一是大量近现代民间工商业账簿史料散落民间，由于保管不善，存在毁损灭失的风险，亟待搜集保存，进行汇编整理，以利于流传后世。二是许多研究机构、档案馆、博物馆和图书馆等收藏单位，对会计史料只重视悉心保管，不重视开发利用。部分收藏者将自己搜集到的史料待价而沽，秘不示人，使会计史料没有充分发挥其应有的价值。会计史料是全社会的共同财富，随着国家实施文化发展战略，各地对文献资源整理挖掘的重视程度越来越高，学界亟须搭建一个互联网会计史料资源共享平台。这既有利于提高大众对会计史料的重视与保护意识，更好地抢救、保护和传承珍贵文物，又便于学者查阅与利用史料。

二、会计史料的利用

（一）利用会计史料的原则

史料承载着历史事实，史料工作以利用史料为最终目的。在利用史料进行会计史研究时，应坚持以下三个原则：

1. “论从史出”

“论从史出”是历史研究的基本方法，是指对历史的阐释和评价，都应当从史料中概括和抽象而来，必须坚持史料与观点的统一。一方面，治史必须重视史料，要选取最能反映历史真实的史料来论述历史，要正确地阐释史料，实事求是地解读史料，把握史料所能证明史实的限度。会计史研究要坚持“有一分材料说一分话”，史料搜集得越是详尽，越能暴露事物的主要矛盾和发展过程，从而为研究打下坚实的基础。另一方面，治史不是史料的简单堆砌，不能单纯地罗列史料，要从对史料的分析中认识历史和探求历史演进规律。会计史研究必须以唯物主义思想为指导，必须坚持“论从史出”，绝不能“以论代史”。

2. 史料互证

会计史研究要善于综合运用各种史料，应坚持无证不信、孤证不立和群证方立原则，应有多种史料的互证和参照，而不能片面依赖单一的史料。多元化的史料能够提供全面的历史图景，给研究者带来更多启示。王国维提出利用地下出土的考古资料和传世文献相互印证的“二重证据法”①，陈寅恪倡导运用“诗史互证”② 方法研究历史，实际上都是在提倡多元史料的方法论。例如，宰夫的职掌在《周礼》与《春秋左传》《国语》《仪礼》等文献中的记载存在矛盾之处，如果仅凭《周礼》中的有关记载就认定“宰夫”从事的是政府审计工作，进而认为政府审计起源于西周时期，则其研究结论必然会缺乏说服力。

3. 选用典型史料

会计史料的价值有高低之分，其中最有助于反映历史本来面貌、接近历史真实的会计史料，价值最高。利用史料要重视取舍，严格选择，并不是说罗列的史料越多越好，要善于选取最能说明问题的典型史料。研究者在利用会计史料时必须精挑细选，要善于从史料中去粗取精，找到最能反映历史事实的内在联系的典型资料。当不同类型的史料对同一历史事实的记录出现矛盾时，一般来说，实物史料优于文字史料，文字史料优于口述史料，档案史料优于报刊史料。

（二）利用会计史料的注意事项

1. 尽量利用第一手会计史料

只要能够还原历史现场，揭示历史真相，任何史料都是有利用价值的。

① 王巍．中国考古学大辞典［M］．上海：上海辞书出版社，2014：8.
② 林坚．人文大师：奠基性研究与创新方法［M］．北京：中国科学技术出版社，2012：289.

但是，史料每经改编一次，其价值就会降低一些，因为史料改编并不能百分之百地保存所依据原本的内容，而且可能无意中写错。[①] 只有充分运用原始史料，所得出的研究结论才能经得起时间的检验。在会计史研究中，轻信第二手史料造成论述失误的绝非个别现象。应尽可能运用第一手史料，把第二手史料作为参考。在无第一手史料，非使用第二手史料不可时，应当尽力查找史料最早的出处，运用年代较早的史料。例如，《汉书》中有关汉武帝元狩元年（公元前122年）以前的内容，多选用《史记》所载，《西汉会要》则主要取材于《史记》和《汉书》，因而研究西汉前期会计史应以《史记》中的内容最为可靠。又如，后晋刘昫等撰写的《旧唐书》，多取材于唐代实录，所记史实比较可信。北宋欧阳修编撰《新唐书》时，因时代较晚很少见到唐代实录，又力求文笔简洁，所记史实的翔实程度就不如《旧唐书》。再如，研究宋代会计史应尽量利用《宋会要辑稿》中的史料，其次是利用据国史、实录、会要等编撰而成的《宋史》中的史料，以及依据《宋史》编撰而成的《宋史纪事本末》等文献中的史料。

2. 搞清史料的确切含义，避免断章取义

每一条会计史料都有自己的时代特点和特定的含义，要科学地利用史料，首先必须弄清其产生于何时、所阐述的事实及其在历史进程中的意义。要注意史料的复杂性，客观、全面地分析史料，只有领会它的确切含义，才能恰如其分地加以利用。要了解会计史料的时代特点，切忌断章取义，片面理解史料。要力争准确地把握会计史料所能证明史实的限度，不能把今天的思想和观点主观地贯注到史料中去，要避免随意解读和过度阐释史料。

例如，《汉书》卷64上《严助传》云“陛下不忍加诛，愿奉三年计最”，对于其中的“计最”，学界有两种不同解释：一种认为“最”意为“概要”[②]，“计最”是指地方官吏每年或每三年送呈京师的上计簿，“愿奉三年计最”意为“愿意连续三年从事会计工作”；另一种认为“最”是古代考课成绩的等级，上等称为“最”[③]，“愿奉三年计最”意为“愿意连续三年做到上计考核第一”。经过综合分析，第二种解释应该是比较合理的。

---

① 严耕望．治史三书［M］．上海：上海人民出版社，2016：38.

② 如《小尔雅·广诂》云：“最，要也。”

③ 参见《续汉书·百官志五》“县令长”条刘昭注引胡广曰：“秋冬岁尽，各计县户口垦田，钱谷入出，盗贼多少，上其集簿。丞尉以下，岁诣郡，课校其功。功多尤为最者，于廷尉劳勉之，以劝其后。负多尤为殿者，于后曹别责，以纠怠慢也。”

又如，传世文献中与“省”有关的记载不少：《说文·眉部》云“省，视也”；《尔雅·释诂》云“省，察也”；《诗经·大雅·常武》云“王谓尹氏，命程伯休父，左右陈行，戒我师旅，率彼槐浦，省此徐土”；《孟子·梁惠王下》云“春省耕而补不足，秋省敛而助不给”。金文中也有类似的内容：《史颂簋》铭文载“唯三年五月丁巳，王在宗周，令史颂省苏”；《晋侯苏钟》铭文云“王亲远省师”。从以上史料内容来看，“省”表示外出巡行、视察活动，若把其简单理解为政府审计活动，则多少有些过度阐释史料之嫌。

再如，古籍文献中与“会计”相关的记载主要有：“掌米粟之出入，辨其物。岁终，则会计其政”（《周礼·舍人》），“令户部侍郎杨靖会计天下仓储”（《明史》卷78《食货二》），“候十年大造黄册，一举事毕，会计其数报府”（《宛署杂记》卷12《契税》），“每年税粮条编，俱待会计而后定，然会计不常，迟速靡一，比及会计单下，则小民已照旧上纳”（《天下郡国利病书》卷14），等等。以上史料中的“会计”就不能简单地理解为现代意义上的记账和会计核算，因为古代“会计”与“统计”不分，“会计”一词有考核、审查、总计、统计等多种含义，与其现代意义的理解并不完全相同，在利用时应多加留意，以免造成差错。

三、会计史料的引用

（一）引用会计史料的方法

常见的会计史料的引用有两种方法。第一，明引。就是将会计史料原文直接录入文中，所引文字加引号，并标明出处。明引常被研究性的论著所采用，其优点是读者能够看到史料原文，其缺点是史料原文夹在论述中间，很难做到行文流畅。第二，暗引。即在不失原意的前提下对会计史料进行增删润色，用自己的话转述出来。暗引可以使史料与引用者的论述有机融合在一起，使相关论著的行文流畅。但采用暗引时读者看不到原始史料，自然也就无法鉴别史料的转述是否正确。使用暗引这种方法，必须对会计史料有正确和透彻的理解，还要有相当强的驾驭语言的能力。

（二）引用会计史料的规范

1. 引文要精练

会计史料可作为论据，帮助研究者证明自己的论点，因而必须在对史料进行分析的基础上，选择价值最高的典型史料。史料中的文字会带有过去时代的文体和语言风格，这些文字大段地夹在论著之中，不利于研究者清晰地表达自己的思路，也会令人感到晦涩。因此，引用会计史料时要尽量少而精，注意进行必要的文字技术处理，在不失原意的基础上，注意上下文意脉络的连贯，对其中与主题无关或联系不大的内容，要进行适当删节，以避开那些难懂的文字和累赘的陈述，使自己的论述保持整体文风一致。

2. 必须注明出处

引用会计史料必须标明出处，其原因在于：一是尊重他人劳动成果，防止学术不端行为；二是表明自己所持论点或结论的根据，使别人相信自己言之有据；三是便于他人进行查阅、核对和参考利用，有助于避免重复劳动，传播重要史料与学术思想。明引均需注明出处；暗引除常识性的叙事或阐述外，若将他人成果融入自己的论述之中，也需注明。有些会计史料不宜直接引入正文，可用附注说明。转引史料不仅需要注明原始史料的出处，还应说明转引自何处。

3. 要认真核对原文

在引用会计史料时，要与原文进行核对，以确保准确无误，因为史料经传抄、转引，往往容易出错。为防以讹传讹，一定要注意认真核对史料原文，切不可似是而非，想当然地随意引用。一般情况下，只要能找到原文，就不要转引史料。例如，“古今称国计之富者，莫如隋。”该条史料常用来描述隋朝财政的充裕状况，其实际出处是马端临的《文献通考·国用考》，而非《文献通考·田赋考》。又如，“量入为出”是周朝财政管理的基本原则，常用的佐证史料为“冢宰制国用，必于岁之杪，五谷皆入，然后制国用。用地小大，视年之丰耗。以三十年之通制国用，量入以为出”，该条史料实际出自《礼记》卷3《王制第五》，而非《周礼》。《礼记》又称《小戴礼记》①，是一部先秦时期的礼学文献选编，它和《周礼》并不是同一部著作。

（三）会计史料引用致误的主要原因

1. 没有直接引用原文，造成以讹传讹

目前，通过阅读纸质文献进行会计史研究的学者越来越少，年轻学者大都依赖读秀、中国知网等检索工具来查找史料，为了省时省力，他们有时会

---

① 化长河，张晨．国学经典导读［M］．郑州：河南人民出版社，2019：73.

将他人论著中所引用的史料一抄了之。由于转录时粗心，或排版时失误等原因，任何一种论著中所引用的史料都可能产生误引、脱漏、羡衍、倒乙等错误，如果将这些有问题的史料直接照搬过来，就会以讹传讹。有些网络史料在编撰时已对原有内容进行了删节或改编，如果将它当作原文直接加以转引，也会造成失误。这方面的例子很多。比如，把睡虎地秦简中的《效律》，错误引用为《效率》。又如，把孔齐《至正直记》卷3《出纳财货》中的“谨出纳，严盖藏。此掌事者六字铭也”，错误引用为“谨出纳，严益藏。此掌事者大字铭也”。

2. 没有正确理解史料原意或者标点有误而造成错误

引用会计史料必须弄清全文和上下文义，如果不明古音通假、古代职官名称、古代人名地名、繁体字等情况，就会产生没有正确理解史料原意而误引的情况。此外，古人著书一般不加标点符号，如果史料断句有误，在句读上出现问题，也容易造成对史料理解的错误，进而导致在引用时发生错误。

例如，东汉“上计掾”“上计史”经常合称为“上计掾、史”，因此，引用《后汉书》卷81《范式传》中“长沙上计掾史到京师，上书表式行状，三府并辟，不应”，以及《通典》卷33《职官十五》中“汉制，岁尽，遣上计掾史各一人，条上郡内众事，谓之计簿”这两则上计活动史料时，正确句读为“上计掾、史”，而不是“上计掾史”，更不是“上计、掾史”。①

又如，有关秦汉时期“少府”属官及其职掌的史料，最常引用的是《汉书》卷66《陈万年附子咸传》中的记载，由于对史料原意的理解不同，形成了句读上的争议。其中，许多文献采用“少府多宝物，属官咸皆钩校，发其奸臧，没入辜榷财物”这种断句形式。也有学者认为正确断句为“少府多宝物，属官，咸皆钩校，发其奸臧，没入辜榷财物”。② 夏征农主编的《辞海》（上海辞书出版社2003年版）中“钩校”条，采用的就是后面这种句读形式。

思考题

1. 简述会计史料搜集的原则及方法。
2. 搜集古代会计史料时需要关注和利用的传世典籍文献有哪些？
3. 简述电子化会计史料检索的优缺点。

---

① 白寿彝．中国通史（第4卷上）［M］．上海：上海人民出版社，2007：723.

② 国务院古籍整理出版规划小组．古籍点校疑误汇录（三）［M］．北京：中华书局，1989：271.

4. 简述电子化会计史料检索的技巧。
5. 会计史料鉴别有何重要意义？
6. 简述鉴别会计史料的基本方法。
7. 举例分析会计史料常见的讹误现象。
8. 简述利用会计史料的原则和注意事项。
9. 简述引用会计史料的注意事项。
10. 举例说明会计史料引用致误的主要原因。
11. 会计史研究中常用的电子化会计史料数据库有哪些？

第四章　中国古代会计史料概要

本章是中国古代会计史料选编，简要介绍古代典型会计史料的来源、内容及价值，目的在于为学界进行古代会计史研究提供基础史料，也为新会计史料的发掘提供指引。研究范围上起夏商周三代，下迄鸦片战争前的清代，考虑到会计史发展的连续性，有时会根据具体情况略作延伸。

第一节　概述

一、基本思路

本章研究的基本思路如下：

（1）在辑录史料时，围绕会计主题，从传世文献、档案文献和考古文献中广泛选材。除较易查找的正史、政书、会典、会要等史籍外，凡能反映会计发展历史，又有一定参考价值的史料，如档案、方志、文集、杂记等文献中的史料，均在汇编之列，以充分反映中国古代会计史料的基本面貌。所选史料既力求全面，也有所选择，研究者可以根据本章提供的有关线索查找新的史料，从而获得新的发现。

（2）注重系统性和实用性，努力做到删繁就简、突出重点，只对典型会计史料加以介绍。所收会计史料总体上以保持原貌为主，若遇明显错误，则加以鉴别和评述。所辑录的史料均作详细勘校，每条史料均标明原始出处，以便研究者核查原始文献，依据自己的方法作出判断。

（3）原则上以历史朝代顺序和专题研究相结合的方式辑录会计史料。本章将中国古代社会划分为先秦、秦汉、三国两晋南北朝、隋唐、宋、辽西夏金元、明、清八个历史时期。在介绍每一历史时期的会计史料时，首先对该时期的社会政治经济环境、会计发展概况进行简要描述，然后从会计法制、会计职官、成本会计、会计人物和会计思想等方面，对典型会计史料进行介绍。

（4）文字会计史料经过人们的整理或利用，大都蕴藏在古籍文献之中。比如，甲骨文史料基本上收集在《甲骨文合集》等书中，金文史料大都收集在《殷周金文集成》等书中。因此，搜集会计史料的第一步就是要找到有关古籍。本章对与古代会计史有关的重要书目、索引和辞典进行必要的介绍，以使研究者了解和掌握搜集、鉴别和整理会计史料的方法和路径。

（5）中国古代史籍文献繁多，其版本也十分复杂。本章在介绍有关文献时，只能采取点面结合的方式，对重要文献中的会计史料进行评述，对一般文献则仅列其书名。如果一部古籍文献有标点本、点校本、影印本等多种版本，首选目标是经过点校、整理以及新近出版的版本。凡有整理本的古籍文献，一般选择中华书局、上海古籍出版社等权威出版社出版的较为权威的点校本。对相同内容的不同版本，原则上选用最原始的史料。

（6）古代社会并没有一个专门的词汇，可以完全对应现代意义上的会计和审计概念，研究古代会计史料必须超越时空的范畴，以现代学科概念来规范其范围。自先秦起，陆续有国计、岁计、上计等称谓来描述会计活动，常以考、听、勾、稽、比、磨、勘等用语来描述审计活动，会计职能总是与财政、统计活动相关联，审计职能总是与监察、考课活动融合在一起，有时区分出“纯粹”的会计、审计史料是不太容易的，本章尽量按照学界认可的惯例进行阐述。

二、会计史料原文处理方式

对于会计史料的原文，主要有以下五种处理方式：

（1）甲骨文、青铜器铭文若有缺文，用“□”表示，缺文较多无法确知字数则用“……”表示。可据文意补充的加以补充，用“［］”表示。部分文字为了强调原来的字形特征或避免歧义而仍用繁体字，异体字、假借字和一些要注明的今文字随文注出，用“（）”表示。

（2）简牍史料皆采用简体字，为了避免歧义，部分文字仍使用繁体。“/”表示简折断，“□”表示字迹模糊且无法识读的一个字，“……”表示字迹不清且未能确定字数。异体字、假借字一般随文注出，用“（）”表示。原简上的各种符号如“•”“卩”等原则上照录并稍加规范。

(3) 为了方便阅读，文中已将史料原件的竖排改为横排，原文的繁体改为简体。为便于理解史料内容，对有些史料原文适当添加标点。

(4) 关于会计账簿究竟该用“账”字还是“帐”字，曾经有过一段时间的争论。[①] 目前，出版物中通常使用“账”字，但早期文献多用“帐”字。本书在引用史料原文和文献时，使用“帐”字，以保留会计史料和文献的原貌。除此之外，一律使用“账”字，以符合现代的行文习惯。

(5) 古代汉语中只有“句”字，没有“勾”字，“句”是“勾”的本字，“筭”为“算”的异体字。为避免误解和便于理解，本书在辑要相关史料时，已把其中的“句”字改为“勾”字，把“筭”字改为“算”字。

第二节　先秦会计史料

一、先秦会计发展概况及会计史料的特点

(一) 先秦会计发展概况

先秦是指秦朝建立之前的时代，包括传说中的三皇五帝和夏、商、周等历史阶段。原始社会末期，随着社会生产力的发展，出现了剩余劳动产品，产生了财产私有制，客观上形成了对会计的现实需要。夏、商时期，奴隶制逐渐形成并不断发展。商代建立了比较复杂的政府官僚机构。春秋战国时期是从奴隶制逐步向封建制过渡的时期，各诸侯国为求生存和发展，纷纷实施变法，建立以郡县制为基础的中央集权制，官吏由世袭制改为任免制，对社会经济的管理与控制更为严密，这在客观上促进了会计的发展。

原始社会末期，人类社会处于原始计量记录阶段，经济计量活动由简到繁，并尝试以实物、绘画、结绳、刻契等方式反映经济活动。夏商为会计的起源和发展时期。商代采用文字叙述式的记录方法，反映经济收支事项的数量变化。西周确立了“会计”的命名，开始有了以“入、出”作为会计记录符号的趋向，出现了“岁会”等全面核算的报告制度。春秋战国时期，从文字叙述式过渡到定式简明的会计记录，以“入、出”作为会计记录符号已基本成为定式。随着对会计作用认识的不断深入，产生了朴素的会计思想。

---

① 郭道扬．帐（账）的应用考析［J］．会计研究，1998（11）：47.

夏商周时期是中国政府审计的萌芽阶段，已出现带有政府审计性质的经济监督活动，这一时期的政府审计制度有官计和上计两种形式。西周的官计制度是对官吏政绩进行考核监督的政治制度，包括每年一“岁计”、三年一“大计”。春秋战国时期，为适应中央政治经济集权的需要，上计制度应运而生，它对于加强中央政治经济集权具有重要作用。

（二）先秦会计史料的特点

1. 传世文献史料极端匮乏

由于年代久远，先秦时期流传下来的传世文献的数量和种类都很有限。中国古代有着悠久的史官记录史事的传统[①]。夏商至西周时期，文字使用权和史事记录只掌握在少数史官手中，史书的数量甚少，加之年代久远、保管不善等原因，传至后世的极少。春秋战国时期，文化由官府走向社会，文献史料虽然有显著增加，但由于各种原因（如秦始皇“焚书坑儒”），大部分至今也已散佚。因此，先秦传世文献中的会计史料比后来的任何时代都要匮乏，有时虽然仅有片言只语，也是非常宝贵的记录。

2. 考古文献史料占重要地位

先秦史籍内容晦涩，有的还夹杂着不少神话故事，利用起来比较困难。现存较多同时也相对可靠的文献记载主要集中在春秋战国时期，只有少量涉及虞夏和殷商。学界通常把有文字记载的历史称为“信史”，把没有文字记载的时期称为“传说”时期。[②] 夏代会计史料来源于传说，其可靠性较差，需要考古史料的证实。甲骨文的发现，使商代会计史从“传说”变成“信史”。自商代以来，中式会计的演进基本上具有翔实的物证。先秦时期距今年代久远，可资利用的传世文献史料有限，必须充分利用考古文献史料。甲骨文、金文、出土简牍可以弥补传世文献的不足，为先秦会计史研究开辟了广阔的空间。

3. 儒家经典文献是先秦会计史料的重要来源

儒家书籍称为“经”，先秦时期无经史之分，经史分家是从汉初才开始的。清代史学家章学诚倡导“六经皆史”学说，认为“六经皆先王之政典

---

① 李学勤．战国史与战国文明［M］．上海：上海科学技术文献出版社，2007：242.

② 杨升南，朱玲玲．远古中华［M］．上海：上海书店出版社，2015：40.

也”①。《尚书》《春秋》本身就是史书，《诗经》《礼记》《周易》也直接或间接地记载了一些历史事实。先秦儒家经典文献中的内容涉及古代政治、经济和文化活动，是先秦会计史料的重要来源。

（三）先秦会计史料的分布

反映先秦时期会计活动的史料，大多散布在甲骨卜辞、青铜器铭文和简牍等考古文献，以及《尚书》《周礼》等传世文献中。先秦会计史料主要分布于以下文献：一是甲骨文、金文和简牍文献；二是《尚书》《周易》《周礼》等历史论著和官方用书；三是《论语》《商君书》《管子》《韩非子》《荀子》等诸子著作；四是《史记》《汉书》《吴越春秋》等汉代以后史籍。其中，甲骨文、金文和简牍文献中的会计史料是直接史料，与先秦儒家典籍、诸子著作中的记载可互为印证或补充。

二、与先秦会计史料有关的文献概要

（一）甲骨文文献和工具书概要

胡厚宣、郭沫若等的《甲骨文合集》（中华书局 2001 年版）。全书按照商代社会历史的实际情况，把甲骨文史料内容细分为阶级与国家、社会生产、思想文化等四大类，并进一步细分为农业、贡纳、手工业、商业等二十二小类，为至今最完备的殷代甲骨文史料汇编。

郭沫若的《卜辞通纂》。该书是集录和考释甲骨刻辞的著作，著录了具有代表性的 800 片甲骨拓片，按干支、数字、世系、食货、征伐等内容进行释读，其中散见有殷商会计史料。参见《郭沫若全集·考古编》（第 2 卷）（科学出版社 2017 年版）。

此外，还可参考罗振玉的《殷墟书契前编》《殷墟书契后编》《殷墟书契续编》等甲骨文文献，需要利用徐中舒的《甲骨文字典》（四川辞书出版社 2014 年版）、李孝定的《甲骨文字集释》（中华书局 1987 年版）、于省吾的《甲骨文字诂林》（中华书局 1996 年版）、高明的《古文字类编》（中华书局 1980 年版）等甲骨文释字方面的工具书。

（二）金文文献和工具书概要

郭沫若的《两周金文辞大系图录考释》。该书分为图录和考释两部分。其

① （清）章学诚．文史通义（卷 1）［M］．上海：上海古籍出版社，2015：1.

中，“考释”分为两卷，每器铭文以楷书录出，均附详尽考释，是研究两周历史较为系统的编年史料。参见《郭沫若全集·考古编》（第 7 卷和第 8 卷）（科学出版社 2017 年版）。

中国社会科学院考古研究所的《殷周金文集成》（中华书局 2007 年版）。全书由铭文、释文和索引等内容组成，所收史料包括殷商、两周时期的青铜器铭文，是较为完整的商周金文著录著作。

此外，还可参考蔡运章的《甲骨金文与古史新探》（中国社会科学出版社 1996 年版）等金文文献。可供利用的金文字典主要是容庚的《金文编》（中华书局 1985 年版）。

（三）儒家经典及诸子百家著作概要

《尚书》。中国现存最早的史书，是夏商周时期历史文献、传说和档案资料的汇编，有些内容还涉及原始社会末期的情况。该书按时代分为《虞书》《夏书》《商书》《周书》四部分，内容涉及政治、官制和刑法等领域的典章制度，可查找到会计史料的零散记载。上海古籍出版社 2007 年出版《十三经注疏》整理本。

《周易》。儒家经典之一，由《经》《传》两部分组成。其中，《传》是对《经》所作的各种解释，包括《系辞·上》《系辞·下》等十篇。内容涉及殷商至西周的历史和传说，其中散见有商周时期的会计史料。上海古籍出版社 2007 年出版《十三经注疏》整理本。

《周礼》。原名《周官》，由《天官冢宰》《地官司徒》《春官宗伯》《夏官司马》《秋官司寇》《冬官考工记》六篇组成，主要记述春秋战国时期的官制，并寓以儒家的政治理想，其中有大量会计史料。需要注意的是，《周礼》的成书年代较晚，内容具有颇多争议，其书“虽有为战国人主观构拟的成分，然其绝非全部向壁虚造，书中保存了许多宝贵的西周的职官制度史料”①，利用时必须秉持慎重的态度。上海古籍出版社 2007 年出版《十三经注疏》整理本。

此外，《仪礼》《世本》《商君书》《管子》《国语》《左传》《礼记》《吕氏春秋》《韩非子》《论语》等文献中也散见一些先秦时期的会计史料。

（四）与先秦会计史料有关的汉代以后史籍概要

《春秋会要》。清代姚彦渠撰。共 4 卷，内容包括世系、官制、刑法、食

---

① 张亚初，刘雨．西周金文官制研究［M］．北京：中华书局，2004：112.

货等门类。其中，食货类下又分列贡赋税、手工业、商业等子目。取材于“春秋三传”① 及各家注疏，是一部全面辑录春秋时期典章制度的会要体史书。中华书局2009年出版王贵民和杨志清编著的标点本。

《战国会要》（上海古籍出版社2012年版）。今人杨宽、吴浩坤主编。全书160卷，分世系、职官、食货、刑法等14门，收录了战国时期周王朝及各诸侯国的史料。该书将已有史籍和考古文献中的战国史料分类汇辑，内容详备，为研究战国时期典章制度的重要参考书。

此外，研究中还可参考《史记》（先秦部分）、《汉书》（先秦部分），《路史》《七国考》《淮南子》《新序》《越绝书》等古籍文献，以及东汉许慎的《说文解字》等工具书。

（五）主要考古文献概要

睡虎地秦墓竹简。简文参见睡虎地秦墓竹简整理小组编的《睡虎地秦墓竹简》（文物出版社1990年版），内容包括《秦律十八种》《效律》《秦律杂抄》《法律答问》等法律文书。其中，《秦律十八种》包括《田律》《金布律》《仓律》《厩苑律》等律文，涉及官营手工业及其生产定额、官府物资财产清查核验、核对账目等法规，是研究战国时期会计史的重要史料来源。

新蔡葛陵楚简。竹简所处时代为战国中期，简文内容为卜巫祭祷记录和会计簿书。参见河南省文物考古研究所的《新蔡葛陵楚简》（大象出版社2004年版）、宋华强的《新蔡葛陵楚简初探》（武汉大学出版社2010年版）。

包山楚简。竹简所处时代为战国中晚期，简文内容为卜巫祭祷记录、官府文书和遣册。其中，官府文书中有贷金籴种记录。参见陈伟的《包山楚简初探》（武汉大学出版社1996年版）。

三、先秦会计史料辑要

（一）三皇五帝时期与会计起源相关的史料

1. 三皇五帝时期会计史料的来源

三皇五帝②时期大体相当于原始社会末期由父系氏族公社取代母系氏族公

① 即《春秋左代传》《春秋公羊传》《春秋穀梁传》。

② 三皇是指伏羲、燧人和神农，五帝是指黄帝、颛顼、帝喾、尧和舜。

社以后的时期，也是中华民族文明史真正开始的时期。[①] 该时期与会计相关的史料主要来源于《史记·五帝本纪》《尚书》《周易》等传世文献的记载。

2. 社会经济环境史料

社会经济环境史料主要出自《周易》《易林》等传世文献的零散记载。

▲ 日中为市，致天下之民，聚天下之货，交易而退，各得其所。

——《周易·系辞下》

▲ 日中为市，交易资宝。各利所有，心悦以喜。 ——《易林》卷4《损》

3. 结绳计数与记事史料

结绳计数与记事是以编织绳结的形式反映客观经济活动及其数量关系的计数与记事形式。《周易》《庄子》等传世文献中散见有与之相关的记载。

▲ 上古结绳而治，后世圣人易之以书契，百官以治，万民以察。

——《周易·系辞下》

▲ 古者无文字，其有约誓之事，事大大其绳，事小小其绳。结之多少，随物众寡，各执以相考，亦足以相治也。 ——《周易集解》卷15引《九家易》

▲《子夏易传》曰：上古官职未设，人自为治。凡记其事，得其命而已，故可以结绳为。《九家易》云：古无文字，其有约誓之事，事大大其绳，事小小其绳，结之多少，随物众寡，执以相考。 ——《路史》卷5《前纪五》

▲ 昔者，……伏羲氏、神农氏，当是时也，民结绳而用之。

——《庄子·胠箧》

4. 刻契计数与记事史料

刻契（书契）计数与记事是区别于结绳的新的记事方式，主要是在竹木、骨骼或其他载体上刻划标记以记事和计数。《尚书》《管子》等传世文献中可查到与之相关的记载。

▲ 太昊、伏羲氏造书契，以代结绳之政。 ——《史记·补三皇本纪》

▲ 契，刻也，刻识其数也。 ——《释名》卷6《释书契》

▲ 古者伏羲氏之王天下也，始画八卦，造书契，以代结绳之政，由是文籍生焉。 ——《尚书》序

▲ 书契已传，绳木弃而不用，史官既立，经籍于是与焉。

——《隋书》卷32《经籍志》

---

① 丁德科，等．司马迁与《史记》研究年鉴（2012年卷）［M］．北京：商务印书馆，2015：78.

▲ 不为文字，刻木纪契而已，世事远近，人相传授，如史官之纪录焉。

——《魏书》卷 1《序纪》

▲ 书之于木，刻其侧为契，各执其一，后以相考合。

——《周易正义》引郑玄注

▲ 上古结绳，后易之以书契。——《管子·揆度》

5. 其他与会计起源相关的史料

其他与会计起源相关的史料主要是指《史记》《路史》《世本》等传世文献中的零散记载。

▲ 劳勤心力耳目，节用水火材物。有土德之瑞，故号黄帝。

——《史记》卷 1《五帝本纪》

▲ 黄帝使羲和作占日……隶首作算数。——《世本·作篇》

▲ 黄帝命羲和占日……隶首定数，以率其羡，要其会，而律度量衡由是成焉。——《路史》卷 14《后纪五》

▲ 帝喾高辛者，黄帝之曾孙也。……取地之财而节用之。

——《史记》卷 1《五帝本纪》

（二）夏代会计史料

1. 夏代会计史料的来源

河南偃师二里头遗址的发现及其文化特点表明，传说中的夏代不仅存在，而且有规制完整的国家政权和社会分工，这为夏代会计活动的存在提供了科学依据。[①] 目前，夏代会计仍停留在传说阶段，缺乏考古成果的佐证，只能参考《史记》《尚书》等史籍中的零散叙述。

2. 传世文献中与夏代会计相关的史料

与夏代会计相关的史料主要涉及税赋、计量、考功、会稽等文字记载，主要来源于《史记·夏本纪》《吴越春秋·越王无余外传》，以及《尚书》《礼记》《孟子》等传世文献对《夏书》的引文和对夏事的记载。

▲ 禹别九州，随山浚川，任土作贡。——《尚书·禹贡》

▲ 关石和钧，王府则有。——《尚书·夏书》

▲（禹）上茅山，大会计，爵有德，封有功，因命茅山曰会稽。……审铨衡，平斗斛。——《越绝书》卷 8

① 陈敏，等．试论夏代会计的存在与表现［J］．会计论坛，2013（2）：65.

▲（禹）三载考功，五年政定，周行天下，归还大越。……乃大会计治国之道。……遂更名茅山曰会稽之山。

——《吴越春秋》卷4《越王吴余外传》

▲夫言因山名郡可也，言禹巡狩会计于此山，虚也。……百王治定则出巡，巡则辄会计，是则四方之山皆会计也。……会计之说，未可从也……考之无用，会计如何？　——《论衡·书虚篇》

▲自虞夏时，贡赋备矣。或言禹会诸侯江南，计功而崩，因葬焉，命曰会稽。会稽者，会计也。　——《史记》卷2《夏本纪》

▲众土交正，致慎财赋，咸则三壤成赋。　——《史记》卷2《夏本纪》

▲有虞氏官五十，夏后氏官百，殷二百，周三百。——《礼记·明堂位》

▲夏后氏五十而贡，殷人七十而助，周人百亩而彻，其实皆什一也。

——《孟子·滕文公上》

（三）商代会计史料

1. 商代会计史料的来源

商代是中国第一个有同时期文字记载的王朝。商代会计史料来源于《史记》《尚书》《诗经》和先秦诸子书中的记载，以及殷墟甲骨卜辞等考古文献。传世文献中的商代第一手会计史料很是难得，要注意利用传世文献类史料，辅之以甲骨卜辞史料，来探究商代的会计活动。

2. 传世文献中与商代会计相关的史料

主要出自《史记·殷本纪》《尚书·商书》《诗经·商颂》和先秦诸子书中的零散记载。

▲ 厚赋税以实鹿台之钱，而盈钜桥之粟。　——《史记》卷3《殷本纪》

▲（周武王）命南宫括散鹿台之财，发钜桥之粟，以振贫弱萌隶。

——《史记》卷4《周本纪》

▲ 惟殷先人，有册有典。　——《尚书·多士》

▲ 帝武丁……三年不言，政事决定于冢宰。　——《史记》卷3《殷本纪》

3. 考古文献中与商代会计相关的史料

商代甲骨卜辞中保存有许多关于祭祀用牲、田猎收获、贡赋缴纳、赏赐、赠送等具有经济意义活动的原始记录。这些记录在客观上都执行了会计的职能，显示了当时会计记录的方法，也充分反映了商代会计的发展水平。以下史料取自罗振玉的《殷墟书契前编》和《殷墟书契续编》，郭沫若的《卜辞通纂》，以及胡厚宣和郭沫若合著的《甲骨文合集》。

（1）记录收入的甲骨文史料。

▲ 壬子卜，贞：王田于斿，往来亡灾？兹御，获鹿十一。

——《殷墟书契前编》2·26·7

▲ 壬申卜，贞：王田鸡，往来亡灾？王占，曰吉。获狐十三。

——《殷墟书契前编》2·42·3

▲ 毕八虎，允毕？获鹿八十八，马一，豕卅又二。——《卜辞通纂》22

▲ 王往于田……允获麋二，雉十一。——《殷墟书契续编》3·43·6

▲ 获虎一、鹿四十、狐一百六十四、麑百五十九。

——《甲骨文合集》10407

▲ 乙巳卜，贞：王其田羌亡灾，擒鹿十又五。

——《甲骨文合集》41351

（2）记录支出的甲骨文史料。

▲ 辛巳卜，豊贞埋三犬，燎五犬五彘，卯四牛，一月。

——《殷墟书契前编》7·3·3

▲ 戎丁，用百羊百犬百豚。——《甲骨文合集》15521

（四）西周会计史料

1. 西周会计史料的来源

除了少量出自金石铭文的史料外，西周会计史料主要来源于《周礼》《国语》以及先秦诸子文献。《周礼》对西周的会计职官设置进行了详尽的描述，但其中夹杂了许多理想化的成分，需要从考古文献中查找相关史料进行印证，在利用时应多加留意。

2. 传世文献中的西周会计史料

（1）西周财计组织及会计职官史料。相关史料主要涉及冢（大）宰、司会、宰夫和司书等。

第一，与冢（大）宰相关的史料。

▲ 岁终，则令百官府各正其治，受其会，听其致事，而诏王废置。三岁，则大计群吏之治而诛赏之。——《周礼·大宰》

▲ 冢宰制国用，必于岁之杪，五谷皆入，然后制国用。用地大小，视年之丰耗。以三十年之通制国用，量入以为出。——《礼记·王制》

第二，与司会相关的史料。

▲（司会）掌邦之六典、八法、八则之贰，以逆邦国、都鄙、官府之治。以九贡之法致邦国之财用，以九赋之法令田野之财用，以九功之法令民职之财用，以九式之法均节邦之财用。掌国之官府、郊野、县都之百物财用。凡在书契、版图者之贰，以逆群吏之治而听其会计。以参互考日成，以月要考月成，以岁会考岁成。——《周礼·司会》

▲云而听其会计者，谓群吏以会计文书送于司会者，司会皆听断之。

——《周礼注疏·司会》

▲司会以岁之成质于天子，冢宰齐戒受质。——《礼记·王制》

第三，与宰夫相关的史料。

▲宰夫之职……掌治法以考百官府、群都、县、鄙之治，乘其财用之出入。凡失财用、物辟名者，以官刑诏冢宰而诛之。其足用、长财、善物者，赏之。……岁终，则令群吏正岁会；月终，则令正月要；旬终，则令正日成，而以考其治。——《周礼·宰夫》

▲宰夫陈飨，膳宰监之。膳夫赞之，王歆太牢，班尝之，庶人终食。

——《国语·周语上》

▲设宾主，饮酒之礼也。使宰夫为献主，臣莫敢与君亢礼也。

——《礼记·燕义》

第四，与司书及职内、职岁、职币相关的史料。司会下分设司书、职内、职岁和职币四个职能部门。其中，司书掌文书与会计记录，职内掌财赋收入及其记录，职岁掌财政支出及其记录，职币掌货币出纳及其记录。

▲（司书）掌邦之六典、八法、八则、九职、九正、九事，邦中之版，土地之图，以周知入出百物，以叙其财；受其币，使入于职币。凡上之用财用，必考于司会。——《周礼·司书》

▲（职内）掌邦之赋入，辨其财用之物而执其总，以贰官府、都鄙之财入之数，以逆邦国之赋用。凡受财者，受其贰令而书之。及会，以逆职岁与官府财用之出，而叙其财以待邦之移用。——《周礼·职内》

▲（职岁）掌邦之赋出，以贰官府、都鄙之财出赐之数，以待会计而考之。凡官府、都鄙、群吏之出财用，受式法于职岁。凡上之赐予，以叙与职币授之。及会，以式法赞逆会。——《周礼·职岁》

▲（职币）掌式法以敛官府、都鄙与凡用邦财者之币。振掌事者之余财，皆辨其物而奠其录，以书楬之，以诏上之小用、赐予。岁终，则会其出。凡

邦之会事，以式法赞之。——《周礼·职币》

（2）西周会计制度、会计活动与账簿史料。相关史料主要涉及会计文书制度，如政府财物出入登记制度、会计文书上报时间及内容等。

第一，与“会”相关的史料。

▲ 岁终，则令百官各正其治，受其会。——《周礼·大宰》

▲ 岁终，则令群吏正岁会。——《周礼·宰夫》

▲ 以一月之计少，举凡其要而已，故谓之要；一岁之计多，则聚考校，故谓之会也。——《周礼正义》卷5

▲ 要会，谓计最之簿书，月计曰要，岁计曰会。——《周礼注疏》卷3

▲ 岁终，则会内人之稍食，稽其功事。——《周礼·内宰》

▲ 凡在书契版图者之贰，以逆群吏之治，而听其会计。——《周礼·司会》

第二，与“要”相关的史料。

▲ 及事成，则入要贰焉。——《周礼·司书》

▲ 月终，则令正月要。——《周礼·宰夫》

▲ 官人失要则死。——《荀子·王霸》

第三，与“成”相关的史料。

▲ 旬终，则令正日成。——《周礼·宰夫》

▲ 酒正之出，日入其成，月入其要，小宰听之。岁终则会。

——《周礼·酒正》

第四，与“计”相关的史料。

▲ 以听官府之六计，弊群吏之治：一曰廉善，二曰廉能，三曰廉敬，四曰廉正，五曰廉法，六曰廉辨。——《周礼·小宰》

▲ 八曰官计，以弊邦治。官计，谓三年则大计群吏之治而诛赏之。

——《周礼·大宰》

第五，与“出入”相关的史料。

▲ 乘其财用之出入。“乘”，郑玄注：“犹计也。”——《周礼注疏》卷3

▲（舍人）掌米粟之出入，辨其物。岁终，则会计其政。

——《周礼·舍人》

（3）西周会计思想史料。主要涉及“量入为出”理财思想，这也是西周财政管理的基本原则。

▲ 冢宰制国用，必于岁之杪（末），五谷皆入，然后制国用。用地大小，视年之丰耗。以三十年之通制国用，量入以为出。——《礼记·王制》

3. 金石铭文中的西周会计史料

金文中有西周会计审计活动的一些零星记载。由于金文史料内容晦涩难懂，利用时应详加考证。以下史料记载了大宰琱生审计贡税一事，取自郭沫若的《两周金文辞大系图录考释》（下）（上海书店出版社 1999 年版，第 142–143 页）。

▲ 召伯于四年年终已献其要，因有未谛，于翌年岁首复受大宰琱生之命前来合勘。

（五）春秋战国时期会计史料

1. 春秋战国时期会计史料的来源

该时期的会计史料较为丰富，不仅散见于《史记》《荀子》《韩非子》等传世文献，也大量出自战国楚简、睡虎地秦简等考古文献。

2. 传世文献中的春秋战国时期会计史料

（1）春秋战国时期的社会经济环境史料。《史记》中设有《货殖列传》专篇，《汉书》中也有类似记载，其中记载了数十位工商业者的事迹。

▲ 夫用贫求富，农不如工，工不如商，刺绣文不如倚市门。

——《史记》卷 129《货殖列传》

▲ 猗顿用盛盐起，而邯郸郭纵以铁冶成业，与王者埒富。

——《史记》卷 129《货殖列传》

▲ 宛孔氏之先，梁人也，用铁冶为业。……大鼓铸，规陂池……家致富数千金，故南阳行贾尽法孔氏之雍容。　——《史记》卷 129《货殖列传》

▲ 万乘之国必有万金之贾，千乘之国必有千金之贾，百乘之国必有百金之贾。　——《管子·轻重甲》

（2）春秋战国时期的财计组织及会计职官史料。春秋战国时期，政府机构中设有法算、职计等会计职官，负责具体核算和统计事宜。

▲ 法算二人，主计会三军营壁、粮食、财用出入。

——《六韬·龙韬·王翼》

▲ 景公燕赏于国内，万钟者三，千钟者五。令三出，而职计莫之从。

——《晏子春秋·内篇谏上》

（3）春秋战国时期的会计法制史料。在李悝《法经》所列六法之中，《盗法》《贼法》《杂法》等篇中的部分内容涉及会计活动。《法经》的原书早已失传，其片段章句散见于《晋书·刑法志》《唐律疏议》和桓谭的《新论》等古代典籍中。值得注意的是，史学界对《法经》是否存在尚存争议①，在利用相关史料时需慎重。

▲ 周衰刑重，战国异制。魏文侯师于李悝，集诸国刑典，造《法经》六篇：一盗法，二贼法，三囚法，四捕法，五杂法，六具法。

——《唐律疏议》卷1《名例》

（4）春秋战国时期的上计史料。上计是我国进入封建社会后实行的一项重要政治制度，自战国至唐代，延续逾千年。② 上计活动不仅涉及官员考绩，也涉及会计、审计等方面的内容。《韩非子》《淮南子》《新序》等文献中散见该时期上计活动的记载。

▲ 西门豹为邺令，……期年，上计，文侯迎而拜之。

——《韩非子·外储说左下》

▲ 田婴相齐，人有说王者曰："终岁之计，王不一以数日之间自听之，则无以知吏之奸邪得失也。"王曰："善。"田婴闻之，即遽请于王而听其计，王将听之矣，田婴令官具押券斗石参升之计。王自听计，计不胜听，罢食，后复坐，不复暮食矣。田婴复谓曰："群臣所终岁日夜不敢偷怠之事也，王以一夕听之，则群臣有为劝勉矣。"王曰："诺。"俄而王已睡矣，吏尽揄刀削其押券升石之计。 ——《韩非子·外储说右下》

▲ 李兑治中山，苦陉令上计而入多。 ——《韩非子·难二》

▲ 东阳上计钱布十倍，大夫毕贺。 ——《新序》卷2《杂事》

▲ 解扁为东封，上计而入三倍，有司请赏之。

——《淮南子》卷18《人间训》

▲（秦）昭王召王稽，拜为河东守，三岁不上计。

——《史记》卷79《范雎蔡泽列传》

▲ 上计之制，六国亦有之。 ——《秦会要订补·职官上》

（5）春秋战国时期的会计思想史料。主要涉及孔子、韩非子和管仲等人朴素的会计审计思想。

▲ 孔子尝为委吏矣，曰："会计当而已矣。" ——《孟子·万章下》

▲ 人有欲则会计乱，会计乱则有欲甚。 ——《韩非子·解老》

---

① 何勤华．法律文明史（第三卷）［M］．北京：商务印书馆，2015：236.

② 葛剑雄．秦汉的上计与上计吏［J］．中华文史论丛，1982（2）：181.

▲ 今有人于此，修身会计则可耻，临财物资尽则为己，若此而富者，非盗则无所取。
——《吕氏春秋·务本》

▲ 今有人于此，身修计明而贫者，志不存也；身不修会计暗而富者，非盗无所得之也。
——《孔丛子·公孙龙》

▲ 计凡付终，务本饬末则富。明法审数，立常备则能治。
——《管子·幼官》

▲ 不明于计数而欲举大事，犹无舟楫而经于水，险也。……举事必成，不知计数不可。
——《管子·七法》

3. 考古文献中的春秋战国时期会计史料

（1）河南新郑郑韩故城出土战国牛肋骨墨书账簿。河南新郑郑韩故城出土的战国牛肋骨墨书账簿记账载体为牛肋骨，账簿内容包括原始凭证编号、收入和支取的人名、物品及数量。①

第一，标本 H2164：43，肋骨正面上部账簿释文。

▲ 七十九：言舒卤三束，方束三畚，讫。

▲ 言□卤二十束，卤十九束，畚六束，畚分。

▲ 八十四：蜀虎卤十六束，四畚分，六畚三十四束，讫。

▲ 五十九：全□卤二十束，讫。

▲ 全□卤二十九束，三畚分，讫。

第二，标本 H2164：43，肋骨正面下部账簿释文。

▲ 成壹卤四十六束，卤七束□□，取卤六束，讫。

▲ 事池庇取卤十四束，分。讫。

▲ 椁人取卤十一束，讫。

▲ 集戊取卤二十束，讫。

（2）新蔡葛陵楚简。新蔡葛陵楚简的主要内容为卜巫祭祷记录，其中有一些涉及楚国量制、具有账簿性质的简文。②

▲ 宋良志受四匠（釜），又一赤。　——新蔡甲三 220、零 343

▲ 或受三匠（釜），二赤。　——新蔡甲三 224

▲ 三孙达受一匠（釜），又三赤。　——新蔡甲三 206

---

① 蔡全法．新郑郑韩故城出土战国牛肋骨墨书账簿考［J］．华夏考古，2014（4）：75；陈敏．郑韩故城战国牛肋骨会计账考论［J］．会计研究，2015（10）：17-18.

② 河南省文物考古研究所．新蔡葛陵楚墓［M］．郑州：大象出版社，2003：195；宋华强．新蔡葛陵楚简初探［M］．武汉：武汉大学出版社，2010：464-465.

第三节　秦汉会计史料

一、秦汉会计发展概况及会计史料的来源与特点

（一）秦汉会计发展概况

秦朝是中国历史上第一个中央集权的君主专制国家。秦始皇废除世卿世禄制，开创了官吏任免的新型官僚体制，在中央政府机构实行三公九卿制，在地方推行郡县制，统一货币、文字和度量衡，为社会经济的发展创造了有利条件。汉承秦制，进一步巩固了以丞相、太尉和御史大夫三权分治为基本形态的中央集权政治格局。秦汉时期，中央政治经济集权不断加强，封建经济的繁荣和国家财政收支的复杂化，客观上促进了会计的发展。

秦汉时期建立了集中统一的财政管理体制。秦朝中央政府通过上计制度掌握全国财政收支，汉代上计制度更加系统化，通过实行严格的财政管理制度，政府财务收支基本实现了“籍簿化”（即无物不有账，无账不有物）①，这对于防止国有资产流失和预防官吏经济犯罪具有积极作用。秦汉时期的会计核算以实物计量为主、货币计量为辅，账簿种类繁多，核算项目较为复杂，普遍应用三柱结算法，东汉时出现“四柱结算法”的萌芽②，记载户口、垦田、钱谷入出等情况的上计簿确立了中式会计报告的基本内容和形式。

秦汉时期采用“监审合一”的御史审计模式③，政府审计监督权由御史大夫兼掌。与西周审计相比，其地位获得了明显提高。该时期的上计制度也比以前有了很大发展，通过建立较为完备的审计法规，采用核实稽查计簿的审计方法，形成了一套较为严密的审计监督制度。

（二）秦汉会计史料的来源

1. 秦代会计史料的来源

秦代历时较短，加之大量典籍被焚毁，传世文献留存数量很少，其中与会计活动相关的史料相当匮乏。秦代简牍的发现、整理与研究，深刻改变了

---

① 郭浩．汉代地方财政研究［M］．济南：山东大学出版社，2011：232.

② 李均明．秦汉简牍文书分类辑解［M］．北京：文物出版社，2009：403.

③ 刘家义．中国特色社会主义审计制度研究［M］．北京：商务印书馆，2016：19.

秦代的文献状况和历史认知，为研究秦代会计史提供了丰富、可靠的资源。秦代会计史研究主要依赖睡虎地秦简、里耶秦简和岳麓书院藏秦简等出土简牍文献。此外，《史记》《秦会要》等传世文献中的有关记载，也是研究秦代会计史的史料来源。

2. 汉代会计史料的来源

汉代传世文献史料主要来源于《史记》《汉书》《后汉书》，以及《西汉会要》《东汉会要》《汉官六种》等史籍。这些传世文献中的会计史料虽然数量较为丰富，但分布比较零散和杂乱，对会计实务的具体操作几无记载，只能通过零星的史料推知其大致情形。

20 世纪以来，大量汉简的出土为深入研究汉代会计史提供了宝贵史料。汉简大多属于官方文书，以反映边塞状况的为最多，其中有大量账簿方面的内容。例如，内蒙古额济纳河流域出土的居延汉简，为当时张掖郡居延都尉和肩水都尉辖区的屯戍文书，涉及汉代西北边塞的农业生产、租调赋税、行政机构、政策法令等情况，可从中搜检出许多难得的会计账簿史料。墓葬中出土的汉简，数量及系统性都不及边塞汉简，但其中也不乏价值较高的官方文书。比如，连云港东海县尹湾村出土的简牍，为西汉成帝时东海郡府的文书档案，其中的简文对研究汉代的上计制度具有独特的价值。

（三）秦汉会计史料的特点

1. 传世文献史料范围扩大，种类增加

汉代开始了经史分离的过程，历史学与经学脱离，并逐渐发展成一门完全独立的学科。汉代传世文献数量和种类都有所增加，正史有《史记》《汉书》《后汉书》等，政治史有《新语》《新论》《潜夫论》等，文化史有《别录》《七略》《说文解字》等，科学史有《氾胜之书》《周髀算经》等，野史杂说有《淮南子》《新序》等。其中，与会计有关的史料较为丰富，许多文献中都涉及会计活动，但内容不够具体。

2. 出土文献史料比较丰富

秦汉时期有着较为丰富的考古资料，而且史料价值较高。秦汉简牍数量可观，且大多属于官方簿籍文书。其中，汉简中所见簿籍文书约占出土简牍总量的一半①，对弥补《史记》《汉书》等传世文献中会计史料的不足和纠正其舛误具有重要作用。秦汉会计史研究的深入发展，必须依赖简牍的发现和简牍学的研究成果。

二、与秦汉会计史料相关的文献概要

（一）与秦汉会计史料相关的传世文献概要

1.《史记》

西汉司马迁撰，记事上起上古传说中的黄帝时代，下至汉武帝太初年间，包括本纪、书和列传等篇章，共130卷。主要取材于先秦以来的史书和宫廷中的档案材料，内容真实可靠。该书详细记载了秦汉时期的历史，《平准书》《货殖列传》等篇章可查阅到会计史料。中华书局2011年出版校点本。

2.《汉书》

东汉班固撰，记事上起汉高祖元年，下至王莽地皇四年，包括帝纪、志和传共120卷。《汉书》所记内容与《史记》有交叉，两者都是研究汉代历史的基本史籍。其中，会计史料主要来源于《百官公卿表》《食货志》和《刑法志》。中华书局2007年出版普及本。

3.《后汉书》

南朝宋范晔撰，包括帝纪、列传和志共120卷。记载自东汉光武帝建武元年至汉献帝建安二十五年的历史，主要依据东汉官修的《东观汉纪》及诸家后汉书等资料撰成，会计史料主要分布于《百官志》。中华书局2007年出版普及本。

4.《秦会要》

清末孙楷撰，全书共26卷，据《左传》《战国策》《史记》以及先秦诸子、杂记、类书等书中所载秦代资料撰成，是辑录古书中所载秦代典章制度的专书，会计史料主要分布于职官、食货、刑法等门。后由今人徐复撰《秦会要订补》，纠正讹误颇多。上海古籍出版社2012年出版校补本。

5.《西汉会要》

南宋徐天麟撰，全书70卷，仿照《唐会要》体例，主要取材于《史记》

---

① 李均明．汉简簿籍与经济管理述要．秦汉史论丛（第6辑）［M］．南昌：江西教育出版社，1994：86.

《汉书》等正史，记述西汉的典章制度及其演变，会计史料主要分布于职官、食货、刑法等门。上海古籍出版社 2012 年出版校点本。

6.《东汉会要》

南宋徐天麟撰，全书 40 卷，仿照《唐会要》体例，主要取材于范晔的《后汉书》，以及《东观汉纪》《后汉纪》《汉官仪》等史籍，较全面反映了东汉各项典章制度及其沿革变迁，会计史料主要分布于职官、食货、刑法等门。上海古籍出版社 2012 年出版校点本。

7.《汉官六种》

清代孙星衍辑，全书共 10 卷，是《汉官》《汉官解诂》《汉旧仪》《汉官仪》等六部汉代官制著作的总称，其内容是汉代官制最原始、最丰富的系统记述，对研究汉代财计职官制度具有一定的史料价值。2008 年中华书局出版周天游点校本。

此外，在研究中还应利用《商君书》《盐铁论》《氾胜之书》《九章算术》《历代刑法考（律令卷）》等典籍文献，以及许慎的《说文解字》等工具书。

（二）与秦汉会计史料有关的简牍文献概要

出土秦汉简牍文书，残篇断简居多，有些文字难以释读，需要参考今人的有关简牍文献论著，以利于准确解读和利用。

1. 秦代简牍文献概要

（1）云梦睡虎地秦简。此竹简的基本情况在先秦会计史料部分已作介绍。睡虎地秦简大部分是法律文书，为考察战国末年和秦朝的会计职官设置与会计核算、上计制度等提供了重要史料。相关论著有：睡虎地秦墓竹简整理小组的《睡虎地秦墓竹简》（文物出版社 1990 年版），彭浩的《睡虎地秦墓竹简》（湖北美术出版社 2002 年版）。

（2）湘西里耶秦简。里耶秦简内容多为官署档案，主要是秦代迁陵县廷与上级洞庭郡府和下层司空、仓官、田官诸署以及都乡、启陵、贰春三乡的往来文书和各种簿籍，涉及郡县与官署设置、赋税徭役、诉讼、廪食、符传、作务等方面的内容。其中有许多与账簿相关的往来公文。相关论著有：湖南省文物考古研究所的《里耶发掘报告》（岳麓书社 2007 年版），陈伟的《里耶秦简牍校释》（武汉大学出版社 2012 年版），于洪涛的《里耶秦简经济文书分类整理与研究》（知识产权出版社 2019 年版）。

（3）岳麓书院藏秦简。湖南大学岳麓书院收藏的秦简内容以法律文书为主，占总简数的2/3以上①，可作为秦代会计法制的研究资料。相关论著有：陈松长的《岳麓书院藏秦简》（释文修订本）（上海辞书出版社2018年版）。

此外，还可参考的其他论著有：甘肃省文物考古研究所的《天水放马滩秦简》（中华书局2009年版），中国文物研究所的《龙岗秦简》（中华书局2001年版），张德芳的《天水放马滩秦简集释》（甘肃文化出版社2013年版）。

2. 汉代简牍文献概要

（1）敦煌汉简。指自20世纪初以来，在甘肃省酒泉市汉代烽燧遗址出土汉简的统称。主要内容为律令、买卖契约和各种簿籍。其中的簿籍有兵簿、守御器簿、廪食簿、日迹簿、吏卒名籍等。相关论著有：甘肃省文物考古研究所的《敦煌汉简》（中华书局1991年版），吴睐骧等的《敦煌汉简释文》（甘肃人民出版社1991年版），白军鹏的《敦煌汉简校释》（上海古籍出版社2018年版）。

（2）居延汉简。包括居延旧简和居延新简两部分，是当时张掖郡居延都尉和肩水都尉管辖区的屯戍文书。简文内容涉及汉代西北边塞的行政机构、租税赋调等情况，其中有大量来往公文及各种账簿。相关论著有：中国社会科学院考古研究所的《居延汉简甲乙编》（中华书局1980年版），谢桂华等的《居延汉简释文合校》（文物出版社1987年版），李天虹的《居延汉简簿籍分类研究》（科学出版社2003年版），张德芳和韩华的《居延新简集释》（甘肃文化出版社2016年版）。

（3）悬泉置汉简。悬泉置是西汉驿站名，悬泉置汉简指该遗址出土的汉简。悬泉置汉简含有大量官府律令、司法文书和簿籍等，其中包括多件较完整的会计账册。相关论著有：胡平生和张德芳的《敦煌悬泉汉简释粹》（上海古籍出版社2001年版）。

（4）尹湾汉简。主要内容为东海郡行政文书和私人文书。东海郡行政文书是我国迄今发现最早、最完整的郡级行政文书，其中的《集簿》《永始四年武库兵车器集簿》等为实物会计文书，为研究汉代上计制度提供了直接史料。相关论著有：张显成和周羣丽的《尹湾汉墓简牍校理》（天津古籍出版社2011年版），连云港市博物馆等的《尹湾汉墓简牍》（中华书局1997年版）。

---

① 陈伟．论岳麓秦简法律文献的史料价值［J］．武汉大学学报，2019（2）：108.

（5）江陵凤凰山汉简。指湖北江陵凤凰山10号汉墓出土的简牍，主要是乡里行政机构的账簿和契约文书，涉及汉代赋税、借贷、商业和会计等方面的内容。相关论著有：李均明等的《散见简牍合辑》（文物出版社1990年版）。

（6）江陵张家山汉简。主要内容为《二年律令》《算数书》和《奏谳书》。其中，《二年律令》简文包含了汉律的主要部分，对研究汉代的财计组织与会计管理制度具有重要史料价值。相关论著有：张家山汉墓竹简整理小组的《张家山汉墓竹简二四七号墓》（文物出版社2006年版）。

（7）香港中文大学文物馆藏简牍。主要内容为遣册、奴婢廪食粟出入簿、河堤简等。相关论著有：陈松长的《香港中文大学文物馆藏简牍》（香港中文大学出版社2001年版），李均明的《秦汉简牍文书分类辑解》（文物出版社2009年版）。

此外，可供参考的其他汉代简牍文献还有：李均明和何双全的《散见简牍合辑》（文物出版社1990年版），林梅村和李均明的《疏勒河流域出土汉简》（文物出版社1984年版），孙家洲的《额济纳汉简释文校本》（文物出版社2007年版），谢桂华的《汉晋简牍论丛》（广西师范大学出版社2014年版），甘肃简牍保护研究中心等的《肩水金关汉简》（中西书局2016年版）。

三、秦朝会计史料辑要

（一）出土文献中的秦朝会计史料辑要

1. 秦朝社会经济环境史料

相关史料主要出自《史记》《商君书》等传世文献。

▲ 道不拾遗，山无盗贼，家给人足。……乡邑大治。

——《史记》卷68《商君列传》

▲ 蜀卓氏之先，赵人也，用铁冶富。……铁山鼓铸，运筹策，倾滇蜀之民，富至僮千人。——《史记》卷129《货殖列传》

▲ 宛孔氏之先，梁人也，用铁冶为业。……家致富数千金。……而曹邴氏尤甚，以铁冶起，富至巨万。《史记》卷129《货殖列传》

▲ 巴寡妇清，其先得丹穴，而擅其利数世，家亦不訾。

——《史记》卷129《货殖列传》

▲ 农、商、官三者，国之常食官也。农辟地，商致物，官法民。

——《商君书·弱民》

▲ 治道运行，诸产得宜，皆有法式。 ——《史记》卷6《秦始皇本纪》

2. 秦朝政府财计组织和会计职官史料

秦朝已开始把国家财政和皇室财政分离开来。相关史料主要涉及治粟内史、少府、御史大夫和少内等。“治粟内史”和“少府”主要出自《汉书》等传世文献，“少内”则主要出自睡虎地秦简等考古文献。

▲ 治粟内史，秦置，掌谷货，有两丞。——《汉书》卷19《百官公卿表》

▲ 少府，秦官，掌山海池泽之税，以给供养，有六丞。

——《汉书》卷19《百官公卿表》

（二）考古文献中的秦代会计史料辑要

1. 睡虎地秦简中的会计史料

睡虎地秦简所载秦律是研究秦朝会计史的重要史料，主要见于“金布律”“效律”“田律”“仓律”等律条，内容涉及会计核算、会计凭证、会计账簿、会计分期、会计报告、会计法律责任等。以下史料引自李均明的《秦汉简牍文书分类辑解》（文物出版社2009年版），以及陈伟的《秦简牍合集（壹）》（武汉大学出版社2016年版），部分简文繁体字略有改动。

(1)《效律》中的会计史料。对簿籍进行清查核验，在秦律中称“效”。《效律》是关于核校官府物资财产的法律规范。

▲ 数而赢、不备，直（值）百一十钱到二百廿钱，谇官啬夫；过二百廿钱以到千一百钱，赀啬夫一盾；过千一百钱以到二千二百钱，赀官啬夫一甲；过二千二百钱以上，赀官啬夫二甲。 ——《效律》8~10简

▲ 计用律不审而赢、不备，以效赢、不备之律赀之，而勿令赏（偿）。

——《效律》50~53简

▲ 尉计及尉官吏节（即）有劾，其令、丞坐之，如它官然，司马令史掾苑计，计有劾，司马令史坐之，如令史坐官计劾然。 ——《效律》54~55简

▲ 计校相缪（谬）殹（也），自二百廿钱以下，谇官啬夫；过二百廿钱以到二千二百钱，赀一盾；过二千二百钱以上，赀一甲。人户、马牛一，赀一盾；自二以上，赀一甲。 ——《效律》56~57简

▲ 计脱实及出实多于律程，及不当出而出之，直（值）其贾（价），不盈廿二钱，除；廿二钱以到六百六十钱，赀官啬夫一盾；过六百六十钱以上，赀官啬夫一甲，而复责其出殹（也）。 ——《效律》58~60简

(2)《仓律》中的会计史料。《仓律》是关于粮草仓储管理的法律规范。

▲ 入禾稼、刍稾，辄为廥籍，上内史。——《仓律》28 简

▲ 计禾，别黄、白、青。秫勿以稟人。——《仓律》34 简

▲ 稻后禾孰（熟），计稻后年。——《仓律》35~36 简

▲ 县上食者籍及它费大（太）仓，与计偕。都官以计时雠食者籍。

——《仓律》37 简

(3)《金布律》中的会计史料。《金布律》是关于货币、赋税和财物管理等的法律规范。

▲ 官相输者，以书告其出计之年，受者以入计之。八月、九月中其有输，计其输所远近，不能逮其输所之计，□□移计其后年，计毋相缪。工献输官者，皆深以其年计之。——《金布律》70~71 简

▲ 县、都官坐效、计以负赏（偿）者，已论，啬夫即以其直（值）钱分负其官长及冗吏，而人与参（叁）辨券，以效少内，少内以收责之。其入赢者，亦官与辨券，入之。——《金布律》80~81 简

▲ 受（授）衣者，夏衣以四月尽六月稟之，冬衣以九月尽十一月稟之，过时者勿稟。后计冬衣来年。……已稟衣，有余褐十以上，输大内，与计偕。……县、大内皆听其官致，以律稟衣。——《金布律》90~93 简

(4) 睡虎地秦简中的其他会计史料。

▲ 官作居赀赎责（债）而远其计所官者，尽八月各以其作日及衣数告其计所官，毋过九月而毕到其官；官相近者，尽九月而告其计所官，计之其作年。

——《司空律》139、140 简

▲ 乘马服牛稟，过二月弗稟、弗致者，皆止，勿稟、致。稟大田而毋（无）恒籍者，以其致到日稟之，勿深致。——《田律》11 简

▲ 可（何）谓“亡券而害”？亡校券右为害。——《法律答问》179 简

▲ 为计，不同程者毋同其出。——《工律》99 简

▲ 都官岁上出器求补者，上会九月内史。——《内史杂》187 简

2. 里耶秦简中的会计史料

主要见于里耶秦简中的祠先农简、弩臂簿、作徒簿和真见兵簿，以及计录等。以下史料取自湖南省文物考古研究所的《里耶发掘报告》（岳麓书社 2006 年版），陈伟的《里耶秦简牍校释（第 1 卷）》（武汉大学出版社 2012 年版）。

（1）祠先农简。

▲ 卅二年三月丁丑朔丙申，仓是佐狗出黍米四斗以祠先农。

▲ 卅二年三月丁丑朔丙申，仓是佐狗出祠［先］农余彻豚肉一斗半斗卖于城旦赫所取钱四。令史尚视平，狗手。

按：简文是支付和变卖祭祀“先农”神活动所用及所余物品的记录，引自《里耶发掘报告》第195页。

（2）弩臂簿。

▲ 迁陵已计：卅四年余见（现）弩臂百六十九。●凡百六十九。出弩臂四输益阳。出弩臂三输临沅。●凡出七。今九月见弩臂百六十二。

按：简文是迁陵县兵器输出和库存结余的账簿记录，引自《里耶秦简牍校释（第1卷）》第91-92页。

（3）作徒簿。

▲ 廿九年八月乙酉，库守悍作徒薄（簿）：受司空城旦四人、丈城旦一人、舂五人、受仓隶臣一人。●凡十一人。城旦二人缮甲□□。城旦一人治输□□。城旦一人约车：登。丈城旦一人约车：缶。隶臣一人门：负剧。舂三人级：娗、□、娃。廿廿年上之□。

八月乙酉，库守悍敢言之：疏书作徒薄（簿）牒北（背）上，敢言之。逐手。乙酉旦，隶臣负解行廷。

按：“作徒簿”是记录秦代刑徒劳作情况的账簿文书。[①] 该简是“库”的作徒日簿，库是负责车辆、武器收储修缮的机构。引自《里耶秦简牍校释（第1卷）》第203页。

▲ 卅年八月贰春乡作徒薄（簿）：城旦、鬼薪积九十人。仗城旦积卅人。舂、白粲积六十人。隶妾积百一十二人。●凡积二百九十二人。卅人甄。六人佐甄。廿二人负土。二人□瓦。

按：该简属于“乡”的作徒月簿，其内容既有目前实有作徒的总数，也有其分工。引自《里耶秦简牍校释（第1卷）》第283页。

（4）真见兵簿。

▲ 迁陵库真□：甲三百卌九，甲宛廿一，鞮瞀卅九，胄廿八，弩二百五十一，臂九十七，弦千八百一，矢四万九百□，戟二百五十一。

① 李勉，俞方洁．里耶秦简“徒簿”类文书的分类解析［J］．重庆师范大学学报（哲学社会科学版），2017（4）：21.

按：是与兵器有关的实物账簿，引自《里耶秦简牍校释（第1卷）》第154页。

（5）计录。

▲ 仓曹计录：禾稼计。贷计。畜计。器计。钱计。徒计。畜官牛计。马计。羊计。田官计。凡十计。史尚主。

▲ 司空曹计录：船计，器计。赎计，赀责计，徒计。凡五计。史尚主。

按：属于器物、钱财、牲畜等财产明细账，类似的还有“户曹计录”和“金布计录”。司空、仓曹、户曹、金布都是县廷所属机构。引自《里耶秦简牍校释（第1卷）》第164页。

（6）其他简文中的会计史料。

▲ 卅二年三月丁丑朔朔日，迁陵丞昌敢言之：令曰上葆缮牛车薄（簿），恒会四月朔日泰（太）守府。 ——《里耶秦简牍校释（第1卷）》第47页

▲ 卅年四月尽九月，仓曹当计禾稼出入券，已计及县相付受廷。第甲。

——《里耶秦简牍校释（第1卷）》第224页

▲ 廿六年三月壬午朔癸卯，左公田丁敢言之：佐州里烦故为公田吏，徙属。事荅不备，分负各十五石少半斗，直钱三百一十四。烦冗佐署迁陵。今上责校券二，谒告迁陵令官计者定，以钱三百一十四受旬阳左公田钱计，问可（何）计付，署计年为报。敢言之。

——《里耶秦简牍校释（第1卷）》第48页

3. 岳麓书院秦简中的会计史料

会计史料分布于“关市律”“金布律”“效律”等律篇，引自朱汉民、陈松长的《岳麓书院藏秦简（肆）》（上海辞书出版社2015年版），以及陈松长的《岳麓书院藏秦简（伍）》（上海辞书出版社2017年版）。

▲ 尉卒律曰：为计，乡啬夫及典、老月辟其乡里之入毂、徙除及死亡者，谒于尉，尉月牒部之，到十月乃比其牒，里相就殹（也）以会计。

——《岳麓书院藏秦简（肆）》第114页

▲ 田律曰：租禾稼、顷刍稾，尽一岁不毕入及诸貣它县官者，书到其县官，盈卅日弗入及有逋不入者，赀其人及官啬夫、吏主者各一甲，丞、令、令史各一盾。 ——《岳麓书院藏秦简（肆）》第103页

▲ 金布律曰：官府为作务市，受钱及受赍租、质它稍入钱，皆官为缿，谨为缿空，婴毋令钱能出，以令若丞印封缿而入，与入钱者叁辨券之，辄入

钱缿中，令入钱者见其入。月壹输缿钱，及上券中辨其县廷；月未尽而缿盈者，辄输之。——《岳麓书院藏秦简（肆）》第108页

▲及诸作官府者，皆日彻薄（簿）之，上其廷，廷日校案次编，月尽为冣（最），固臧（藏），令可案殹（也）。

——《岳麓书院藏秦简（伍）》第181-182页

四、汉代会计史料辑要

（一）传世文献中的汉代会计史料辑要

1. 汉代社会经济环境史料

相关史料主要见于《史记》等传世文献。

▲汉兴七十余年之间，国家无事，非遇水旱之灾，民则人给家足，都鄙廪庾皆满，而府库余货财。京师之钱累巨万，贯朽而不可校。太仓之粟陈陈相因，充溢露积于外，至腐败不可食。——《史记》卷30《平准书》

▲汉兴，海内为一，开关梁，弛山泽之禁，是以富商大贾周流天下，交易之物莫不通，得其所欲。——《史记》卷129《货殖列传》

2. 汉代会计法制史料

汉代的法律体系包括律、令、科、比等，其中的《上计律》是与会计关系密切的专门法规，可惜已佚，仅留下这一律目。汉代会计法制史料仅能从传世文献中见到一些零星记载，研究中应主要依靠张家山汉简等出土简牍史料。

▲朝会上计律，常以正月旦，受群臣朝贺，天下郡国奉计最贡献。

——《玉海》卷185《汉上计律》

▲汉初以十月为岁首，朝会在十月，计吏自不得不以九月为断。自太初正历，以正月为岁首，而计文书仍断于九月者，计吏岁尽即诣京师，不及候至十二月。郡国之远者若必断于岁尽，即不及赴正月旦之朝会，故断于九月。

——《历代刑法考》律令卷《汉律摭遗》①

3. 汉代财计管理机构和会计职官史料

汉代财政分为国家财政和皇室财政，由大司农和少府分掌。传世文献中关于汉代财计职官的设置情况，以《史记》《汉书》和《后汉书》等文献中

① （清）沈家本. 历代刑法考（律令卷）[M]. 北京：商务印书馆，2017：693.

的记载较为详备。

（1）汉代中央财计管理机构和会计职官史料。汉代在中央设立“治粟内史”（后改名为“大农令”和“大司农”）专职管理国家财政。大司农下设置太仓、均输、平准、都内、籍田五令丞。其中，太仓令掌国家粮库，负责粮谷及其他财物的收发、储存与会计核算，都内负责核算钱币收支。

▲治粟内史，秦官，掌谷货，有两丞。景帝后元年更名大农令，武帝太初元年更名大司农。属官有太仓、均输、平准、都内、籍田五令丞，斡官、铁市两长丞。 ——《汉书》卷19《百官公卿表》

▲陛下即问决狱，责廷尉；问钱谷，责治粟内史。

——《史记》卷56《陈丞相世家》

▲（大司农）掌诸钱谷金帛诸货币。郡国四时上月旦见钱谷簿，其逋未毕，各具别之。边郡诸官请调度者，皆为报给，损多益寡，取相给足。

——《后汉书》志第26《百官三》

▲桑弘羊为大农丞，管诸会计事，稍稍置均输以通货物矣。

——《史记》卷30《平准书》

▲少皞氏以九鳸为九农正，舜摄帝位，命弃为后稷。周则为太府下大夫。秦为理粟内史，掌谷货。汉景帝更名大农令，武帝太初初更名大司农。掌九谷六畜之供给膳羞者，凡郡国诸仓、农监、都水六十五官皆属焉。后汉大司农掌诸钱谷金帛，郡国四时上月见钱谷簿，其逋未毕，各具别之。边郡诸官请调度者，皆为给报，损多益寡，取相给足。 ——《通典》卷26《职官八》

（2）汉代皇室财计管理机构和会计职官史料。少府掌管皇室财政。为加强皇室财政管理，汉武帝时曾设置水衡都尉，掌管皇室财政但又独立于少府。

▲少府，秦官。汉因之，是为九卿，掌山海池泽之税，以给供养。

——《通典》卷27《职官九》

▲水衡都尉，武帝元鼎二年初置，掌上林苑，有五丞。

——《汉书》卷19《百官公卿表》

▲初，大农斡盐铁官布多，置水衡，欲以主盐铁；及杨可告缗钱，上林财物众，乃令水衡主上林。 ——《汉书》卷24《食货志》

▲少府多宝物，属官，咸皆钩校，发其奸臧，没入辜榷财物。

——《汉书》卷66《陈万年附子咸传》

▲孝元皇帝奉承大业，温恭少欲，都内钱四十万万，水衡钱二十五万万，少府钱十八万万。 ——《汉书》卷86《王嘉传》

▲ 孝武帝初置水衡都尉，秩比二千石，别主上林苑有离官燕休之处，世祖省之，并其职于少府。每立秋貙刘之日，辄暂置水衡都尉，事讫乃罢之。

——《后汉书》志第26《百官三》

▲ 山海之利，广泽之畜，天地之藏也，皆宜属少府。陛下不私，以属大司农，以佐助百姓。

——《盐铁论·复古》

（3）汉代地方财计管理机构和会计职官史料。汉代实行郡、县两级的地方财政管理体制，相关的史料主要有：

▲（郡太守）常以春行所主县，劝民农桑，振救乏绝。秋冬遣无害吏案讯诸囚，平其罪法，论课殿最。岁尽遣吏上计。

——《后汉书》志第28《百官五》

▲（县令）皆掌治民，显善劝义，禁奸罚恶，理讼平贼，恤民时务，秋冬集课，上计于所属郡国。

——《后汉书》志第28《百官五》

▲（郡）少府，郡掌财物之府，以供太守者也。

——《汉书》卷89《循吏传》颜师古注

4. 汉代上计史料

上计制度是汉代中央对地方财政控制和监督的重要手段，也是加强中央集权制度的有力手段。西汉时上计制度的内容和组织机构已比较完备，至东汉末年上计制度逐渐流于形式。[①] 相关史料主要来自《西汉会要》卷36《职官六·上计》、《东汉会要》卷22《职官四·上计》和卷27《选举下·上计吏》、《玉海》卷185《食货·会计》，以及《汉书》《后汉书》等典籍文献，涉及计吏选派、上计时间、上计簿内容、受计机构与地点、上计吏补官、计偕与因计等内容。

（1）《汉书》中的上计史料。

▲（太初元年）春还，受计于甘泉。

——《汉书》卷6《武帝纪》

▲ 征吏民有明当时之务，习先圣之术者，县次续食，令与计偕。师古注曰："计者，上计簿使也；郡国每岁遣诣京师上之。偕者，俱也；令所征之人，与上计者俱来，而县次给之食。"

——《汉书》卷6《武帝纪》

▲ 是时萧何为相国，而苍乃自秦时为柱下御史，明习天下图书计籍，又

① 张荣强．从计断九月到岁终为断：汉唐间财政年度的演变［J］．北京师范大学学报（社会科学版），2005（1）：88.

善用算律历，故令苍以列侯居相府，领主郡国上计者。

——《汉书》卷42《张苍传》

▲冯翊以霸入财为官，不署右职，使领郡钱谷计，簿书正，以廉称，察补河东均输长，复察廉为河南太守丞。——《汉书》卷89《黄霸传》

▲（朱）买臣随上计吏为卒，将重车至长安。诣阙上书，书久不报。待诏公车，粮用乏，上计吏卒更乞丐之。……直上计时，会稽吏方相与群饮，不视买臣。买臣入室中，守邸与共食，食且饱，少见其绶。守邸怪之，前引其绶，视其印，会稽太守章也。守邸惊，出语上计掾吏。

——《汉书》卷64《朱买臣传》

（2）《后汉书》中的上计史料。

▲乐阕，群臣受赐食毕，郡国上计吏以次前，当神轩占其郡国谷价，民所疾苦，欲神知其动静。——《后汉书》志第4《礼仪上》

▲建武十四年（公元38年），长贵遣使上三年计，天子即授越嶲太守印绶。

——《后汉书》卷86《南蛮西南夷列传》

▲（光武）帝尝召见诸郡计吏，问其风土及前后守令能否。

——《后汉书》列传第21《张堪传》

▲光和元年，举郡上计到京师。是时，司徒袁逢受计，计吏数百人皆拜伏庭中，莫敢仰视。——《后汉书》卷80下《文苑列传》

▲（应）奉少为上计吏，许训为计掾，俱到京师。

——《后汉书》卷48《应奉传》注引谢承书

（3）其他传世文献中的上计史料。

《东汉会要》《后汉纪》《通典》和《太平御览》等文献中也可检索到一些与上计活动有关的记载。

▲武帝每因封禅泰山，即受计于甘泉。《通典》云：汉制，郡守岁尽遣上计掾史各一人，条上郡内众事，谓之计偕簿。《严助传》云：助守会稽，愿奉三年计最。如淳谓：旧法，当使丞奉计，今助躬自愿入奉也。至《百官志》则第言遣吏上计，而所遣计吏遂补郎官，盖与西都遣丞奉计已不同矣。西都天子亲受计，而所谓计帐，则计相上之。东京但使司徒受计，吏至于长揖不拜。则其制浸以轻矣。——《东汉会要》卷22《职官四·上计》

▲往年敕郡国，勿因计吏有所进献，今故未止，非徒劳役，道途所过未免烦费。——《后汉纪》卷7

▲ 百郡计吏，观国之光，而舍逆旅，崎岖私馆，贡篚之物，朽湿曝露。

——《太平御览》卷236《将作监》

▲ 汉制，岁尽，遣上计掾、史各一人，条上郡内众事，谓之计偕簿。

——《通典》卷33《职官十五》

5. 汉代账簿史料

汉代簿与籍的区分比较清楚，即所谓“人入名籍，物录簿书”①。“簿”又称计簿、簿书，是会计类账簿文书；而“籍”是登记类的人物名册。传世文献中所见汉代账簿史料有“计簿”“簿书”等。考古文献中所见账簿种类更为繁多，如“集簿”“月言簿”“四时簿”“计簿”“校簿”“谷簿”“垦田租簿”等，具体可见考古文献中汉代会计史料部分。

▲ 御史察计簿，疑非实者按之，使真伪毋相乱。

——《汉书》卷8《宣帝纪》

▲ 而大臣特以簿书不报，期会之间，以为大故。

——《汉书》卷48《贾谊传》

▲ 其务在于期会簿书，断狱听讼而已，此非太平之基也。

——《汉书》卷72《王吉传》

▲ 昧死奏名籍及奴婢财物簿。　　——《汉书》卷63《武五子传》

▲ 冯翊以霸入财为官，不署右职，使领郡钱谷计，簿书正，以廉称。

——《汉书》卷89《循吏传》

6. 汉代会计舞弊史料

汉代会计舞弊发生于政府各级财计部门，集中体现在利用计簿和上计活动弄虚作假侵占国家财物方面。

▲ 上计簿，具文而已，务为欺谩，以避其课。

——《汉书》卷8《宣帝纪》

▲ 郡国恐伏其诛，则择便巧史书习于计簿能欺上府者，以为右职。

——《汉书》卷72《贡禹传》

▲ 数易长吏，送故迎新之费及奸吏缘绝簿书盗财物，公私费耗甚多。

——《汉书》卷89《循吏传》

▲ 因与郡县通奸，多张空簿，府藏不实，百姓俞病。

——《汉书》卷24《食货志下》

---

① 李均明．秦汉简牍文书分类辑解［M］．北京：文物出版社，2009：247.

▲ 衡位三公，辅国政，领计簿，知郡实，正国界，计簿已定而背法制，专地盗土以自益。

——《汉书》卷 81《匡衡传》

▲ 众利侯郝贤，元狩二年，坐为上谷太守入戍卒财物，上计谩，免。

——《汉书》卷 17《景武昭宣元成功臣表》

▲（田）延年上薄诈增僦直车二千，凡六千万，盗取其半。

——《汉书》卷 90《酷吏传》

7. 汉代成本会计史料

涉及粮食加工、酿酒等传统手工业的成本核算记载。

▲ 粟率五十，粝米三十，稗米二十七。　　——《九章算术·粟米》

▲ 一酿用粗米二斛，曲一斛，得成酒六斛六斗。

——《汉书》卷 24《食货志下》

8. 汉代会计思想史料

主要涉及桑弘羊“量出为入”的理财思想。

▲ 计委量入，虽急用之，宜无乏绝之时。

——《盐铁论》卷 3《轻重第十四》

▲ 桑弘羊为大农丞，管诸会计事，稍稍置均输以通货物矣。

——《史记》卷 30《平准书》

（二）考古文献中的汉代会计史料辑要

1. 尹湾汉简中的会计史料

主要有《东海郡集簿》和《武库永始四年兵车器集簿》。其中，《东海郡集簿》为汉代东海郡上计中央政府时使用的文书，其内容包括东海郡的行政机构设置及吏员数量、户口数字、土地面积及全郡钱谷出入数，是迄今首次发现的郡国向朝廷呈报的上计簿。

(1)《东海郡集簿》。

县、邑、侯国卅八：县十八，侯国十八，邑二。其廿四有堠。都官二。

乡百七十，长百六，里二千五百卅四，正二千五百卅二人。

亭六百八十八，卒二千九百七十二人，邮卅四，人四百八。如前。

界东西五百五十一里，南北四百八十八里。如前。

县三老卅八人，乡三老百七十人，孝、弟、力田各百廿人。凡五百六十八人。

吏员二千二百三人。大守一人，丞一人，卒史九人，属五人，书佐十人，啬夫一人，凡廿七人。

都尉一人，丞一人，卒史二人，属三人，书佐五人，凡十二人。

令七人，长十五人，相十八人，丞卌四人，尉卌三人，有秩卅人，斗食五百一人，佐使（史）、亭长千一百八十二人。凡千八百卌人。

侯家丞十八人，仆、行人、门大夫五十四人，先（洗）马、中庶子二百五十二人，凡三百廿四人。

户廿六万六千二百九十，多前二千六百廿九。其户万一千六百六十二获流。

口百卅九万七千三百卌三。其四万二千七百五十二获流。

提封五十一万二千九十二顷八十五亩二□□人。如前。

□国、邑居园田廿一万一千六百五十二□□十九万百卅二……卅五万九千六……长生。

种宿麦十万七千三百□十□顷，多前千九百廿顷八十二亩。

男子七十万六千六十四人，女子六十八万八千一百卅二人，女子多前七千九百廿六。

年八十以上三万三千八百七十一，六岁以下廿六万二千五百八十八，凡廿九万六千四百五十九。

年九十以上万一千六百七十人，年七十以上受杖二千八百廿三人，凡万四千四百九十三，多前七百一十八。

春种树六十五万六千七百九十四亩，多前四万六千三百廿亩。

以春令成户七千卅九口二万七千九百廿六，用谷七千九百五十一石八斗□升半升，率口二斗八升有奇。

一岁诸钱入二万万六千六百六十四万二千五百六钱。

一岁诸钱出一万万四千五百八十三万四千三百九十一。

一岁诸谷入五十万六千六百卅七石二斗二升少□升，出卌一万二千五百八十一石四斗□□升。

按：史料共22行，取自张显成和周羣丽的《尹湾汉墓简牍校理》（天津古籍出版社2011年版，第3–6页）。也可参考李均明的《秦汉简牍文书分类辑解》（文物出版社2009年版，第248页）。

（2）《武库永始四年兵车器集簿》。

乘舆弩万一千一百八十一。

乘舆弩矢三万四千二百六十五。

乘舆弓矢五百一十。

乘舆甲三百七十九。

乘舆铁股衣二百廿五两一奇。

● 右乘舆兵车器五十八，物十一万四千六百九十三。

弩五十二万六千五百廿六。

弩弦八十四万八百五十三。

弓七万七千五百廿一。

弓弦三千九百八十七。

弓矢百十九万八千八百五。

弓衣七十二。

甲十四万二千三百廿二。

铠六万三千三百廿四。

盾九万九千九百一。

剑九万九千九百一。

大刀百廿七。

● 右库兵车种百八十二，物二千三百一十五万三千七百九十四。

● 凡兵车器种二百卌，物三（二）千三百廿六万八千四百八十七。

按：史料逐项记载一个郡级武库中所收藏兵车器的名称和数量，最后还有总的统计数字。为节约篇幅，简文有大量删减。引自张显成、周羣丽的《尹湾汉墓简牍校理》（天津古籍出版社 2011 年版，第 43-74 页）。也可参考李均明的《秦汉简牍文书分类辑解》（文物出版社 2009 年版，第 254-261 页）。

2. 敦煌汉简中的会计史料

▲ 入郡仓居摄三年正月癸卯转一两半两，麦小石五十六石二斗五升。居摄三年四月壬辰，大煎都步昌候史尹钦、隧长张博受就人敦煌利成里张贺，字少平。

——敦・283

▲ 入七月奉穬麦八斛，建武廿九年七月丁酉高望隧长代张蒲受万岁候长赦。

——敦・2182

▲ 出糜二斛，元和四年八月五日僦人张季元付平望西部候长宪。

——敦・1960

▲ 出粟五石二斗二升，以食使车师成君卒八十七人，丙申一日，积八十七人，人六升。

——敦・1926，1935

按：以上粮食收支账史料选自甘肃文物考古研究所编《敦煌汉简释文》（甘肃人民出版社1991年版），对原简文格式和句读进行了适当修改。

3. 悬泉（置）汉简中的会计史料

（1）《悬泉置元康五年正月过长罗侯费用簿》。

县（悬）泉置元康五年正月过长罗侯费用簿，县掾延年过。

入羊五，其二睾（羔），三大羊，以过长罗侯军长吏具。

入鞠三石，受县。

出鞠三石，以治酒之酿。

入鱼十枚，受县。

入豉一石五斗，受县。

今豉三斗。

出鸡十只一枚，以过长罗侯军长吏二人、军侯丞八人、司马丞二人、凡十二人。其九人再食，三人一食。

出牛肉百八十斤，以过长罗侯军长史廿人，斥侯五十人，凡七十二人。

出鱼十枚，以过长罗侯军长史具。

出粟四斗，以付都田佐宣以治庚（羹）。

出豉一石二斗，以和酱食施刑士。

入酒二石，受县。

出酒十八石，以过军吏廿，斥侯五十人，凡七十人。

• 凡酒廿。其二石受县，十八石置所自治酒。

凡出酒廿石。

出米廿八石八斗，以付亭长奉德、都田佐宣以食施刑士三百人。

• 凡出米卌八石。

按：简文共18行，是记录悬泉置招待长罗侯及其属吏所支出财物费用的明细账。引自胡平生和张德芳的《敦煌悬泉汉简释粹》（上海古籍出版社2001年版，第148页）。

（2）《元康四年鸡出入簿》。

出鸡一只（双），以食长史君，一食，东。

出鸡一只（双），以食使者王君所将客，留宿，再食，东。

出鸡二只（双），以食大司农卒史田卿，往来四食，东。

出鸡一只（双），以食丞相史范卿，往来再食，东。

出鸡二只（双），以食长史君，往来四食，西。

出鸡一枚，以食太医万秋，一食，东。

出鸡一只（双），以食刺史，从事吏一人，凡二人，一食，东。

出鸡一只（双），以食大司农卒史冯卿，往来再食，东。

出鸡一枚，以食使者王君，一食，东。

入鸡二只（双），十月辛巳，佐长富受廷。

入鸡一只（双），十月甲子，厨啬夫时受毋穷亭卒□。

入鸡一只（双），十二月壬戌，厨啬夫时受鱼离乡佐逢时。

十月尽十二月丁卯，所置自买鸡三只（双），直钱二百卌，率只（双）八十，唯廷给。

● 县（悬）泉置元康四年十月尽十二月丁卯鸡出入簿。

九月毋余鸡。

今毋余鸡。

● 最凡鸡卌四只（双）。正月尽十二月丁卯所受县鸡廿八只（双）一枚，正月尽十二月丁卯自买鸡十五只（双）一枚，直钱千二百一十五，唯廷给。

● 县泉置元康四年正月尽十二月丁卯鸡出入簿。

元康四年十二月甲寅朔戊辰，县（悬）厨啬夫时敢言之，谨移正月尽十二月丁卯鸡出入簿一编。敢言之。

按：简文共19行，是悬泉置当年用鸡招待来往官员和使者的账簿记录。引自胡平生和张德芳的《敦煌悬泉汉简释粹》（上海古籍出版社2001年版，第77–78页）。

（3）校簿。两汉时期财务监督的主要方式为“拘校”籍簿。“拘校”是指校对、核实。“钩校”一词多见于史籍，汉简中则写作“拘校”或“校”。

▲ 效谷移建昭二年十月传马薄（簿），出县（悬）泉马五匹，病死，卖骨肉，直钱二千七百卌，校钱薄（簿）不入，解……

——《悬泉汉简释粹》0116（2）：69

▲ 广至移十一月谷薄（簿），出粟六斗三升，以食县（悬）泉厩佐广德所将助御效谷广利里郭市等七人，送日逐王，往来三食，食三升。校（案）广德所将御□禀食县（悬）泉而出食，解何？

——《悬泉汉简释粹》I0309（3）：167–168

▲ 建昭三年三月丁巳朔癸亥，敦煌大守强、守部骑千人云行丞事，谓县：案所移十月尽二月传马簿，出马病死斥卖移爰书贾直校钱不入，效谷出遮要

传马十七匹，病死贾或三百，或二百。传马皆食谷，贾贱，疑非实。方遣吏案校，今移举各如牒。①

▲神爵三年三月辛丑朔己酉，广至守丞德以私印行事，移县泉府移举一牒簿出食过律程承余付受，多不相应。今写举移各如牒，书到，令史可拘校所廪广至县泉粟石斗。②

4. 居延汉简中的会计史料

居延汉简中的账簿史料种类繁多，主要有财物出入簿、校簿、月言簿和四时簿等类型。本部分史料选自谢桂华的《居延汉简释文合校》（以下简称《合校》，文物出版社 1987 年版），以及李均明的《秦汉简牍文书分类辑解》（以下简称《辑解》，文物出版社 2009 年版）。

（1）财物出入簿。是反映一定时期财物收支变化情况的账簿。居延汉简中比较常见的账簿类型有钱出入簿、谷出入簿、米出入簿、茭出入簿、官茭出入簿、赋钱出入簿、盐出入簿，以及入鸡簿、入狗簿、出布簿等。

第一，钱出入簿。

十一月己卯，掾强所收五年余茭钱二千五十五。

元年茭钱万四千五百廿八。•凡万六千五百八十三。

出钱五千七百廿五，□收掾车给官费。

出钱三千八百六十六，□居延责钱。

出钱千，县所□□。

凡出万五百九十一。

今余钱五千九百九十二。

出钱四百五十一，十一月壬辰付令史根□□□。

出钱三百，十一月壬辰付士吏□□□□□　　——《合校》209・2

第二，粮食出入簿。

▲凡出谷大石九石，其一石五斗麦，七石五斗糜，今六月毋余簿。

——《合校》88・25

▲出糜大石一石七斗四升，始元三年五月乙未朔，以食吏一人，尽癸亥廿九日，积廿九人，人六升。　　——《合校》273・13

▲入糜大石八石七斗为小石十四石五斗，二年八月辛亥朔辛亥第二亭长

① 张俊民．简牍学论稿：聚沙篇［M］．兰州：甘肃教育出版社，2013：484.
② 张俊民．简牍学论稿：聚沙篇［M］．兰州：甘肃教育出版社，2013：182.

舒受第六长延寿，以食吏卒五人，人六升，辛亥尽己卯廿九日积百卌五人。

——《合校》275·21

▲ 出谷卌七石七斗，其卅七石七斗麦，十石粟，以食肩水斥候骑士十九人马十六匹牛二，九月五日食。——《合校》303·23

第三，布、盐等其他财物出入账簿。

▲ 入小畜鸡一、鸡子五枚，元康四年二月己未朔己巳，佐建受左后部如意隧长奉亲，卒外人输，子元受。——《合校》10·12

▲ 入狗一枚。元康四年二月己未朔己巳，佐建受右前部，禁奸卒充输，子元受，致书在子元所。——《合校》5·12

▲ 入盐八斗七升，给鉼庭部卒卅人闰月食，阳朔五年正月辛亥，第卅三卒夏奇、第卅四卒范客子受守阁卒音。——《合校》28·13

▲ 出广汉八稯布十九匹八寸大半寸，直四千三百廿，给吏秩百一人，元凤三年正尽六月积六月□——《合校》90·56，303·30

（2）校簿。

▲ 令史弘校第廿三仓谷。十月簿余谷糜程大石六十一石八斗三升大。

——《合校》206·7

▲ 校候三月尽六月折伤兵簿：出六石弩弓廿四付库。库受啬夫久廿三，而空出一弓。解何？——《合校》179·6

▲ 永光三年尽建昭元年三月食月别刺：最凡粟二千五百九十石七斗二升少，凡出千八百五十七石三斗一升，今余粟七百卅三石四斗一升少，校见粟得七百五十四石二斗。——《合校》142·32A，142·32B

按："刺"是一种用于汇报备查的汉代官府文书形式。汉简中常见"刺"之名目，如"出奉刺""吏买茭刺""廪卒刺""食月别刺""廪吏卒刺"等。"食月别刺"是按月记录的廪食情况。

（3）廪食名籍。

尉史□伊粟三石三斗三升少，十二月□□自取。卩

鄣令史皇楚粟三石三斗三升少，庚子自取。卩

尉史郭当粟三石三斗三升少，十二月戊申自取。卩

鄣卒赵忘生粟三石三斗三升少，十月癸酉自取。卩

鄣卒马定粟三石三斗三升少，十月癸酉自取。

鄣卒弋南粟三石三斗三升少，十月癸酉自取。卩

鄣卒孟延寿粟三石三斗三升少，十月癸酉自取。卩

鄣卒孙胜之粟三石三斗三升少，十月癸酉自取。卩

鄣卒徐充粟三石三斗三升少，十月癸酉自取。卩

右俸食吞远。——《合校》26·21

按：史料是戍边吏卒的口粮发放和领取记录，也可作为编制谷出入簿的原始凭据。简中的“卩”是当时会计文书的特定画押符号，表示粮食已经领取。为节约篇幅，已对原简内容进行了适当删减。

（4）日作簿与日迹簿。

▲廿三日戊申卒三人，伐蒲廿四束，大二韦，率人伐八束。与此三百五十一束。——《合校》161·11

按：史料是每日劳作的登记簿。率人，即平均每人。在汉简中，最、凡是有关数值的一次性合计，而“与此”是逐次累计，其后之数值是累计数。

（5）月言簿。《合校》128·1中的月言簿共有三份，即《广地南部言永元五年六月官兵釜硙月言簿》《广地南部言永元五年七月官兵釜硙月言簿》和《广地南部言永元六年七月官兵釜硙月言簿》，都属于呈报单一物品的月度专项会计报告。鉴于以上三份月言簿格式和内容类似，本书仅摘录其中一份。

《广地南部言永元五年六月官兵釜硙月言簿》

承五月余官弩二张，箭八十八枚，釜一口，硙二合。

今余官弩二张，箭八十八枚，釜一口，硙二合。赤弩一张，力四石，木关。陷坚羊头铜鍭箭卅八枚。故釜一口，鍉有锢口呼长五寸。硙一合，上盖缺二所，各大如疏。

•右破胡隧兵物。赤弩一张，力四石五，木破，起缴往往绝。盲矢铜鍭箭五十枚。硙一合，敝尽不任用。

•右涧上隧兵物

•凡弩二张，箭八十八枚，釜一（口），硙二合。毋入出。

永元五年六月壬辰朔一日壬辰，广地南部候长信叩头死罪敢言之。谨移六月见官兵物月言簿一编，叩头死罪，敢言之。

（6）四时簿。《合校》128·1中的四时簿共有两份，即《广地南部言永元七年正月尽三月见官兵釜硙四时簿》和《广地南部言永元七年四月尽六月见官兵釜硙四时簿》，都属于呈报单一物品的季度专项会计报告。由于以上两份月言簿格式和内容类似，本书仅摘录其中一份。

《广地南部言永元七年正月尽三月见官兵釜硙四时簿》

承六年十二月余官弩二张，箭八十八枚，釜一口，硙二合。赤弩一张，

力四石，木关。陷坚羊头铜鍭箭卌八枚。故釜一口，鍉有锢口呼长五寸。硙一合，上盖缺二所，各大如疏。

●右破胡隧。赤弩一张，力四石五，木破，起缴往往绝。盲矢铜鍭箭五十八枚。硙一合，敝尽不任用。

●右涧上隧。

永元七年三月壬午朔一日壬午，广地南部候长叩头死罪敢言之。谨移正月尽三月见官兵釜硙四时簿一编。叩头死罪敢言之。

（7）吏赀直簿。即地方官吏的财产登记簿。

▲候长觻得广昌里公乘礼忠，年卅。小奴二人，直三万。用马五匹，直二万。大婢一人，二万。牛车二两，直四千。轺车二乘，直万。服牛二，六千。宅一区，万。田五顷，五万。●凡訾直十五万。　——《合校》37·35

（8）赐劳名籍。即记载官吏功劳的文书。从简文中可以看出，“能书会计”是汉代官吏具有一定文化水平的标志，也足见当时对会计工作相当重视。

▲张掖居延甲渠塞有秩士吏公乘段尊，中劳一岁八月廿日，能书会计，治官民颇知律令，文。　——《合校》57·6

▲肩水候官执胡隧长奚路人，中劳三岁一月，能书会计，治官民颇知律令，文。　——《合校》179·4

▲肩水候官并山隧长公乘司马成，中劳二岁八月十四日，能书会计，治官民颇知律令，武。　——《合校》13·7

5. 居延新简中的会计史料

居延新简中的会计史料主要有财物出入簿、负债名籍、校簿、日作簿等。本部分史料摘自甘肃省文物考古研究所的《居延新简释粹》（以下简称《释粹》，兰州大学出版社 1988 年版）和甘肃省文物考古研究所的《居延新简（甲渠候官与第四燧）》（以下简称《居延新简》，文物出版社 1990 年版）。

（1）财物出入簿。

▲从史弘受钱千二百。出钱七百廿，粜粟六石。今余钱四百八十。

——《居延新简》E. P. T51：5

▲受甲渠君钱千。出二百五十买羊一，出百八十买鸡五只，出七十二买骆四于，出百六十八粜米七斗，出百卅沽酒一石三斗。●凡出八百六钱。今余钱二百。　——《居延新简》E. P. T51：223

（2）负债名籍。简文记录了债务人的职务及姓名、债主的职务及姓名、偿债钱物数量等。此类债务常常直接从负债人俸禄中扣除，偿还给债主，可作为相关现金出入账簿的记账凭证。

▲ 十二月……积三月，徐充国奉钱千八百。出钱三百一十，偿第卅燧卒王弘。出钱千一十，偿第卅三燧卒陈第宗钱。出钱八就十月尽十二月，月二钱七分。● 凡出钱千三百廿八。今余钱四百七十二。

——《居延新简》E. P. T51：214

（3）日作簿。是戍边吏卒每日勤务劳作的登记簿。

▲ 三月甲辰卒十四人：其一人养。定作十三人，除沙三千七百七十石，率人除二百九十石。与此七万六千五百六十石。

——《居延新简》E. P. T5l：117

（4）校簿。汉代对兵器、谷物等重要物品进行实地盘查时，若账实相符，即为“应簿”，否则为“不应簿”。

▲ 第二十三部：弦三十枽。稾矢三千四百见二千六百少一百八，寅矢二千五百五十见千四百一少千一百五十。 ——《居延新简》E. P. F22：179

▲ 三月簿余盾六十枽。校见六十枽，应簿。

——《居延新简》E. P. F22 · 314

▲ 踵故承余，府遣掾校兵物少不应簿，拘校天凤。

——《居延新简》E. P. F25 · 3

（5）《劳边使者过界中费簿》。

● 劳边使者过界中费

粱米八斗，直（值，下同）百六十。即（稷）米三石，直四百五十。羊二，直五百。酒二石，直二百八十。盐、豉各一斗，直卅（三十）。番将畺，直五十。● 往来过费凡直千四百七十。● 肩水见吏廿七人。率人五十五。

按：史料属于核算接待专项费用开支的账簿，取自甘肃省文物考古研究所的《居延新简释粹》（兰州大学出版社 1988 年版，第 129 页）和张显成的《简帛文献学通论》（中华书局 2004 年版，第 237-238 页）。两书中部分简文略有差异。

6. 甘肃天长纪庄木牍中的会计史料

算簿

● 集八月事算二万九，复算二千卌五。

都乡八月事算五千卌五，东乡八月事算三千六百八十九，垣雍北乡户八月事算三千二百八十五，垣雍东乡八月事算二千九百卅一，鞠（?）乡八月事算千八百九十，杨池乡八月事算三千一百六十九。

• 右八月。

• 集九月事算万九千九百八十八，复算二千六十五。

按：简文记载了东阳县八月份和九月份的算赋数，取自天长市文物管理所、天长市博物馆的《安徽天长西汉墓发掘简报》（《文物》2006 年第 11 期）。简文中"算"为算赋，"事算"指征收算赋，"复算"意为免除算赋。①

7. 香港中文大学文物馆藏简牍中的会计史料

《奴婢廪食出入簿》详细记载了家奴廪食情况，由廪食对象、廪食数量、廪食时间和完成情况等要件构成。简文中的"卩"是当时官府会计文书的特定符号，表示粮食已经领取。史料出自李均明的《秦汉简牍文书分类辑解》（文物出版社 2009 年版，第 287 页）。

利家大奴一人，大婢一人，小婢一人，禀大石四石五斗，为小石七石五斗，十月食。卩

山家大奴一人，大婢一人，使奴一人，禀大石五石，为小石八石三斗一参，十月食。卩

解事家大奴一人，使奴一人，禀大石三石五斗，为小石五石八斗一参，十月食。卩

服家大奴一人，儿婢一人，禀大石二石，为小石三石三斗一参，十月食。卩

未央家大奴一人，大婢一人，使奴二人，禀大石六石五斗，为小石十石八斗一参，十月食。卩

昌邑家大奴一人，大婢一人，使奴一人，使婢一人，禀大石五石七斗五升为小石九石五斗二参半参，十月食。卩

次天家大奴一人，大婢二人，小奴一人，小婢一人，禀大石七石，为小石十一石六斗二参，九月食。卩

广家大奴一人，大婢一人禀大石三石五斗，为小石五石八斗一参，十月食。卩

凡出粟大石卅七石七斗五升。

---

① 杨振红．出土简牍与秦汉社会（续编）[M]．桂林：广西师范大学出版社，2015：161-162.

京中粟出未计。

8. 长沙走马楼西汉简牍中的会计史料

《都乡七年垦田租簿》记录了临湘县都乡七年的垦田、租税和土地面积等情况。引自马代忠的《长沙走马楼西汉简〈都乡七年垦田租簿〉初步考察》,《出土文献研究》(第12辑)(中西书局2013年版,第213-222页)。

《都乡七年垦田租簿》。

垦田六十顷二亩租七百九十六石五斗七升半率斗三升奇十六石三升一斗半。

凡垦田六十顷二亩租七百九十六石五斗七升半。

出田十三顷四十五亩半租百八十四石七斗临湘蛮夷归义民田不出租。

出田二顷六十一亩半租卅三石八斗六升乐人婴给事柱下以命令田不出租。

凡出田六十顷七亩租二百一十八石五斗六升。

定入田四十三顷九十五亩租五百七十八石一斗半。

提封四万一千九百七十六顷七十亩百七十二步。

其八百一十三顷卅九亩二百二步可垦不垦。

四万以前一百二顷六十八亩二百一十不群不可垦。

9. 江陵凤凰山汉简中的会计史料

主要有《市阳、郑里赋税账簿》《平里、稿上刍稿账簿》《市阳田租账簿》。以下两则史料取自李均明、何双全的《散见简牍合辑》(文物出版社1990年版,第68-70页)和湖北文物考古研究所编的《江陵凤凰山西汉简牍》(中华书局2012年版,第105页)。

(1)《平里、稿上刍稿账簿》。

平里户刍廿七石,田刍四石三斗七升,凡卅一石三斗七升;八斗为钱,六石当稿,定廿四石六斗九升当□,田稿二石二斗四升半,刍为稿十二石,凡十四石二斗八升半。

稿上户刍十三石,田刍一石六斗六升,凡十四石六斗六升;二斗为钱,一石当稿,定十三石四斗六升给当□,田稿八斗三升,刍为稿二石,凡二石八斗三升。

按:简文内容反映了平里和稿上(里)征收刍稿税的情况。

(2)《市阳田租账簿》。

市阳租五十三石三斗六升。其六石一升当稻物,其一斗大半当麦,其七升半当□,其一石一斗二升当耗,其四石五斗二升当黄白秫,凡□十一石八斗三升。

定卌□石五斗三升半，监□。

按：简文内容反映了市阳（里）征收田租的情况。

10. 江陵张家山汉简中的会计史料

张家山汉简中的内容大多为会计法制史料。以下简文引自彭浩等的《二年律令与奏谳书：张家山二四七号汉墓出土法律文献释读》（上海古籍出版社2007年版）。

▲ 县道官之计，各关属所二千石官。其受恒秩气禀（廪），及求财用年输，郡关其守，中关内史。——《二年律令·置吏律》

▲ 官各以二尺牒疏书一岁马、牛它物用稾数，余见刍稾数，上内史，恒会八月望。——《二年律令·田律》

▲ 诸诈增减券书，及为书故诈弗副，其以避负偿，若受赏赐财物，皆坐臧（赃）为盗。——《二年律令·贼律》

▲ 官为作务、市及受租、质钱，皆为銗，封以令、丞印而入，与参辨券之，辄入钱銗中，上中辨其廷。质者毋与券。——《二年律令·金布律》

第四节　三国两晋南北朝会计史料

一、三国两晋南北朝会计发展概况及会计史料的来源

（一）三国两晋南北朝会计发展概况

三国两晋南北朝基本上处于战乱不止、分裂割据状态，也是一个政治、经济大变动时期。这一时期，北方历尽曲折，商品经济和传统市场在北魏孝文帝改革后，出现了恢复的局面；南方则延续了两汉以来的趋势，商品经济和传统市场从无到有，逐步走向繁荣。该时期是由秦汉的“三公九卿制”向隋唐的“三省六部制”过渡的时期，政府财计管理部门发生了变化。魏晋尚书省所属的度支、金部、仓部等部门逐渐取代大司农分理财政。这一时期的会计制度基本上沿袭秦汉的做法。北周苏绰把户籍同会计核算结合起来，使国家财政收入更加精确、系统，为隋唐的计账户籍之制奠定了基础。

三国两晋南北朝是古代政府审计制度的演变时期。该时期上计的内容仍然以考核地方户口、垦田、赋调等治理情况为主，上计制度的形式虽然

存在，但继续东汉末年走向衰落的趋势，其作用已不能与汉时相比。比部开始职掌勾检等事，其审计职能日渐显现，部分取代了上计制度对政府财务收支的监督，这对隋唐形成独立的审计机构影响很大。此外，这一时期中央监察机构御史台形成，其所属职官在履行监察职责中也行使了一定的政府审计职能。

（二）三国两晋南北朝会计史料的来源

1. 传世典籍文献方面

三国两晋南北朝时期尽管战火不断，但历代王朝都十分重视国史和前朝史等史籍的编纂。该时期的正史有《三国志》《晋书》《宋书》《南齐书》《梁书》《陈书》《魏书》《北齐书》《周书》《南史》《北史》，其中《三国志》《宋书》《南齐书》《魏书》是当时人所撰，其余为后人所撰或增补而成。除了要充分利用以上史籍外，还需要利用《三国会要》《南朝宋齐梁陈会要》《通典》等文献中的会计史料。

2. 考古文献方面

传世文献中对该时期会计活动的记载比较零散，而走马楼三国吴简等出土简牍内容丰富，涉及赋税、户籍、仓库管理、钱粮出入、司法文书等内容，其描述远比传世文献具体，其中的钱粮收支记录对该时期的会计史研究起到了很大的促进作用。此外，敦煌吐鲁番出土的一些文书最早涉及两晋南北朝时期，应注意搜检利用。其中，敦煌出土的西魏大统十三年（公元 547 年）的计账户籍文书是西魏苏绰所创计账户籍之法的实物遗存，也是目前所见唯一的户籍与计账合一的文书。

二、与三国两晋南北朝会计史料有关的文献概述

（一）与三国两晋南北朝会计史料有关的传世文献概述

1.《三国志》

西晋陈寿撰，包括《魏书》《蜀书》《吴书》，共 65 卷，记事自魏文帝黄初元年至晋武帝太康元年。《三国志》只有纪传而无志，相关典章制度可查阅《晋书》。南朝宋裴松之的《三国志注》，主要是增补和考订史实。二者具有同等史料价值。北京线装书局 2018 年出版点校本。

2.《晋书》

唐代房玄龄等监修，包括帝纪、志和列传共130卷，记载自西晋武帝泰始元年到东晋恭帝元熙二年的史事，主要依据前人所作晋史及有关杂著撰成。会计史料主要分布于《食货志》和《刑法志》。中华书局2012年出版点校本。

3.《魏书》

北齐魏收撰，包括帝纪、列传和志共124卷，记载自北魏道武帝拓拔珪建国至东魏孝静帝武定八年的历史，主要依据前人所作的魏史及收集的各种史料撰成。会计史料主要分布于《食货志》。中华书局2017年出版点校本。

4.《周书》

唐代令狐德棻等撰，包括帝纪和列传共50卷，记载自西魏文帝大统元年到公元581年隋文帝杨坚代周为止的历史，主要取材于《北周起居注》及其他资料。列传中可寻觅到一些会计方面的零散记载。中华书局2013年出版点校本。

5.《三国会要》

清代钱仪吉、杨晨撰，全书40卷，分职官、食货、刑、民政等十五门，主要取材于《三国志》及裴松之注、汉魏六朝诸史和《资治通鉴》等书，为研究三国时期的会计制度提供了一些史料。上海古籍出版社2012年出版点校本。

6.《南朝宋齐梁陈会要》

清代朱铭盘撰，主要取材于南朝《宋书》《南齐书》《梁书》《陈书》等史籍。四书体例相同，分记南朝宋、齐、梁、陈典章制度沿革，对研究南朝的会计制度有一定的参考价值。上海古籍出版社2012年出版点校本，分册出版，分别为《南朝宋会要》《南朝齐会要》《南朝梁会要》《南朝陈会要》。

此外，《北周六典》《宋书》《南史》《北史》《南齐书》《晋会要》《梁书》《陈书》《北齐书》《十六国春秋》《世说新语》《齐民要术》《洛阳伽蓝记》等传世文献中，也可以见到该时期会计史料的零散记载。

（二）与三国两晋南北朝会计史料有关的考古文献概述

湖南长沙走马楼三国吴简包括司法文书、户籍民簿和账簿等类别，主要内容是东吴嘉禾年间长沙郡与临湘侯国的地方政府文书，其中与会计相关的有粮食出入簿、贷种粮簿、钱出入簿等账簿文书，涉及孙吴黄武、黄龙和嘉禾年间当地官府仓库的会计实务。走马楼三国吴简弥补了传世文献中三国时期会计史料的不足，是研究该时期政府会计制度的宝贵实证资料。相关论著主要有：长沙简牍博物馆的《长沙走马楼三国吴简·竹简》（文物出版社2008年版）、长沙市文物考古研究所等的《长沙走马楼三国吴简·嘉禾吏民田家莂》（文物出版社1999年版）。

此外，楼兰晋简和吐鲁番晋简中的会计史料也具有一定的参考价值。相关论著有：林梅村的《楼兰尼雅出土文书》（文物出版社1985年版）、唐长孺的《吐鲁番出土文书》（文物出版社1981年版）。

三、三国两晋南北朝会计史料概要

（一）传世文献中的三国两晋南北朝会计史料辑要

1. 三国两晋南北朝社会经济环境史料

相关史料主要出自《晋书》《魏书》《洛阳伽蓝记》等文献。

▲关陇清晏，百姓丰乐，自长安至于诸州，皆夹路树槐柳。二十里一亭，四十里一驿，旅行者取给于途，工商贩贸于道。

——《晋书》卷113《符坚载记》

▲凡此十里，多诸工商货殖之民。千金比屋，层楼对出，重门启扇，阁道交通，迭相临望。金银锦绣，奴婢缇衣，五味八珍，仆隶毕口。

——《洛阳伽蓝记》卷3《城南》

▲（洛阳大市）市东有通商、达货二里。里内之人，尽皆工巧，屠贩为生，资财巨万。

——《洛阳伽蓝记》卷4《城西》

2. 三国两晋南北朝财计管理机构和会计职官史料

该时期各个王朝的财计官制承袭汉制较多，相关史料主要涉及度支、金部、仓部、比部等职官设置。

▲魏文帝置度支尚书，专掌军国支计，朝议以征讨未息，动须节量。

——《晋书》卷37《安平献王孚传》

▲度支尚书领度支、金部、仓部、起部四曹。

——《宋书》卷39《百官上》

▲以三公、比部主法制。度支主算。支，派也；度，景（量）也。

——《宋书》卷39《百官上》

▲治中从事史一人，主财谷簿书。……簿曹书佐一人，主簿书。

——《宋书》卷40《百官下》

▲（后魏）都官尚书之属，有比部掌勾检等事。……度支尚书之属，统度计，掌计会。凡军国损益及军役粮廪事，仓部掌诸仓帐出入事，左户掌天下计帐户籍等事，右户掌天下公私田宅租调等事，金部掌权衡量度、内外诸库藏文帐等事。——《册府元龟》卷483《邦计部·总序》

▲魏文帝立，以司马孚为度支尚书，军粮计校，一皆由之。

——《北堂书钞》卷60《诸曹尚书》

3. 三国两晋南北朝计账户籍及账簿史料

传世文献中散见计账户籍，以及苏绰所用“朱出墨入”记账方法的记载。所谓“计账户籍法”，是指建立一套以乡为单位的记载户口、土地和赋役状况的簿册，作为控制赋役的基本依据。这种“计账户籍”的形式及内容如何，在传世文献中并没有详细记载，需要结合考古文献才能厘清。

▲（苏）绰始制文案程式，朱出墨入，及计帐、户籍之法。

——《周书》卷23《苏绰传》

▲计帐者，具来岁课役之大数，以报度支；户籍者，户口之籍。

——《资治通鉴》卷157“梁武帝大同元年条”

▲岁终，台阁课功校簿而已。——《晋书》卷26《刘颂传》

▲初策使范典主财计。……权守阳羡长，有所私用，策或料覆，功曹周谷辄为傅著簿书，使无谴问。权临时悦之，及后统事，以范忠诚，厚见信任，以谷能欺更簿书，不用也。——《三国志》卷56《吴书·吕范传》

▲太祖甚重之，常置诸座右，又令有百司习诵之。其牧守令长非通六条及计账者，不得居官。——《周书》卷23《苏绰传》

4. 三国两晋南北朝上计史料

东汉末至魏晋南北朝时期，一些地方州郡割据自立，户口垦田情况大多混乱不清，上计制度和上计吏虽还存在，但多作为礼仪上的形式，其作用已不能与汉时相比。在传世文献中，可以找到该时期上计、贡计活动的零散记载。

▲时鲁国孔融在郡，教选计当任公卿之才，乃以郑玄为计掾，彭璆为计吏，（邴）原为计佐。——《三国志》卷11《魏书·邴原传》

▲（邓艾）后为典农纲纪，上计吏，因使见太尉司马宣王。宣王奇之，

辟之为掾，迁尚书郎。——《三国志》卷28《魏书·邓艾传》

▲（泰始五年）正月癸巳，申戒郡国计吏守相令长，务尽地利，禁游食商贩。——《晋书》卷3《武帝纪》

▲（晋惠）帝尝访浑元会问郡国计吏方俗之宜。浑奏曰："……旧三朝元会前计吏诣轩下，侍中读诏，计吏跪受"。——《晋书》卷42《王浑传》

▲泰始二年正月七日……是岁，四方贡计并诣寻阳。

——《南史》卷14《宋宗室及诸王下》

▲戊午，皇太子会万国于东宫，并受贡计。——《宋书》卷8《明帝纪》

▲（后齐）计会日，侍中依仪劳郡国计吏，问刺史太守安不，及谷价麦苗善恶，人间疾苦。……正会日，侍中黄门宣诏劳诸郡上计。劳讫付纸，遣陈土宜。字有脱误者，呼起席后立。书迹滥劣者，饮墨水一升。文理孟浪，无可取者，夺容刀及席。——《隋书》卷9《礼仪四》

5. 三国两晋南北朝比部及御史审计史料

（1）三国两晋南北朝比部史料。相关史料涉及比部产生和演变，以及其职掌等。

▲（北齐比部）掌诏书、律令、勾检等事。——《隋书》卷27《百官中》

▲魏氏置，历晋、宋、齐、后魏、北齐皆有郎中。后周天官府有计部中大夫，盖其任也。梁、陈、隋并为侍郎，炀帝曰比部郎。自晋、宋、齐、梁、陈，皆吏部尚书领比部，后魏、北齐及隋则都官尚书领之，皇朝因焉。

——《唐六典》卷6《尚书刑部》

▲魏尚书有比部曹，晋因之。宋时比部主法制。齐、梁、陈皆有比部曹，后魏亦然。北齐掌诏书、律令、勾检等事。后周曰计部中大夫，盖其任也。

——《通典》卷23《职官五》

（2）三国两晋南北朝御史审计史料。该时期御史的主要职权是监察百官，财税审计也是其重要职责之一。

▲（王云）在州坐受所部荆山戍主杜虞财货，又取官绢，因染割易，御史纠劾，付廷尉。——《魏书》卷33《王宪传附王云传》

▲耗官粟帛，仓库倾尽，御史覆检，曾无损折。

——《魏书》卷61《田益宗传》

▲岁遣御史校其虚实，脱有乖越，别更裁量。

——《魏书》卷110《食货志》

6. 三国两晋南北朝会计人物与会计思想史料

该时期会计人物史料主要是《周书》中对苏绰及其理财思想的记载。

▲（苏）绰始制文案程式，朱出墨入，及计帐户籍之法。

——《周书》卷23《苏绰传》

▲ 魏帝以太祖前后所上二十四条及十二条新制，方为中兴永式，乃命尚书苏绰更损益之，总为五卷，颁于天下。　——《周书》卷2《文帝纪下》

（二）考古文献中的三国两晋南北朝会计史料辑要

以下史料取自长沙市文物考古研究所等的《长沙走马楼三国吴简·嘉禾吏民田家莂》（以下简称《田家莂》，文物出版社1999年版）、《长沙走马楼三国吴简·竹简（壹）》（以下简称“壹”，文物出版社2003年版）、《长沙走马楼三国吴简·竹简（贰）》（以下简称“贰”，文物出版社2007年版）、《长沙走马楼三国吴简·竹简（叁）》（以下简称“叁”，文物出版社2008年版）。走马楼吴简《田家莂》中有很多数值错误[①]，除了书写和计算错误外，也可能与当时基层官吏的会计舞弊行为有关，在应用史料时需要注意。

1. 月旦簿、四时簿与要簿

走马楼吴简中所见“月旦簿”与“四时簿”，与汉简中所见“月言簿”和“四时簿”存在明显的渊源关系。这种账簿的正式名称应为“月旦见簿”，简称“旦簿”，按月结算可称“月言簿”或“月旦簿”，按季、按年结算或称“四时簿”。[②]“要簿”属于择要编制而成的一种简式会计报告。[③]

（1）要簿。

▲ 中仓谨列起嘉禾元年正月一日讫三年三月卅日受三州仓运黄龙二年租税米要簿。　——壹·9547

▲ □□谨列起嘉禾元年正月日讫三年三月卅日受三州仓运黄龙五六七年杂米要簿。　——壹·9617

▲ 三州仓吏谷汉□□□□杂米出用付授要簿。　——壹·9612

（2）月旦簿。

▲ 入仓吏黄讳番虑谨列所领杂米八月旦簿。　——壹·2359

---

① 陈荣杰，张显成．《嘉禾吏民田家莂》释文注释的数值问题［J］．古籍整理研究学刊，2012（2）：26.

② 王素．长沙吴简中的《月旦簿》与《四时簿》［J］．文物，2010（2）：67-68.

③ 魏斌．走马楼所出孙吴贷食简初探［J］．魏晋南北朝隋唐史资料，2006（23）：31.

▲ 三州仓谨列所领税米出用余见正月旦簿。——叁 · 4559

▲ 仓吏黄讳潘虑谨列杂米入出三月旦簿。——叁 · 1549

▲ 承正月旦簿余嘉禾二年酒租钱一千八百。——壹 · 5346

▲ 承正月旦簿余嘉禾二年市租钱三千二百。——壹 · 5376

（3）四时簿。

▲ 临湘谨列起七月讫九月卅日收米租钱如牒。——壹 · 4336

▲ 嘉禾元年七月一日讫九月卅日一时簿。——贰 · 257

▲ 嘉禾二年十二月一日讫卅日一时簿。——壹 · 5742

2. 财产清查与账簿审计史料

简文中的"料校"是指通过财产清查来判断是否账实相符，"拘校"即对账簿进行审查稽核。

▲ 黄龙元年文入叛士限吴平斛米六百七十四斛九斗七升，料校不见前已列言更诡责负者。——壹 · 9587

▲ 黄龙元年文入税吴平斛米四百九斛九斗五升，料校不见前已列言更诡责负者。——壹 · 3387

▲ 集凡入黄武四年吏张阁税吴平斛米卅四斛二斗，料校不见。——壹 · 8025

▲ 七月簿到，拘校，复白。——壹 · 2350

▲ 六十九斛九斗四合拘计州中三州仓俱起嘉禾二年九月一日讫三年五月十五日。——壹 · 1670

▲ 其六千七百卅八斛六斗六升黄龙三年税米其三百五十四斛五斗四升已校。——壹 · 2019

3. 财物收支与结存账簿

以下部分简中尾部标有拘校符号"中"字，表示进行过验收核对，账实相符，没有差错；"已"指已完成某种行为。① 简首分别标有"右""凡""集凡"字样，表示合计，该简属于总计简。② "吴平斛"是一种官定量具。

（1）财物收入账簿。走马楼吴简所见收入账种类繁多，有入米账、入钱

① 李均明．走马楼吴简所见"已入"及"中入"合文试释［J］．出土文献，2017（1）：289.

② 李均明．走马楼吴简会计用语丛考［J］．出土文献研究，2005（0）：138.

账、入布账等。其中，入米账包括税米、盐米、租米、限米等类型。

▲ 入男子李明二年盐米十斛，黄龙三年十一月十日关邸阁郭据付，仓吏监贤受。 ——壹·3103

▲ 入西乡二年布一匹，嘉禾二年五月二日，上俗丘男子五般付，库吏潘珛受。 ——壹·7944

▲ 入西乡嘉禾二年税米五斛三斗胄毕，嘉禾二年十月卅日，上俗丘男子马德、关邸阁董基付，三州仓吏郑黑受。 ——壹·7282

▲ 入南乡嘉禾二年财用钱七千，嘉禾二年七月五日男子雷渚、庐仵付，库吏殷连受。 ——壹·2805

▲ 入民还黄龙二年租米三斛五斗，中。 ——壹·2331

▲ 入二年四月五日酒租钱二万，嘉禾二年五月九日吏潘有。 ——壹·0031

▲ 集凡起五月一日讫十五日民入嘉禾二年布，合廿匹三丈六尺。 ——壹·8197

（2）财物支出账簿。

▲ 出嘉禾元年税米七十斛，被邸阁董基敕付大男石就运诣州中仓。 ——叁·21128

▲ 出仓吏黄讳、潘虑所领嘉禾二年税吴平斛米十三斛四斗四升，为稟斛米十四斛，被督军。 ——贰·7518

▲ 出仓吏黄讳、潘虑所领嘉禾元年税吴平斛米廿三斛四升，为稟斛米廿四斛，被督军粮。 ——壹·2169

▲ 出黄龙三年税米五十斛，被县嘉禾元年刘烨十九日辛丑书付大男毛主运诣州中仓。 ——叁·1361

▲ 出黄龙三年税米九十四斛五斗，被吏黄階敕，付大男烝成运诣州中仓，成以嘉禾元年十月。 ——叁·1324

（3）财物结存账簿。

▲ 今余钱两万四千二百九十。已。 ——壹·5254

▲ 右承余新入财用钱两万四千四百。 ——壹·5286

▲ 承三月旦簿余嘉禾二年口算钱十二万四千四百。 ——壹·5406

▲ 承正月旦簿余嘉禾二年酒租钱一千八百。 ——壹·5346

▲ 承四月旦簿余嘉禾二年口算钱七万二百五十。 ——壹·5305

▲ 承十二月旦簿余嘉禾二年市租钱十万七千二百。 ——壹·5242

▲ 承六月旦簿余吴平斛米一万三千八百七十三斛五合。 ——壹·2183

▲ 集凡承余、新入吴平斛大麦一万一千七百廿六斛三斗五合。

——壹・2302

▲ 集凡承余及新入杂吴平斛米三万三千八斛一斗五升二合八勺二撮。

——贰・7211

4. 乡租税簿

“吏民田家莂”在性质上属于“乡租税簿”或“纳税人总账”①。其内容为农户所佃土地的数量、时限，按规定的数额、时间向官府缴纳和除免的租米、租布、税钱，以及官吏收缴、事后校核的情况。《田家莂》中有多条格式和内容类似的记载，本书仅摘录其中的三条。

▲ 小赤丘男子邓春，佃田三町，凡廿五亩，皆二年常限。其五亩旱败不收，亩收布六寸六分。定收廿亩，为米廿四斛。亩收布二尺。其米廿四斛，四年十二月七日付仓吏李金。凡为布一匹三丈三尺，四年十二月十日付库吏潘有。其旱田亩收钱卅七，其熟田亩收钱七十。凡为钱一千五百一十钱，四年十一月三日付仓吏潘有毕。嘉禾五年三月三日，田户曹史赵野、张惕、陈通校。

——《田家莂》4・71

▲ 仆丘郡吏廖祚，佃田四町，凡卌亩，皆二年常限。其卅亩旱田，亩收布六寸六分。定收十亩，亩收米一斛二斗，为米十二斛。亩收布二尺。其米十二斛，四年十月九日付仓吏李金。凡为布三丈九尺八寸，五年三月一日付库吏番有。其旱田亩收钱卅七，其熟田亩收钱七十。凡为钱一千八百一十，五年二月十日付库吏番有。嘉禾五年三月十日，田户曹史赵野、张惕、陈通校。

——《田家莂》4・423

▲ 弦丘男子潘政，佃田五町，凡十六亩，皆二年常限。旱败不收钱布。嘉禾六年二月廿日，田户曹史张惕、赵野校。

——《田家莂》5・465

5. 财物明细账簿

以下部分简文中的合计与分项数据不合，在利用时需要注意。第二条简文选自宋少华等的《湖南出土简牍选编2》（岳麓书社2013年版，第509页）。

▲ 州中仓吏郭勋、马钦、张曼、周栋，起正月廿三日讫廿六日，受杂米三百卌八斛五斗八升：其十七斛九斗税米，其廿一斛五斗二升租米，其廿二斛五斗余力租米，其二百卅二斛一斗一升八亿钱米，其三斛五斗金民限米，

① 张荣强．汉唐籍帐制度研究［M］．北京：商务印书馆，2010：298.

其十二斛私学限米，其三斛四斗佃吏限米，其廿斛三斗五升田亩布米，其十五斛七斗田亩钱米。正月廿六日仓吏潘虑白。　　——《田家莂》J22・2499

▲ 州中仓吏郭勋、马钦、张曼、周栋，起二月十四日讫十八日，受杂米合二百三斛三斗二升：其一百九十八斛三斗二升八亿钱准米，其五斛三斗司马黄松限米。二月十八日仓吏潘虑白。

第五节　隋唐会计史料

一、隋唐会计发展概况及会计史料的来源与特点

（一）隋唐会计发展概况

隋唐是中国封建社会的鼎盛时期。隋朝形成了五省六部制的基本政治组织制度，对唐宋官制产生了重要影响。唐代[①]确立和完善了三省六部制，政治经济高度繁荣，法律制度健全完善，至开元时，农业、手工业和商业得以繁荣发展。五代十国时期，北方战乱频繁，经济凋敝；南方由于战乱较少，经济、文化仍在继续发展，工商业也相应繁荣。

唐代形成了层级合理、权责明晰、内部控制有效的政府财计管理系统，建立了相当完善的财政预算制度，预算的编制从统计户籍入手，户部根据计账记载的户口、课丁推算出应收租庸调数，作为度支每年编制国家财政预算的依据。唐代中期，官厅会计核算已开始采用“四柱结算法”。[②] 李吉甫的《元和国计簿》是中国古代会计史上第一部官厅财计著作，记载和分析了当时国家的财政收支情况，标志着该时期会计核算、分析与经济管理已达到一个新的水平。

隋唐时期中国古代政府审计制度逐步走向成熟。隋代由比部行使政府审计职权，御史台对政府财务活动进行监察监督。唐代形成了“比部专审、御史兼审、三司内审”的政府审计体系[③]。政府审计主要是通过比部以及中央各部门、地方州县内部的兼职勾检官进行逐级勾覆稽察，御史监察与专职审计

---

① 唐代历史一般分唐前期和唐后期两个阶段，“安史之乱”是分界。唐前期的历史发展，是对魏晋南北朝及隋朝旧局面的总结，而唐后期及五代，则开启了赵宋以来的新局面。

② 杨际平．杨际平中国社会经济史论集（第3卷）［M］．厦门：厦门大学出版社，2016：460.

③ 刘家义．中国特色社会主义审计制度研究［M］．北京：商务印书馆，2016：20.

机构互相补充。此外，上计制度在隋代演变为朝集制度，唐代沿行。朝集使要定期上计于中央，并根据上计结果考核官员政绩，这有利于加强中央对地方的控制和管理。

（二）隋唐会计史料的来源

1. 传世文献方面

隋唐时期文献保留比汉晋完整。该时期与会计史料相关的传世文献主要有《隋书》《新唐书》《旧唐书》《唐会要》《唐律疏议》《唐六典》《唐大诏令集》《册府元龟》《通典》等典籍文献。五代十国每一朝代国运短祚，所流传史料少而不全，《旧五代史》《新五代史》《五代会要》是研究该时期会计演进的重要史料来源。

2. 考古文献方面

敦煌吐鲁番文书中可用于研究隋唐会计史的史料甚多，也很具体，其中处于原始状态的官府和寺院会计文书具有很高的史料价值。敦煌吐鲁番文书中保存了许多寺院财产管理方面的史料，有利于探究当时寺院财务收支及财产管理等诸多问题，对了解唐宋时期的寺院经济具有重要意义。敦煌吐鲁番文书中的四柱结算史料账目详尽、结构完整，为系统研究四柱结算法提供了直接史料。充分利用敦煌吐鲁番出土文书中的会计史料，是开拓研究领域、将中国古代会计史研究引向深入的有效途径。

（三）隋唐会计史料的特点

隋唐时期会计史料来源扩大，史料类型增多，具有以下四个特点：一是各类政书增加，特别是《唐会要》和《通典》中的记载，为会计史研究提供了大量当代和前代会计史料。二是出现了全国性总志和地方志。比如，李吉甫的《元和郡县图志》等。这些史料中载有地方性的食货、职官、人物和历史事件等。三是各种野史杂说、笔记小说和文集显著增加。比如，北宋时成书的《太平广记》，采录了汉代至宋初的小说、笔记和野史等杂著，其中多数为唐人所撰。这些文献多能反映当时社会的政治经济状况，虽然大多来自传闻，所载史事的正确性较差，史料价值较低，但有时也可从中找到一些有用的会计史料。四是考古文献丰富，为深化该时期会计史研究提供了直接史料。比如，关于唐代勾检制度和寺院会计制度的史料，传世文献中所见比较抽象和笼统，需要利用敦煌吐鲁番文书等考古文献中的具体描述，以深化该方面的研究。

二、与隋唐会计史料有关的文献概述

（一）与隋唐会计史料有关的传世文献概述

1.《隋书》

唐代魏征等撰，包括纪、传和志共85卷，记载隋文帝开皇元年至隋炀帝大业十四年的历史。主要参考开皇和大业起居注及其他史料修成，系统保存了梁、陈、北齐、北周及隋朝的典章制度。会计史料主要散见于《食货志》《刑法志》和《百官志》。中华书局2019年出版点校本。

2.《旧唐书》《新唐书》

《旧唐书》由后晋刘昫等撰，包括本纪、志和列传共200卷，记录自唐高祖武德元年至唐哀帝天佑四年的历史。主要依据唐代实录、国史及其他史料写成，保存的史料较为原始，可信度较高。《新唐书》由北宋欧阳修等撰，全书225卷，记事起讫时间同《旧唐书》，主要依据《旧唐书》以及新发现的唐代史料修成。就史料价值来说，《新唐书》不如《旧唐书》。[①] 但是，《新唐书》中的《食货志》详于《旧唐书》，二者皆为研究唐代会计史的重要史料来源。中华书局2013年出版点校本。

3.《旧五代史》《新五代史》

《旧五代史》由北宋薛居正等撰，全书共150卷，记载自后梁开平元年至后周显德七年的五代史，主要依据范质的《五代通录》以及五代各朝实录修成。《新五代史》由北宋欧阳修撰，全书共74卷，记事起讫时间同《旧五代史》，主要依据《旧五代史》及《五代会要》等史料修成。《旧五代史》《新五代史》可互相参考、补充，二者皆为研究五代十国会计史的重要史料来源之一。中华书局2015年出版点校本。

4.《唐律疏议》

唐代长孙无忌等撰，全书共30卷，分为名例（总则）、卫禁、职制、厩库、户婚等12篇。全书以律文为经，每条律文下都附有疏文，引用律、令、格、式及其他文献解释律文。疏文与律文具有同等法律效力。该书《职制律》

---

① 严耕望．治史三书［M］．上海：上海人民出版社，2016：40.

《厩库律》《杂律》中有许多内容涉及会计活动。上海古籍出版社2013年出版岳纯之点校本、法律出版社1999年出版刘俊文点校本。

5.《唐六典》

又称《大唐六典》，唐代李林甫等撰，全书共30卷，以职官分卷，是仿效《周礼》体例编成的职官专书①，也是一部记载唐代官制和典章制度的行政法典。会计史料主要集中于卷3《尚书户部》、卷6《尚书刑部》和卷13《御史台》。2014年中华书局出版陈仲夫点校本。

6.《通典》

唐代杜佑撰，全书共200卷，记事上起远古时代的黄帝，下至唐玄宗天宝末年。全书分为食货、职官、刑法等九典，对历代政治和经济制度详加记载，对唐代典章制度的记述尤为详尽。该书唐代部分史料主要取自实录、国史及政府档案等，会计史料价值较高。浙江古籍出版社2007年出版影印本。

7.《唐会要》

北宋王溥撰，全书共100卷，分为职官、刑法、食货、漕运等十五类，详细记载了唐代政治、经济、职官、刑法等典章制度及其沿革变迁，其中包括诏令、奏议和公文，以及户口、财赋等统计数字。该书以唐代《九朝会要》和《七朝会要》为基础，保存了唐代大量原始史料，其中相当一部分未见于他书，对唐代会计史研究具有重要的史料价值。上海古籍出版社2012年出版点校本。

8.《五代会要》

北宋王溥撰，全书共30卷，主要依据五代历朝实录编纂而成，系统记述了五代的典章制度及其沿革。该书体例与《唐会要》大致相同，与《新五代史》《旧五代史》可以互相补充，对研究五代会计史具有一定的史料价值。上海古籍出版社2006年出版点校本。

此外，研究中还可参考《册府元龟》《太平御览》《资治通鉴》《元和郡县图志》《贞观政要》《唐大诏令集》《太平广记》《全唐文》《玉海》，以及日本学者仁井田升的《唐六典》及众多唐代史籍中辑出的《唐令拾遗》等文献。

---

① 黄永年．唐史史料学［M］．上海：上海书店出版社，2002：72.

（二）与隋唐会计史料有关的考古文献概述

1. 唐长孺的《吐鲁番出土文书》

全书共10册。文书按年代先后排列，除少量晋、高昌王朝时期的文书外，大部分为唐代文书。文书类型有买卖和借贷契约、籍账（包括手实、计账和差科簿）、官府文书（包括收支账历和符帖牒状）等，为研究唐代会计史提供了珍贵的实物史料（文物出版社1981年至1991年出版）。此外，研究中也可参考荣新江等的《新获吐鲁番出土文献》（中华书局2008年版）中的新出史料。

2. 日本学者池田温的《中国古代籍帐研究》

全书分为“概观”和“录文”两部分。“概观”是对中国古代籍账制度的全面研究。“录文”部分收录敦煌、吐鲁番等地出土的籍账、差科簿等文书三百多件。文书上起汉景帝四年，下讫北宋至道元年，大部分属于唐代。其中的状牒、簿册和凭契等具有较高的会计史料价值。2007年中华书局出版龚泽铣中译本。

3. 唐耕耦、陆宏基的《敦煌社会经济文献真迹释录》

全书共5辑，从英、法、俄及我国所藏敦煌文献中选取有关社会经济方面资料汇编而成，是迄今收录敦煌籍账文书资料最全的一部录文集。其中，寺院账簿文书主要集中于第3辑，如诸色入历、诸色破用历、诸色入破历计会等，是研究唐五代会计结算方法和寺院财务管理制度的珍贵实例。全国图书馆文献缩微复制中心1990年、2008年出版。

4. 其他可供参考的考古文献书目

其他可供参考的考古文献书目有：《新疆博物馆新获文书研究》（刘绍刚、侯世新主编，中华书局2013年版）、《英藏敦煌社会历史文献释录》（郝春文主编，社会科学文献出版社2020年版）、《法藏敦煌西域文献》（法国国家图书馆、上海古籍出版社合编，上海古籍出版社2001年版）、《俄藏敦煌文献》（俄罗斯科学院东方研究所圣彼得堡分所等合编，上海古籍出版社2001年版）。

三、隋唐会计史料概要

（一）传世文献中的隋唐会计史料辑要

1. 隋唐社会经济环境史料

相关史料主要出自《隋书》《文献通考》《全唐诗》等文献。

▲ 古今称国计之富者莫如隋。——《文献通考》卷23《国用考一》

▲ 人庶殷繁，帑藏充实。——《隋书·高祖纪》

▲ 忆昔开元全盛日，小邑犹藏万家室。稻米流脂粟米白，公私仓廪俱丰实。
——《全唐诗》卷220，杜甫《忆昔二首》（其二）

▲ 计天下储积，得供五、六十年。——《贞观政要》卷8《辩兴亡》

2. **隋唐会计法制史料**

隋朝先后颁布了《开皇律》和《大业律》两部法典，可惜现已散失不存，只能根据文献的记载进行间接研究。唐代的法规有律、令、格、式四种形式。律是刑事法规，令、格、式都是行政法规。唐律已汇编成形，无须再从其他文献中辑佚。唐令等其他法规已经遗失，没有完整地流传下来，但其中的一些条文散见于传世史籍和考古文献之中，需要从《唐六典》《唐会要》《宋刑统》等文献中辑录。

（1）《唐律疏议》中的会计法制史料。《唐律疏议》为唐代法制研究提供了丰富史料，会计法规主要分布于《职制律》《户婚律》《杂律》《诈伪律》。以下所引史料取自上海古籍出版社2013年岳纯之点校本、法律出版社1999年刘俊文点校本。

▲ 诸公事应行而稽留，及事有期会而违者，一日笞三十，三日加一等，过杖一百，十日加一等，罪止徒一年半。［疏］议曰：凡公事应行者，谓有所部送，不限有品、无品，而辄稽留；及事有期会，谓若朝集使及计帐使之类，依令各有期会，而违不到者，一日笞三十，三日加一等，过杖一百，十日加一等，罪止徒一年半。——《职制律》

▲ 诸主守官物而亡失簿书，致数有乖错者，计所错数以主守不觉盗论。其主典替代者，文案皆立正案分付后人，违者杖一百。［疏］议曰：凡是官物，皆立簿书。主守之人亡失簿书，为失簿书之故，遂令物数乖错者，计所错之数，依不觉盗论。——《杂律》

▲ 诸诈为官私文书及增减，欺妄以求财赏及避没入、备偿者，准盗论；赃轻者，从诈为官文书法。［疏］议曰：“诈为官私文书及增减”，谓诈为官私券抄及增减簿帐，故注云：“文书，谓券抄及簿帐之类。”称“之类”者，谓符、牒、抄案等。——《诈伪律》

▲ 诸里正不觉脱漏增减者，一口笞四十，三口加一等；过杖一百，十口加等，罪止徒三年。不觉脱户者，听从漏口法。州县脱户亦准此。若知情者，

各同家长法。[疏]议曰：里正之任，掌案比户口，收手实，造籍书。不觉脱漏户口者脱谓脱户，漏谓漏口，及增减年状，一口笞四十，三口加一等；过杖一百，十口加一等，罪止徒三年。——《户婚律》

（2）其他文献中的唐代会计（审计）法制史料。《新唐书》《旧唐书》《唐会要》等文献中也可查到相关的零散记载。

▲ 凡文法之名有四，一曰律，二曰令，三曰格，四曰式。……凡律以正刑定罪，令以设范立制，格以禁违正邪，式以轨规物程事。

——《旧唐书》卷 43《职官志》

▲ 令者，尊卑贵贱之等数，国家之制度也。格者，百官有司所常行之事也。式者，其所常守之法也。凡邦国之政，必从事于此三者。

——《新唐书》卷 56《刑法志》

▲ 至垂拱元年三月二十六日，删改《格》《式》，加《计帐》及《勾帐式》，通旧《式》成二十卷。——《唐会要》卷 39《定格令》

▲ 户部、度支、盐铁三司钱物……每年终，各令具本司每年正月一日至十二月三十日所入钱数及所用数，分为两状入来年二月内闻奏，并牒中书门下。其钱如用不尽，须具言用外余若干见在；如用尽及侵用来年钱并收阙，并须一一具言。——《唐会要》卷 58《尚书省诸司中·户部侍郎》

▲ 天下诸州及军府赴勾帐等格，每月诸色勾征，令所由长官、录事参军、本判官，据案状子细勾会。其一年勾获数及勾当名品，申比部。一千里已下正月到，二千里已下二月到，余尽三月到尽。

——《唐会要》卷 59《尚书省诸司下·比部员外郎》

3. 隋唐财计管理机构和会计职官史料

（1）隋朝财计管理机构和会计职官史料。隋朝废除了北周六官制度，实行五省六部新制。[①] 隋朝初年，尚书省度支部下设度支、仓部、左户、右户、金部和库部六曹。开皇三年，隋文帝改度支部为民部，设置度支、民部、金部、仓部四曹，负责国家财计管理工作。中央财计职官史料主要有度支（后改为民部、户部）、都官（后改为刑部）和比部，地方财计职官史料主要涉及户曹、西曹和金曹等。

▲ 尚书省兵部尚书之属，有库部；都官尚书之属，有比部；度支尚书之

---

① 有关北周六官在秦汉三公九卿到隋唐三省六部制的发展演变中所发挥的关键性作用，可参见史为．北周六官与三省六部［J］．唐都学刊，2012（6）：70.

属，有度支、户部、金部、仓部；工部尚书之属，有工部、屯田、虞部、水部等侍郎。并分掌兵仗、勾检、出纳、国计、户口、金铁、廪庾、工役、官田、山泽、舟船之事焉。 ——《册府元龟》卷483《邦计部·总序》

▲高祖既受命，改周之六官。尚书省，事无不总。置令、左右仆射各一人，总吏部、礼部、兵部、都官、度支、工部等六曹事。……（开皇）三年四月，改度支尚书为户部尚书，都官尚书为刑部尚书。

——《隋书》卷28《百官下》

▲隋诸州有功曹、户曹、兵曹等参军事，法曹、士曹行参军；郡有西曹、金曹、户曹、兵曹、法曹、士曹等。

——《唐六典》卷30《三府都护州县官吏》

（2）唐代财计管理机构和会计职官史料。

第一，唐代中央财计管理机构及会计职官史料。唐初实行户部理财体制，由户部、度支、金部、仓部、太府寺、司农寺负责中央的财计管理工作。其中，度支司统管国家预算与会计核算管理，是全国最高会计主管机构。"安史之乱"以后，唐代财计体制发生重大变化，由户部理财体制逐渐演变为以度支、盐铁、户部三司为核心的三司理财体制。相关史料主要出自《新唐书》《旧唐书》和《唐六典》。

▲（度支）郎中、员外郎之职，掌判天下租赋多少之数，物产丰约之宜，水陆道途之利。每岁计其所出而度其所用，转运征敛送纳，皆准程而节其迟速。……每岁所费，皆申度支会计，以长行旨为准。

——《旧唐书》卷43《职官二》

▲（金部）郎中、员外郎之职，掌判天下库藏钱帛出纳之事，颁其节制，而司其簿领。 ——《旧唐书》卷43《职官二》

▲（司农寺）掌邦国仓储委积之事，总上林、太仓、钩盾、导官四署与诸监之官属，谨其出纳。 ——《旧唐书》卷44《职官三》

▲凡是太府出纳，皆禀度支文符。太府依符以奉行，度支凭案以勘覆，互相关键，用绝奸欺。其出纳之数，则每旬申闻；其见在之数，则每月计奏。皆经度支勾覆，又有御史监临，旬旬相承，月月相继。明若指掌，端如贯珠，财货多少，无容隐漏。 ——《旧唐书》卷135《裴延龄传》

▲（太府寺）丞，掌判寺事，凡左右藏库账禁人之有见者，若请受输纳人名物数，皆著于簿书。每月以大摹印纸四张为之簿，而丞众官同署，月终留一本于署。每季录奏兼申所司。 ——《唐六典》卷20《太府寺》

▲ 凡天下边军，皆有支度之使，以计军资、粮仗之用。每岁所费，皆申度支而会计之。支度使及军州每年终各具破用、见在数，申金部、度支、仓部勘会。 ——《唐六典》卷3《尚书户部》

第二，唐代地方财计管理机构及会计职官史料。唐朝地方行政机构实行州、县两级体制。[①] 各州县分别设置户曹、司户掌理户籍计账，设仓曹、司仓掌管赋役征收、仓储之事。县以下还设置有乡、里，乡与里也有查核户籍与征收赋役的职事，是财计组织中的最基层。

▲（州）仓曹、司仓掌公廨、度量、庖厨、仓库、租赋、征收、田园、市肆之事。户曹、司户掌户籍、计账、道路、逆旅、婚田之事。

——《旧唐书》卷44《职官三》

▲ 若籍帐、传驿、仓库、盗贼、河堤、道路，虽有专当官，皆县令兼综焉。……（县）主簿掌付事勾稽，省署抄目，纠正非违，监印，给纸笔，杂用之事。 ——《唐六典》卷30《三府督护州县官吏》

▲《唐职员令》曰：主簿掌付事勾稽，省署抄目，纠正县内非违，监印，给纸笔之事。 ——《太平御览》卷269《职官部·主簿》

第三，五代十国财计管理机构及会计职官史料。五代沿袭唐末盐铁、度支、户部三司之制，中央财计管理机构由唐后期的户部本司、盐铁、转运三司和两税（租庸）使，发展成为后梁的国计使、租庸使，后唐的租庸使、内勾使和国计使，最后于明宗时确立了三司和三司使制度，完成了由唐至宋财计机构的变革。[②] 十国的财计管理机构基本上也沿袭唐制。相关史料涉及国计使、租庸使、内勾使和三司使等。

▲ 戊寅，以朱全忠为盐铁、度支、户部三司都制置使。三司之名始于此。

——《资治通鉴》卷265《唐纪八十一》

▲ 会计之司，国朝重务，总其使额，以委近臣，责使一时，宁循往例。张延朗可充三司使，班位在宣徽使之下。 ——《五代会要》卷24《建昌宫使》

▲ 梁兴，始置租庸使，领天下钱谷，废盐铁、户部、度支之官。庄宗灭梁，因而不改。明宗入立，诛租庸使孔谦而废其使职，以大臣一人判户部、度支、盐铁，号曰判三司。延朗因请置三司使，事下中书。……诏以延朗充三司使，班在宣徽使下。三司置使自此始。 ——《新五代史》卷26《张延朗传》

---

① 李锦绣．隋唐审计史略［M］．北京：昆仑出版社，2009：8.

② 郑学檬．五代十国史研究［M］．上海：上海人民出版社，1991：142.

4. 隋唐审计史料

（1）隋朝审计史料。

第一，隋朝比部审计史料。隋朝比部隶属于刑部，其职责是对政府财务收支活动进行审计监督。有关隋朝比部职官设置、职掌及勾检活动的史料主要来源于《隋书》《册府元龟》等史籍。

▲都官尚书之属，有比部；度支尚书之属，有度支、户部、金部、仓部。……并分掌兵仗、勾检、出纳国计、户口、金铁、廪庾、工役、官田、山泽、舟船之事焉。——《册府元龟》卷483《邦计部·总序》

▲开皇中，复入为比部、刑部二曹侍郎，俱有能名。迁治书侍御史，朝臣无不肃惮。上以百姓多流亡，令诞为河南道大使以检括之。

——《隋书》卷41《皇甫诞传》

第二，隋朝朝集制度史料。朝集制度由两汉上计制度发展而来，是隋朝加强中央集权制度的产物。朝集制度与秦汉上计制度之间的差异在于：上计制度侧重于“计”，即经济内容；朝集制度强调“朝”与“考”，主要体现的是政治功能。① 相关史料主要出自《隋书》和《资治通鉴》。

▲（开皇六年二月）丙戌，制刺史、上佐每岁暮更入朝，上考课。

——《隋书》卷1《高祖纪上》

▲上甚异之，复赐百段，因谓诸州朝集使曰：“如房恭懿志存体国，爱养我百姓……朕即拜为刺史，岂止为一州而已。”

——《隋书》卷73《房恭懿传》

▲春，正月，朝集使不至者二十余郡。

——《资治通鉴》卷183《隋纪七》

第三，其他隋朝政府审计活动史料。

▲大业初，炀帝将幸扬州……稠于是营黄麾三万六千人仗，及车舆辇辂、皇后卤簿、百官仪服，依期而就，送于江都。所役工十万余人，用金银钱物钜亿计。帝使兵部侍郎明雅、选部郎薛迈等勾覆之，数年方竟，毫厘无舛。

——《隋书》卷68《何稠传》

▲（隋）文帝命覆陇西牧簿，得隐马二万匹。

——《新唐书》卷89《屈突通传》

① 张荣强．从计断九月到岁终为断：汉唐间财政年度的演变［J］．北京师范大学学报（社会科学版），2005（1）：91.

（2）唐代审计史料。唐代政府审计主要是通过比部以及中央各部门、地方州县内部的兼职勾检官，以及监察御史进行财务审计。相关史料主要来源于《旧唐书·职官志》《新唐书·百官志》《唐六典》《唐会要》等史籍。

第一，唐代比部审计史料。比部是中央专职审计机构，主掌全国财务勾检。唐代比部的渊源及其审计职能，在正史职官志和政书类文献中均有详细记载。

▲（比部）郎中、员外郎之职，掌勾诸司百僚俸料、公廨、赃赎、调敛、徒役、课程、逋悬数物，周知内外之经费，而总勾之。……凡京师有别借食本，每季一申省，诸州岁终而申省，比部总勾覆之。凡仓库、出内（纳）、营造、佣市、丁匠、功程、赃赎、赋敛、勋赏、赐与、军资、器仗、和籴、屯收，亦勾覆之。——《旧唐书》卷43《职官二》

▲比部郎中、员外郎各一人，掌勾会内外赋敛、经费、俸禄、公廨、勋赐、赃赎、徒役课程、逋欠之物，及军资、械器、和籴、屯收所入。京师仓库，三月一比；诸司、诸使、京都，四时勾会于尚书省，以后季勾前季；诸州则岁终总勾焉。——《新唐书》卷46《百官一》

▲诸道年终勾帐，宜依承前敕例。……其诸道州府，仍请各委录事、参军，每年据留州定额钱物数，破使去处及支使外余存现在钱物，各具色目，分明遣帐，依格限申比部。——《唐会要》卷59《比部员外郎》

▲初，国家旧制，天下财赋皆纳于左藏库，而太府四时以数闻，尚书比部覆其出入，上下相辖，无失遗。——《旧唐书》卷118《杨炎传》

▲延龄又奏京兆府妄破用钱谷，请令比部勾覆。

——《旧唐书》卷135《裴延龄传》

▲（李）充既贬官，又奏充比者妄破用京兆府钱谷至多，请令比部勾覆，以比部郎中崔元翰陷充，怨恶贽也。——《旧唐书》卷149《奚陟传》

▲比部令勾诸司钱粮谷，载在格令，其事讹谬，岁月已深。宜令中书门下精择比部郎官，修举典制，勾诸司钱谷，仍立时限，具条疏闻奏。

——《文苑英华》卷426《长庆元年正月三日南郊改元赦文》

▲凡宫人之衣服费用，则具其品秩，计其多少，春秋二时，宣送中书。若有府藏物所造者，每月终门司以其出入历为二簿闻奏，一簿留内，一簿出付尚书比部勾之。——《唐六典》卷12《内官宫官内侍省》

▲以奉准程，校其簿书，无失奇赢。进为正郎，勾会是专。

——《柳宗元集》卷40《祭李中丞文》

▲（比部）掌诏书律令勾检等事。后周曰计部大夫。龙朔中改司计大夫。天宝中改司计，计钩覆财赋出纳，又校计出纳诸籍。唐制，赋纳左藏库，太府以数闻，比部覆出入，主勾稽，通尺物，每三月一比。

——《圣宋名贤四六丛珠》卷32《比部》

第二，唐代尚书都省和地方政府审计史料。唐代尚书都省、京师诸司和地方州县勾检官执行勾检职能，承担政府财务收支审计的职责。相关史料涉及勾检职官设置、考核标准、财务勾检对象等内容。

▲省内诸司文案准式，并合都省发付诸司判讫，都省勾检稽失。近日以来，旧章多废，若不由此发勾，无以总其条流。

——《唐会要》卷57《尚书省》

▲元阁会府，区揆实繁，都省勾曹，管辖綦重。

——《唐会要》卷58《左右丞》

▲天下诸州及军府赴勾帐等格，每月诸色勾征，令所由长官、录事参军、本判官据案状子细勾会。其一年勾获数、及勾当名品，申比部。一千里已下，正月到。二千里已下，二月到。余尽三月到尽。

——《唐会要》卷59《比部员外郎》

▲左司郎中，副左丞所管诸司事，省署钞目，勘稽失。……左右司郎中、员外郎各掌副十有二司之事，以举正稽违，省署符目焉。

——《旧唐书》卷43《职官二》

▲（州县）司录、录事参军掌勾稽，省署钞目，监符印。

——《旧唐书》卷44《职官三》

▲义仓之制，其来日久。近岁所在盗用没入，致使小有水旱，生人坐委沟壑。永言其弊，职此之由。宜令诸州录事参军，专主勾当。

——《旧唐书》卷49《食货下》

▲有吏才，勾覆省内文案，下符剥征，虽为下所怨苦，然亦颇收其利。

——《旧唐书》卷62《韦巨源传》

▲凡天下制敕计奏之数，省符宣告之节，率以岁终为断。京师诸司，皆以四月一日纳于都省。其天下诸州则本司推校，以授勾官。勾官审之，连署封印。附计账使纳于都省。常以六月一日，都事集诸司令使对覆，若有隐漏不同，皆附于考课焉。——《唐六典》卷1《三师三公尚书都省》

▲（司农寺）主簿掌印，省署抄目，勾检稽失。凡置木契二十只，应须出给，与署合之。——《唐六典》卷19《司农寺》

▲（少府监）主簿掌勾检稽失，凡财务之出纳，工人之缮造，簿帐之除附，各有程期，不如期者，举而按之。——《唐六典》卷22《少府监》

▲其本钱任准前收利添充给用，仍委都省纳勒旧本及新添钱，量多少均配，逐行分析闻奏，须令占额用度，不得妄有破除。每至季终，委都省磨勘。

——《册府元龟》卷507《邦计部·俸禄第三》

▲韦悰为右丞，勾当司农，木橦七十价，百姓四十价，奏其隐没。

——《大唐新语》卷9《从善第十九》

第三，唐末及五代户部、度支和盐铁三司审计史料。唐末五代比部的财务勾检职能基本上名存实亡，户部、度支、盐铁三司则替代比部承担审计监督任务。相关史料比较零散，主要出自《旧唐书》《新唐书》等文献。

▲自至德、乾元已后，所在军兴，赋税无度，帑藏给纳，多务因循。滉既掌司计，清勤检辖，不容奸妄，下吏及四方行纲过犯者，必痛绳之。

——《旧唐书》卷129《韩滉传》

▲初，两池盐法弊，得费不相偿，弘止使判官司空舆检钩厘正，条上新法，即表舆两池使，自是课入岁倍，用度赖之。

——《新唐书》卷177《卢弘止传》

▲用其公方，委之管榷，事为之制，曲为之防，钩校奸赃，末减赋取，公财不耗，疲人乐生。

——《樊川文集》卷17《裴休除礼部尚书、裴念除兵部侍郎等制》

▲（李旬）得善用筹者勾稽公物之出入，抉负财且二百万；俾军吏之敏察者觇公田之稼，得将隐谩之谷，不翅万斛。

——《文苑英华》卷812《楚州修城南门记》

第四，唐代御史台审计史料。唐代以御史台为核心形成监察系统，御史台（也称宪台）在监察百官的过程中也拥有审计的权力，其审计职能表现为自勾台内和勾检中央、地方其他各级部门财务非违两方面。相关史料内容涉及御史台勾官设置、勾检范围和方式等。

▲（御史台）主簿掌印及受事发辰、勾检稽失，兼知府厨及黄卷。

——《唐六典》卷13《御史台》

▲其一，察官人善恶；其二，察户口流散，籍帐隐没，赋役不均；其三，察农桑不勤，仓库减耗。——《新唐书》卷48《百官三》

▲初，开元中，兼巡传驿，至二十五年，以监察御史检校两京馆驿。

——《新唐书》卷48《百官三》

▲中书之南，实天下会计之地，不容咫尺之隙。

——《文苑英华》卷807《御史台新造中书院记》

▲列其田租，布其货利，权其入而用其积，于是有出纳奇赢之数，勾会考校之政。……大历十四年，始命御史为使，俾考其成，以质于尚书。季月之晦，必合其簿书，以视其等列，而校其信宿，必称其制。

——《柳河东集》卷26《馆驿使壁记》

▲诸司食利本钱，出放已久。散失颇多。……秘书省，（散失）三千三百八十四贯五百文；太常寺，（散失）六千七百二十二贯六百六文；……右司御帅府，（散失）一百贯文。敕："宜委御史台仔细简勘"。

——《唐会要》卷93《诸司诸色本钱下》

▲旧以天下赋租，年终勾并，或刺史入府，或县令上州，所科群胥尽出百姓。……从今委知弹御史出使郎官，凡系抵违，明具论奏。

——《全唐文》卷83《勾并年终赋租委御史郎官论奏制》

第五，唐代朝集史料。唐代朝集制度渐趋完善，它与考课、选举、监察等制度密切相关，成为沟通中央与地方政务的重要桥梁。① 相关史料主要出自《新唐书》《旧唐书》《唐六典》《五代会要》等史籍。

▲（建中元年）十一月辛酉朔，朝集使及贡使见于宣政殿。兵兴已来，四方州府不上计、内外不朝会者二十有五年，至此始复旧制。州府朝集者一百七十三人。

——《旧唐书》卷12《德宗纪上》

▲凡天下朝集使，皆以十月二十五日至京师，十一月一日户部引见讫，于尚书省与群官礼见，然后集于考堂，应考绩之事。

——《旧唐书》卷43《职官二》

▲夫朝会，礼之本也。唐、虞之制，群后四朝，以明黜陟。商、周之盛，五岁一见，以考制度。汉法，三载上计，以会课最。圣唐稽古，天下朝集，三考一见，皆以十月上计京师，十一月礼见，会尚书应考绩事。

——《新唐书》卷132《柳冕传》

▲凡天下朝集使，皆令都督、刺史及上佐更为之。若边要州都督、刺史及诸州水旱成分，则它官代焉。皆以十月二十五日至于京师，十一月一日户部引见讫，于尚书省与群官礼见，然后集于考堂，应考绩之事。元日陈其贡

① 申忠玲．唐代朝集制度的废止及其原因［J］．青海师范大学学报（哲学社会科学版），2009（6）：76.

篚于殿庭。 ——《唐六典》卷3《尚书户部》

▲ 先是，诸州长官或上佐岁首亲奉贡物入京师，谓之朝集使，亦谓之考使。

——《资治通鉴》卷197《唐纪十三》

▲ 京官，十月一日送簿；外官朝集使送簿限十月二十五日已前到京。

——《五代会要》卷15《考功》

（3）五代十国审计史料。五代时三司勾检财务和御史台监察百官财务活动的职能仍然存在，在《五代会要》《旧五代史》等史籍中可以检索到相关记载。

▲ 乃置内勾之目，令天下钱谷簿书，悉委裁遣。

——《旧五代史》卷72《马绍宏传》

▲ 每一州之中，止限毕日委录事参军磨勘，取最后逋欠县分，县令佐名衔，申三司使举奏，明行责罚。 ——《五代会要》卷19《县令上》

▲ 御史台事总朝纲，职司天宪，所管人吏色役最多，上至朝堂，次及班列，或在京勾检公事，或外地推勘稽迟，监守狴牢，行遣案牍，或随从出使，或祠祭监临，凡有系于台司，皆须藉其人吏，俾无阙事，以赞国容。

——《五代会要》卷17《御史台》

▲ 每有祠祭，诸司各请礼料。至时委监库御史宋彦升、宗正丞石载仁旋行给付。其大祠、中祠兼令监察御史检点，小祠即令行事官检点。

——《旧五代史》卷81《少帝本纪第一》

▲ 时王玫判三司，诏问钱谷，玫具奏其数，乃命赏军，甚愆于素。末帝怒，用昫代玫。昫乃搜索簿书，命判官高延赏计穷诘勾，及积年残租，或场务贩负，皆虚系账籍。条奏其事，请可征者急督之，无以偿官者蠲除之。

——《旧五代史》卷89《刘昫传》

5. 隋唐籍账史料

（1）隋朝籍账史料。史料主要内容涉及计账、户籍等方面，主要出自《隋书》《资治通鉴》等文献的零散记载。

▲ 高祖令州县大索貌阅，户口不实者，正长远配，而又开相纠之科。大功已下，兼令析籍，各为户头，以防容隐。于是，计帐进四十四万三千，新附一百六十四万一千五百口。……长吏肆情，文账出没，复无定簿，难以推校。乃为输籍定样，请遍下诸州。 ——《隋书》卷24《食货志》

▲ 于是奏令诸州百姓及军人，劝课当社，共立义仓。收获之日，随其所得，劝课出粟及麦，于当社造仓窖贮之。即委社司，执帐检校。

——《隋书》卷24《食货志》

▲ 高祖受禅，拜曹州刺史，曹土旧俗，民多奸隐，户口簿帐恒不以实，慧下车按察，得户数万。——《隋书》卷55《乞伏慧传》

▲ 时山东承齐之弊，户口簿籍类不以实。熙晓谕之，令自归首，至者一万户。——《隋书》卷56《令狐熙传》

▲ 是岁大业五年也。诸郡计帐进丁二十四万三千，新附口六十四万一千五百。——《隋书》卷67《裴蕴传》

（2）唐代会计凭证、账簿与会计报告史料。

第一，唐代会计凭证史料。唐代的会计凭证有券、凭、契、抄、牒等不同种类，分别应用于不同的经济活动。传世文献中可找到一些零散记载，《吐鲁番出土文书》中则有大量相关的直接史料。

▲ 开元十八年闰六月敕，比来给传使人，为先传马，事颇劳烦，应乘传者，宜给纸券。——《唐会要》卷61《御史台中·馆驿》

▲ 诸道进奉却回，及准敕发遣官健家口，不合给驿券人等，承前皆给。路次转达，牒令州县给熟食、程粮、草料。自今以后，宜委门下省检勘，凭据分明，给传牒发遣，切加勘责，勿容逾滥。仍准给券例，每月一度具状奏闻。……门下省奏，邮驿条式应给纸券。除门下外诸使诸州，不得给往还券。

——《唐会要》卷61《御史台中·馆驿》

▲ 应缘私事，并不许给公券。——《唐会要》卷61《御史台中·馆驿》

▲ 置木契与应出物之司相合，以次行用，随符牒而合之，以明出纳之慎。

——《唐六典》卷3《尚书户部·金部郎中》

▲ 太府寺置木契九十五支，二十五支与少府、将作、苑总监合，七十支与库官合。——《唐六典》卷20《太府寺》

▲ 左藏令掌邦国库藏之事。……凡出给，先勘木契。

——《唐六典》卷20《太府寺》

▲ 木契符者，以重镇守，慎出纳，畿内左右皆三，畿外左右皆五。

——《新唐书》卷24《车服》

▲ 严武奏在外新除御史，食宿私舍非宜，自此乃给公券。

——（唐）李肇《唐国史补》卷下《御史给公券》

第二，唐代结算法史料。传世文献中的唐代结算法史料比较零散杂乱，需要查找和利用考古文献中的相关记载。

▲ 三司钱物至年终各具所入、所用数，分为两状，以二月闻奏。

——《玉海》卷185《食货·会计》

▲户部、度支、盐铁三司钱物……伏请起自今以后，每年终，各令具本司每年正月一日至十二月三十日所入钱数及所用数，分为两状入，来年二月内闻奏，并牒中书门下。其钱如用不尽，须具言用外余若干见在；如用尽，及侵用来年钱并收阙，并须一一具言。

——《唐会要》卷58《尚书省诸司中·户部侍郎》

▲其诸州府，仍请各委录事参军，每年据留州定额钱物数，破使去处及支使外余剩见在钱物，各具色目，分明造帐，依据限申比部。

——《唐会要》卷59《尚书省诸司下·比部员外郎》

第三，唐代手实、计账与户籍史料。手实、计账与户籍是唐代籍账制度的重要内容。① 所依据的传世文献主要是《新唐书》卷51《食货志》与《唐会要》卷85《籍帐》，但上述文献中的记述虽较《旧唐书》《唐六典》《通典》等详细，但并不完整，有的地方甚至还有重大脱漏讹误，容易造成误解，最好结合敦煌吐鲁番出土文书的有关史料，以澄清相关记载的缺漏与讹误。

▲凡里有手实，岁终具民之年与地之阔狭，为乡帐。乡成于县，县成于州，州成于户部。又有计帐，具来岁课役以报度支。

——《新唐书》卷51《食货一》

▲五月癸卯，户部进计帐，今年（开元十四年）管户七百六万九千五百六十五，管口四千一百四十一万九千七百一十二。

——《旧唐书》卷8《玄宗上》

▲是岁户部计帐，户总三百八万五千七十有六，赋入一千三百五万六千七十贯，盐利不在此限。——《旧唐书》卷12《德宗上》

▲诸课役，每年计帐至尚书省，度支配来年事，限十月三十日以前奏讫。

——《通典》卷6《食货六·赋税下》

▲诸户籍三年一造。起正月上旬，县司责手实、计帐，赴州依式勘造。乡别为卷，总写三通，其缝皆注某州某县某年籍。州名用州印。县名用县印。三月三十日纳讫。——《唐会要》卷85《籍帐》

▲诸州县籍、手实、计帐，当留五比，省籍留九比。

——《唐会要》卷85《籍帐》

▲武德六年三月，令每岁一造帐，三年一造籍，州县留五比，尚书省留

① 杨际平．论唐代手实、户籍、计帐三者的关系［J］．中国经济史研究，2014（3）：3.

三比。——《唐会要》卷 85《籍帐》

▲ 每一岁一造计帐，三年一造户籍。县以籍成于州，州成于省，户部总而领焉。——《唐六典》卷 3《尚书户部》

第四，唐五代会计账簿史料。唐代会计账簿的名称种类繁多，有“账”“历”“簿账”“簿”等多种称谓，传世文献中有大量零散记载。

▲ 凡左右藏库帐禁人之有见者，若请受输纳人名物数，皆著于簿书。每月以大摹印纸四张为之簿，而丞众官同署，月终留一本于署。

——《唐六典》卷 20《太府寺》

▲ 骑曹参军事各一人，掌外府杂畜簿帐。

——《新唐书》卷 49《百官四上》

▲ 帝遣使者至其家，悉收赀簿，校计出入，所以饷中朝臣者皆在。

——《新唐书》卷 174《牛僧儒传》

▲ 凡其簿书期会，子钱倍称之给，无不详核羡益奸怠，起程出入有经。

——《唐代墓志汇编》会昌 009《李璆府君墓志铭》①

▲ 时窦司空初领计务。先是，亟易大吏，吏缘为蠹，泉货散落，浩无端涯。公即尽阅簿书，心计笔扶，不旬月得钱八十万贯，黠胥老吏，相顾失色。

——《唐代墓志汇编》大和 054《王衮墓志》

第五，唐代会计报告及会计分析史料。唐代李吉甫的《元和国计簿》和韦处厚的《大和国计》均已佚，在史籍中仅存零星记载，可参考《旧唐书》《新唐书》中与之相关的记载。

▲（李吉甫）分天下诸镇，纪其山川险易故事，各写其图于篇首，为五十四卷，号为《元和郡国图》；又与史官等录当时户赋兵籍，号为《国计簿》，凡十卷。——《旧唐书》卷 148《李吉甫传》

▲ 李吉甫《元和国计簿》十卷，又《元和百司举要》一卷。……韦处厚《大和国计》二十卷。——《新唐书》卷 58《艺文二》

6. 唐代会计舞弊史料

在《新唐书》《唐会要》及唐代文集中可检索到大量利用“虚挂簿书”等手段侵吞国家资产进行会计舞弊的史料。

▲ 博济亦俭薄自肆，为户部郎中，部有考堂，天下岁会计处，博济废为员外郎中听事。壮伟华敞，供拟丰侈至千品。别取都水监地为考堂。擅费诸

① 周绍良．唐代墓志汇编（下）[M]．上海：上海古籍出版社，1992：2217-2218.

州籍帐钱不赀，有司不敢言　　　　——《新唐书》卷223《李林甫传》

▲天宝八载，郎中张传济废帐房为户部员外郎所，次北为户部郎中厅，皆至宏丽。又于省街东奏取都水监地，以诸州籍帐钱造考堂。

——《唐会要》卷59《户部郎中》

▲在人者并无可科征，属官者悉不任货卖，但存名额，虚挂簿书。大抵钱谷之司，皆耻财物减少，所以相承积累，不肯涤除，每当计奏之时，常充应在之数。　　——《陆贽集》卷21《论裴延龄奸蠹书》

▲诸道州府应欠开成三年终已前，因水旱不熟贷借百姓，及军用欠阙，借便度支、户部、盐铁钱物斛斗，积欠相承，日月既久，百姓或无本户，长吏累又改更，全无本色可以支填，所司徒有征索之名，终无送纳之日，虚系簿书，宜并放免。——《文苑英华》卷422《大中二年正月三日册尊号赦书》

▲惟盐铁、度支、户部等司官吏，破使物数虽多，只遣填纳，盗使之罪，一切不论。所以天下官钱，悉为应在，奸吏赃污，多则转安，此弊最深，切要杜塞。　　——《册府元龟》卷613《刑法五》

▲应度支、盐铁、户部三司所管诸色官吏所由人户等，欠负太和元年已前诸色钱物斛斗等，各委本州尽理勘实，如是贸易招状，入己隐欺，即准条处分，如缘收贮年深，盘覆欠折，水火漂热，事实有凭，如此之类，除检责家产及摊征元保外，如实无可纳，空挂簿书，连年囚禁者，宜各具色目奏闻。

——《全唐文》卷75文宗《南郊赦文》

7. 唐代会计人物与会计思想史料

相关史料主要涉及陆贽的内部控制思想和杨炎的“量出为人”思想。

▲凡是太府出纳，皆禀度支文符，太府依符以奉行，度支凭案以勘复，互相关键，用绝奸欺。其出纳之数，则每旬申闻；其见在之数，则每月计奏，皆经度支勾覆，又有御史监临。旬旬相承月月相继，时若指掌，端如贯珠，财货多少，无容隐漏。　　——《陆宣公奏议》卷12《论裴延龄奸蠹书》

▲凡百役之费，一钱之敛，先度其数而赋于人，量出以制入。

——《旧唐书》卷118《杨炎传》

8. 唐五代寺院会计史料

唐五代佛教寺院的会计和财务管理活动，在传世文献中仅有零散记载，在吐鲁番出土文书中则可以检索到更为详细和具体的内容。以下史料出自［日］释圆仁的《入唐求法巡礼行记校注》（中华书局2019年版）。

▲（长安开元寺）时有库司典座僧，在于众前读申岁内种（种）用途帐，令众闻知。 ——《入唐求法巡礼行记校注》卷1

▲（长安资圣寺）众僧吃粥间，纲维、典座、直岁一年内寺中诸庄及交易并客料诸色破用钱物帐众前读申。 ——《入唐求法巡礼行记校注》卷3

（二）考古文献中的隋唐会计史料辑要

1. 隋大业五年社仓纳粟砖铭文

大业五年十一月廿三日，纳社仓粟壹万伍千硕讫。仓吏刘□、□史赵方。仓督刘□。正李□。

按：铭文是社仓向官府仓廪纳粮的记录，出自北京鲁迅博物馆编《鲁迅藏拓本全集》（砖文卷1）（西泠印社出版社2016年版，第229页。）

2. 吐鲁番出土文书中的会计史料

（1）《武周如意元年（692）里正李黑收领史玄政长行马价抄》。

史玄政付长行马价银钱贰文，准铜

钱陆拾肆文。如意元年八月十六日。里正

李黑抄。其钱是户内众备马价。李黑记。

按：这是史玄政缴纳按户抽配的长行马价后，里正出具的书面完税凭证。出自唐长孺的《吐鲁番出土文书》（第7册），第441页。

（2）《高昌延和八年（609）七月至延和九年（610）六月钱粮帐》。

======午岁六月廿九日，得藏□□

□陆拾捌文===钱究拾肆文半。次得前剂□

逋钱柒迁柒===中半，麦伍斛捌升，苟啬壹

兜，禾粟贰斛究===

并合额得藏钱壹万===文半，中半，麦伍斛贰兜捌

升，禾粟贰斛究兜，苟===次依案，从己巳岁七月一日

至庚午岁六月廿九日===伍佰肆文半，麦陆兜半。

次依案除钱贰迁究拾伍文□□半，麦壹兜，粟贰兜半，

在藏。政钱贰拾伍文半，中半，以案在藏。案除对额，在民

逋钱柒迁陆佰柒拾陆文半，中半。麦肆斛伍兜

□升，禾粟贰斛陆兜半，苟啬壹兜。

按：该条史料内容残缺较多，其内容记载了延和八年七月至延和九年六月麴氏高昌某机构的收入、破除、在藏、外欠等会计信息，是唐五代时期应

用四柱结算法的实例。引自唐长孺的《吐鲁番出土文书》（第 4 册），第 151-152 页。

3.《中国古代籍帐研究》中的会计史料

以下史料选自日本池田温的《中国古代籍帐研究》（中华书局 2007 年版）。

（1）《唐天宝三载（744）交河郡高昌县周通生纳税抄》。

周通生纳天宝叁载后限税钱壹伯壹拾

陆文。其载七月二日，典魏立抄。

按：这是百姓缴纳户税后收到的纳税凭证，引自《中国古代籍帐研究》第 296 页。

（2）《唐天宝四载（745）河西豆卢军和籴会计牒》。

（前略）

以前疋段，准估郡计当钱叁阡贰伯陆

拾陆贯柒伯伍拾玖文。计籴得斛斗

壹万壹伯壹拾伍石陆斗玖升壹合。

其斛斗收附去载冬季军仓载支

粮帐，经支度勾，并牒上金部、比部

度支讫

（后略）

按：这是诸军将收支帐上报比部的史料。“疋段”此处指布帛绸绢。① 引自《中国古代籍帐研究》，第 321 页。

（3）《唐天宝九载（750）八月至九月敦煌郡仓纳谷牒》。

郡仓

肆日，纳百姓宋希盛等和籴粟壹仟柒拾陆硕，入东行从南第壹眼。空。

右纳得上件粟，其户人名，别状通上。

牒件状如前，谨牒。

天宝九载九月四日　史索秀玉牒

仓督张假

主簿摄司仓苏汪

司马吕随仙

长史姚光庭

① 李正宇．敦煌学导论［M］．兰州：甘肃人民出版社，2008：267.

肆日，谦。

按：史料是由十六件牒文连贴而成的案卷中的一个片段，展示了郡仓粮食收发的详细程序。“肆日，谦”三字，表明勾官名“谦”者对郡仓收纳已进行审查稽核，审核无误。引自《中国古代籍帐研究》，第 328 页。

(4)《唐天宝十三载（754）敦煌郡会计牒》。

当郡从天十二载冬季勾后，据帐管诸色应在勾征□

欠等斛斗疋段羊马驼牛什物等，总肆万玖阡贰□

(中间略)

柒伯叁拾捌硕贰斗叁胜，正仓粟

伍伯柒拾伍疋叁丈陆尺捌寸陈留郡大绢和籴

贰伯伍拾伍贯叁伯壹拾伍文钱阙官料（钱）

右件物，得所由状称，去天六载，节度使（市）

马壹伯疋，当绢贰仟伍伯匹，于武威郡（取）

和籴物，留充市四戍上件马价，填入

绢壹阡肆伯捌拾叁疋贰丈，未还其物。(合)

取使支物填还。天六已后，频申请使

司，不蒙支送，无物填还，账存应在，其

物既缘官用，望准恩制处分

贰伯壹拾叁硕粟。天十一闰三月，乌山等四戍（马）

料勾征。窦侍御准　敕交覆欠所由坊正何宁□

按：史料内容反映了窦侍御进行财务勾检，以及节度使挪移和籴物作为买马之资的情况。详见《中国古代籍帐研究》，第 335-336 页。

(5)《唐景龙三年（709）八月尚书比部符》。

益思效（后缺）

石及雍州奉天县令高峻等救弊状，并臣

等司访知在外有不安稳事，具状如前。其勾

征逋悬，色类繁杂。恩敕虽且停纳，于后

终拟征收。考使等所通，甚为便稳，既于公有益

并堪久长施行者。奉敕宜付所司参详，逐

便稳速处分者，谨件商量状如前牒奉者。今以

状下州，宜准状，符到奉行。

主事谢侃

比部员外郎奉古　　令史钳耳果

　　　　　　　　　书令史

景龙三年八月四日下

十五日，倩。九月十五日录事（押）受

连，顺白。参军摄录事参军（押）付

十六日。

按：史料内容反映了尚书比部下符西州，处理相关勾征事宜的情况。其中“勾征逋悬”是指对于没按时限缴纳的赋税，比部要勾覆和追征。详见《中国古代籍帐研究》，第202页。

（6）《唐开元廿二年（735）沙州会计历》。

（前略）

116 壹伯玖匹玖尺玖寸杂州小练，和籴库应在，前典邓庆欠。

117 右检上件练，得邓庆牒称：去开十九年秋季，州仓上税钱价粟

118 充和籴，其直合入正库收附，当为和籴估未到，即依旧估给

119 直。其直正库收附，其年秋季帐讫。后新估到州，准旧估

120 计月征钱捌文，计当上件小练。至贰拾年冬季正库物到，

121 然始破上件练还和籴库，充估上钱直。其估上钱，支

122 度使姚判官勾日，勒遣收入见在，即收附大练入和籴

123 库。开廿年春季帐讫，正库所破小练，至廿年冬季始破，

124 遂即更不收附。至廿一年，支度干判官勾日，见不收小练，

125 复缘先附大练，遂被剥征。先已判上支度使，使司令勾

126 覆，使详覆，具已牒上讫，未报。

（后略）

按：该史料属于对帐目进行财务勾覆的实例。详见《中国古代籍帐研究》，第228-229页，抄录时句读略有变动。

（7）《吐蕃（巳年）（789）沙州仓曹会计牒》。

（前略）

计同　谦

伍阡叁拾捌硕捌斗肆胜贰合，新加附

会案历同　谦

（中间略）

壹阡伍伯叁拾叁硕伍斗贰胜青麦，止月十三日，瓜州般到纳附。

会案同

壹阡肆伯柒拾肆硕柒斗捌胜李清下。

会历同

伍拾捌硕柒斗肆胜李庭兴下。

会历同　谦

壹硕草子，百姓折欠马踖纳。

（后略）

按：该史料属于对账目进行财务勾覆的具体实例。“会案同”指账证相符，“会历同”指账帐相符，“会案历同”指账账、账证均相符[①]。详见《中国古代籍帐研究》第367页，抄录时句读略有变动。

4.《敦煌社会经济文献真迹释录》中的会计史料

唐五代时期敦煌寺院会计文书种类繁多，包括入历、破历、付历、借历、领得历、便物历、点检历等多种形式。寺院的财务管理人员除有僧政、法律、三纲、判官等僧官外，还有直岁、都师等职事僧。以下史料选自唐耕耦、陆宏基的《敦煌社会经济文献真迹释录》（以下简称《释录》，全国图书馆文献缩微复制中心1990年版）。

（1）《庚辰年（公元920或公元980年）十一月算会仓麦交付凭》。

庚辰年十一月就殿上算会，旧把仓僧李校授、应会四人等，麦除破外，合管回残麦陆拾壹硕肆斗柒升，现分付新把麦人仓司惠善、达子四人等，一一为凭。

把麦人达子（押）

把麦人法达（押）

把麦　法云（押）

把麦人惠善（押）

按：史料是寺院仓库前任把麦人与后任把麦人之间的财产清算与交接凭证。对原文格式进行了适当改动，引自《释录》（第3辑），第346页。

（2）《唐天宝九载（公元750年）八月至九月敦煌郡仓纳谷牒》。

郡仓

七日，纳敦煌县百姓天九二分税粟贰伯陆拾硕，入东行从南第壹眼。空。柒日谦。

① 方宝璋. 中国审计史稿［M］. 福州：福建人民出版社，2006：129.

牒件状如前，谨牒。

天宝九载九月七日，史索秀玉牒。

仓督张假

主簿摄司仓苏汪

司马吕随仙

长史姚光庭

按：史料是敦煌郡仓收到“二分税”粮的会计凭证。详见《释录》（第1辑），第453页。

（3）《辛未年（公元911年）正月六日沙州净土寺沙弥善胜领得历》。

辛未年正月六日，沙弥善胜于前都师慈恩手上，现领得

函柜铛鏊椀楪毡褥门户鏁钥，一一诣实，抄录如后：

拾硕柜壹口，像鼻屈钺并全在李上座。柒硕柜壹口并像鼻

全。针线柜壹口，像鼻屈钺并全在李老宿房。又拾伍硕新柜壹

口，像鼻屈钺并全。叁拾硕陆脚柜壹口。贰拾硕柜壹口。

（中略）

黑盘子伍个，楪子捌个。又得黑樏子壹。赤里椀子柒个。

见领得麦贰拾硕肆斗。见领得粟叁拾柒硕壹斗

伍胜。见得黄麻壹拾贰硕陆斗。见得豆拾玖硕

伍斗。黑豆壹硕三斗伍胜。面柒硕捌斗。见得油

玖斗伍胜。见得查贰拾贰饼。见布贰伯捌拾捌

尺。麻壹伯肆拾肆束。门户内外好弱大小粗细新

旧都计陆个

按：史料属于净土寺财物交接明细账。引自《释录》（第3辑），第116-118页。

（4）《甲辰年（公元944年）二月后沙州净土寺东库惠安惠戒手下便物历》。

甲辰年二月后，东库惠安、惠戒手下便物历。

李幸端便豆壹硕，至秋壹硕伍斗。（押）

同日张和子便豆壹硕，至秋壹硕伍斗。（押）梁户张咄子弟住在莲台寺门。

史都料贷豆叁硕。（押）

何义信便豆壹硕，秋壹硕伍斗。（押）得麦八斗，是何奴子陪。

索延庆便黄麻贰斗，至秋叁斗。（押）住在僧愿真巷。

安员进便豆壹硕陆斗，至秋两石肆斗。(押) 住在寺前大街西。

冯友祐便豆两石，至秋叁硕。(押) 共宋游弈同巷。

陈黑子便黄麻捌斗，至秋壹硕贰斗。(押)

刘欺泊便黄麻肆斗，至秋陆斗。(押)

(中间略)

彭憨子便麦壹硕，至秋壹硕伍斗。(押)

吴德信便麦两硕，至秋叁硕。(押) 范宋章曲住

押衙宋略明便麦肆硕伍斗，至秋陆硕柒斗伍升。

王幸丰便麻壹硕伍斗，至秋两石二斗五升。得一石八斗。

按：史料是净土寺东库贷出黄麻、豆、麦的明细账。为确证借贷及归还数量，每笔业务下皆有签押，部分项目后还用小字注明了住址、人物关系等其他相关信息。详见《释录》(第2辑)，第212-215页。

(5)《后晋时期净土寺诸色入破历算会稿》。

(前略)

已己亥年西仓粟利入：粟一石七斗五升，张章仵利润入。粟一石七斗五升，王神

德利润入。粟壹石，张佛奴利润入。粟一石五斗，王富庆利润入。粟一石五斗，张

万达利润入。粟五斗，岳安定利润入。粟三石，安粉子利润入。粟一石二斗五升，王

庆子利润入。粟贰斗五升，王再住利润入。粟柒斗五升，道引利润入。粟

伍斗，门野润入。粟伍斗，王友子利闰入。粟贰斗五升，安信儿利润入。

粟捌斗，索流吉利润入。粟贰斗五升，宋定子利闰入。粟两石，孔小儿利润

入。粟伍斗，董富员利润入。粟一石伍斗，张粉堆利润入。粟伍斗，何南潘利

润入。粟伍斗，孔曹子利润入。粟一石，王应儿利润入。粟伍斗，高师奴利润入。

(后略)

按：该文书是反映净土寺西仓利息收入的史料。敦煌寺院在一个会计期间结束后往往要对寺院的收支情况进行算会统计并上报，用来上报文书的称

为“算会牒”，底稿称为“算会稿”。详见《释录》（第 3 辑），第 401－428 页。

（6）《丙戌年（公元 806 年）正月十一日已后缘修造破用斛斗布等历》。

丙戌年正月十一日已后缘修造破用斛斗布等历

十九日买张奉进木，付麦肆硕

廿二日买康家木价，付布肆疋，计壹佰柒拾陆尺，折麦壹拾硕，又付粟叁硕

二月十一日付翟朝木价布壹疋肆拾伍尺。却入

三月十四日出麦捌斗，雇索鸾子等解木手工城西

四月二日出麦柒斗，付曹雲恩解木七日价

（中间略）

八月二日出布陆拾尺，与道恽修佛座赏物

同日出布陆拾柒尺，付灵图、金光佛充杜邕木价

同日出白面叁斗，付质英将窟（旁注小字：别历收）取赤土食

同日出白面壹（旁注小字：别历收）硕柒斗，供赤白人，从六月廿三日至七月

十四日并修佛座人等食，布肆尺，造泥巾

又出白面贰斗（旁注小字：别历收），入赤白处，油半胜，赤白处用

以前都计，出麦粟五十二石二斗一升，（旁注小字：内一十七石八斗一升麦，卅四石四斗粟）油九升

布三百卅九尺。又布一丈一尺出卖，（旁注小字：卅四石四斗粟，每尺五升）无念

按：史料属于寺院修造工程成本费用明细账，详细记录了丙戌年正月十一日至八月十四日寺院修造工程中发生的各项支出。详见《释录》（第 3 辑），第 146 页。

（7）《后晋开运三年（公元 946 年）某寺算会破除外见存历稿》。

开运叁年丙午岁二月十五日，当寺徒众就中院算会，

癸卯年直岁保集应入诸司斛斗苏油布緤等，一周

年破除外见存：

准帐尾，麦叁石陆斗，欠在保集。

准帐尾，粟肆硕柒斗，欠在保集。准帐尾，油贰斗

叁升一抄，欠在保集。准帐尾，黄麻叁硕

陆斗，欠在保集。准帐尾，豆肆硕贰斗，

欠在保集。准帐尾，布六尺，欠在保集。

准帐尾，麦两［石］六斗，粟两石七斗，僧政法律徒

众矜放保集用。

按：史料中“帐尾”即“旧管”①，也指上年期末结存。直岁保集是寺院的重要职事僧，也是该会计年度各种收支账目的总负责人②，负责对寺院各有关机构所管账目进行汇总，以便编造诸色入破历算会。详见《释录》（第3辑），第521页。

（8）《后唐长兴二年（公元931年）正月沙州净土寺直岁愿达手下诸色入破历算会牒》。

净土寺直岁愿达：

右愿达，从庚寅年正月一日已后至辛卯年正月一日已前，众僧就北院算会，愿达手下承前帐迴残，及一年中间田收、园税、梁课、散施、利润所得，麦粟油蘇米麪黄麻麸渣豆布緤纸等总壹阡捌伯叁硕半抄：

伍伯贰拾柒硕伍斗肆胜麦，伍伯玖拾捌硕贰斗玖胜粟，陆硕捌斗伍胜半抄油，贰升蘇，壹斗玖胜米，壹伯贰硕肆斗壹胜麪，玖硕叁斗伍胜半连麸麪，壹斗伍胜谷麪，捌拾玖硕贰斗半胜黄麻，伍拾陆硕肆斗麸，壹伯叁拾叁饼渣，贰伯捌拾柒硕玖胜豆，捌伯捌拾壹尺布，贰伯贰拾壹尺緤，贰伯张纸。

壹仟伍伯肆拾玖硕柒斗陆胜半抄麦粟油蘇米麪黄麻麸渣豆布緤纸等承前帐旧：

肆伯伍拾叁硕柒斗壹胜麦，伍伯叁拾伍硕贰斗玖胜粟，叁硕捌斗壹胜半抄油，壹斗肆胜米，伍拾贰硕捌斗壹胜麪，壹斗伍胜谷麪，捌拾柒硕伍斗伍胜半黄麻，肆拾肆硕肆斗麸，壹伯陆饼渣，贰伯柒拾陆硕肆胜豆，陆伯捌拾壹尺布，玖拾柒尺緤，贰伯张纸。

贰伯伍拾叁硕贰斗肆胜麦粟油蘇米麪黄麻麸渣豆布緤纸等自年新附入：

柒拾叁硕捌斗叁胜麦，陆拾叁硕粟，叁硕肆升油，贰升蘇，伍胜米，肆拾玖硕陆斗麪，叁硕玖斗连麸面，壹硕陆科伍胜黄麻，壹拾贰硕麸，贰拾柒饼渣，壹拾壹硕伍胜豆，贰伯尺布，壹伯贰拾肆尺緤。（麦肆斗伍胜，宅内富

① 郭道扬．中国会计史稿（上册）［M］．北京：中国财政经济出版社，1982：400.

② 唐耕耦．敦煌寺院会计文书研究［M］．北京：新文丰出版公司，1997：12．需要注意的是，有学者认为直岁并非寺院专职会计，而是具有轮值性质的职事人员，详见张秀春，宋小明．直岁非寺院会计辩［J］．会计与经济研究，2020（6）：60.

恩念诵入。麦叁斗，正月燃灯社入。麦柒斗，郭骨儿妻患念诵入。麦叁硕，二月六日沿行像施入。……緤贰拾伍尺，细緤贰拾伍尺，高孔目念诵西仓付麦换入。粗緤贰拾肆尺，梁户郭怀义折油入。粗緤伍拾肆尺，阎都知折黄麻入。）

叁伯贰拾肆硕柒斗壹胜半抄麦菜油蘸米麵黄麻麸渣豆布緤纸等沿寺修造破用：

壹伯肆拾陆硕参蚪麦。陆拾伍硕壹斗壹胜粟。参硕参斗肆胜半抄油。肆拾柒硕伍斗参升麵。参硕贰斗参胜连麸麵。玖硕黄麻。玖硕贰斗麸。

壹仟肆伯柒拾捌硕贰斗玖胜，麦粟油蘸米麵黄麻麸渣豆布緤纸等沿寺破除外应及见在：

参伯捌拾壹硕贰斗肆胜麦。伍伯参拾参硕壹斗捌胜粟。参硕伍斗壹胜油。贰胜蘸。壹斗玖胜米。伍拾肆硕捌斗捌胜麵。陆硕壹斗贰胜半连麸麵。壹斗伍胜谷麵。捌拾硕贰斗半胜黄麻。肆拾柒硕贰蚪麸。壹伯贰拾贰饼渣。贰伯柒拾捌硕玖胜斗。伍伯玖拾捌尺布。壹伯玖拾伍尺緤。贰伯张纸。

右通前件算会出见破除，一一访实。

如前，伏请处分。

长兴二年辛卯岁正月日净土寺愿达

徒众［略押］

按：史料系净土寺直岁僧人愿达采用前账旧、新附入、破用、应及见在四柱结算法所做的寺院年度收支报告。该文书是敦煌籍账文书保存最为完整的会计史料之一。为节省篇幅，对原文格式进行了适当变动，引自《释录》（第3辑），第369-389页。与此非常类似的史料还有《后唐同光三年（公元925年）正月沙州净土寺直岁保护手下诸色入破历算会牒》。

（9）《唐开元二十五年（公元737年）水部式残卷》。

（前略）

都水监渔师二百五十人，其中长上十人，随驾京都。短番一百廿人，出虢州。明资一百廿人，出房州。各为分四番上下，每番送卅人，取白丁及杂色人五等已下户充，并简善采捕者为之，免其课役及杂徭。本司杂户、官户并令教习，年满廿补替渔师。其应上人，限每月卅日，文牒并身到所由。其尚食、典膳、祠祭、中书、门下所须鱼，并都水采供。诸陵，各所管县供。余应给鱼处及冬藏，度支每年支钱二百贯送都水监，量依时价给直。仍随季具破除、见在，申比部勾覆。年终具录，申所司计会。如有回残，入来年支数。

（后略）

按：《水部式》是唐代关于水资源管理的专门行政法规。该史料是应用四柱结算法的完整体现，也是唐代比部勾覆的具体事例。详见《释录》（第2辑），第583-584页。

（10）《戊寅年（公元918年）三月十三日行像司算会分付绍建等斛斗数纪录》。

戊寅年三月十三日，都僧统法律徒众就中院算
会，赵老宿、孟老宿二人行像司丁丑斛斗本利，
准先例，一一声数如后：
见合得麦伍（卜四）硕柒斗，粟贰拾硕陆斗贰胜半，
豆肆硕陆斗柒胜，又麦捌硕壹斗贰胜半，又粟壹
拾玖硕捌斗伍胜，豆肆硕贰斗柒胜半。两司都
计得麦壹拾叁硕捌斗贰胜半，粟肆拾硕肆
斗柒胜半，豆捌硕玖斗肆胜半。其上件斛斗，
分付二老宿，绍建、愿会、绍净等五人执帐，逐年于先
例加柒生利，年支算会，不得欠折，若有欠折，一仰
伍人还纳者。

法律绍进
法律洪忍
管内都僧统法严

按：史料内容记载了某寺行像司在戊寅年的借贷本利收入。详见《释录》（第3辑），第344页。

第六节　宋代会计史料

一、宋代会计发展概况及会计史料的来源与特点

（一）宋代会计发展概况

两宋是我国封建经济的持续发展时期，在政治上中央集权不断加强，在农业、手工业、商品经济的发展等方面也都取得了很大成就。宋代建立了完

备的财政管理和会计籍账制度，进一步强化了中央对地方的财政集权。宋代会计凭证和账簿种类繁杂，分类进一步细化，其登记、编制、申报、使用和保管均有一套严格的规定，形成了一套完备的籍账统计申报体系。① 除了每年定期汇总全国的账籍，政府还组织专门机构与人员编制会计录，为解决不同时期出现的财政问题提供借鉴。宋代会计录编撰之多、水平之高是史无前例的。② 宋代的四柱结算法已相当规范和完善，并在政府会计中得到普遍应用，使经济活动能得到动态的反映、评价和监督。

宋代大体上沿袭唐代“比部专审、御史兼审、三司内审”的格局，建立了完备的政府审计体系，但审计机构名称和隶属关系复杂多变。元丰改制前，北宋政府审计职能主要由三司内部的三部勾院、都磨勘司负责，其对三司进行财经审计监督往往缺乏独立性；元丰改制后，北宋政府审计职能由户部、比部和专勾司（南宋改名审计司）和诸路监司共同负责。南宋比部和御史的审计职能逐渐被弱化，但在审计机构专职化方面却有所建树，出现了中国古代第一个以“审计”命名的专职审计机构——审计院，从此“审计”一词便成为财经监督的专用名词。

（二）宋代会计史料的来源

宋代史学发达，产生了大量官私著述，传世文献数量较多，会计史料的来源丰富。应充分利用《宋史》《名公书判清明集》《宋刑统》《宋大诏令集》《续资治通鉴长编》等古籍文献中的零散记载。《庆元条法事类》《宋会要辑稿》《玉海》中的会计史料更加丰富。对于宋代常用史籍的整理与研究，近年来取得了一定进展。四川大学古籍整理研究所的刘琳、刁忠民、舒大刚等历时 8 载点校整理，2014 年点校本《宋会要辑稿》由上海古籍出版社出版，为学界开展宋代会计史研究提供了很大便利。

宋代传世文献虽然比较丰富，但考古文献史料较为欠缺。对宋代考古文献的整理与研究，近年来取得了不少进展，先后有黑水城汉文文献、宋人佚简等新见史料被发现和整理。这些新史料提供了传世文献所阙载的内容，为宋代会计史研究注入了新的能量。

（三）宋代会计史料的特点

宋代史籍众多，传世文献中的会计史料比较丰富。宋代先后完成了《玉

---

① 戴建国．宋代籍帐制度探析：以户口统计为中心［J］．历史研究，2007（3）：33.

② 方宝璋．宋代经济管理思想及其当代价值研究［M］．北京：经济日报出版社，2017：87.

海》《册府元龟》等四大类书，以及《资治通鉴》《建炎以来朝野杂记》《隆平集》《续资治通鉴长编》等史籍的编撰。此外，研究中还可以利用奏议、地方志书、野史、杂史等文献。研究宋代会计史，首先应尽量利用《宋会要辑稿》中的史料，其次是利用据国史、实录、会要等编撰而成的《宋史》等文献中的史料，以及依据《宋史》等编撰而成的《宋史纪事本末》等文献中的史料。

二、与宋代会计史料有关的文献概要

（一）与宋代会计史料有关的传世文献概要

1.《宋史》

元脱脱等撰。全书包括本纪、志、表和列传共 496 卷，记载自宋太祖建隆元年至南宋赵昺祥兴二年的历史。主要依据实录、国史、会要等官修的典籍修成，史料价值较高。《宋史》“志”部分对宋代政治、经济等典章制度有详细记述，会计史料主要分布于《食货志》《职官志》部分内容中。中华书局 2013 年出版点校本。

2.《宋会要辑稿》

全书共 366 卷，分帝系、职官、食货、刑法等十七门，对宋代典章制度的记载十分详细，许多资料为《宋史》所无，是现存宋代史料中最原始、最丰富和最集中的一部，可称得上宋代史料之渊薮。[①] 会计史料主要分布于该书的《食货》《职官》《刑法》部分。上海古籍出版社 2014 年出版点校本。

3.《资治通鉴》

北宋司马光撰。记事上起周威烈王二十三年，下讫后周世宗显德六年，共 354 卷，是一部编年体通史巨著。取材除正史、实录等官方文书外，也博采杂史、文集等私家记载。该书在史料选择上侧重于政治史料，典章制度特别是经济方面的史料记载略显贫乏，可从中检索到会计史料的零散记载。中华书局 2009 年出版点校本。

4.《续资治通鉴长编》

南宋李焘撰。全书共 520 卷，以编年体记载了北宋九朝史事。该书史料

① 邓小南．宋代史料整理二题［J］．唐宋历史评论，2016：19.

主要取材于官修的国史、实录和会要，也广泛搜集私家著述，包括各种编年和纪传体史书、野史、杂说、笔记、墓志等。在取材时，对许多内容进行了反复考证，史料的正确性较高，可检索到一些零散的会计史料。中华书局2004年出版点校本。

5.《庆元条法事类》

南宋谢深甫撰，全书分职制、文书、财用、库务、赋役等16门，每一门又分若干类，每类载敕、令、格、式、申明、旁照法等①。该书为南宋法律与经济资料的汇编，其中有大量会计（审计）法制史料。有北京国家图书馆2014年版、黑龙江人民出版社2002年点校本。

6.《玉海》

南宋王应麟撰，全书200卷，分诏令、官制、食货等21门，门下细分240类，每类再按时代分列细目，宋代内容占全书的1/4左右。该书对宋代史事大多录自实录和国史，不少内容为他书所未载，对研究宋代典章制度有较高的史料价值，其中会计史料主要分布于卷185《食货门》。江苏古籍出版社1987年出版影印本。

7.《宋刑统》

北宋窦仪等撰，全书共30卷，分为《名例律》《职制律》《厩库律》《诈伪律》《杂律》《捕亡律》等12篇。其编撰的构架是“以刑统类”，即以律为纲，以敕、令、格、式为目，将其分类附在律文的后面作为补充。该书对研究宋代法律制度有一定的史料价值，会计史料主要分布于《职制律》《诈伪律》《杂律》等篇中。法律出版社1999年出版点校本。

8.《文献通考》

元代马端临撰，全书共348卷，记事自上古时期至南宋嘉定年间，是一部记述历代典章制度的政书。全书分田赋、钱币、国用、职官、刑等24考。以杜佑《通典》为蓝本，兼采经、史、会要、传记、奏疏及其他文献，是研究历代典章制度沿革的重要史籍。书中记载宋代制度最详，许多内容为《宋史》各志所未载，会计史料主要分布于《职官》《田赋》等考中。中华书局2015年出版点校本。

---

① 敕指帝王原则性的命令，令指帝王具体的命令，格指官员办事原则，式指文件格式，申明指政府对敕、令的解释或补充规定，旁照法指依据前面的敕、令类推而产生新的敕、令。

9.《建炎以来朝野杂记》

南宋李心传撰，全书共40卷，分官制、财赋等13门，取材多据官修史籍和档案副本。该书虽名为“杂记”，体例实同于会要体史书，主要记载南宋高宗、孝宗、光宗、宁宗四朝的典章制度，对四朝刑政、职官、食货等方面的源流、因革和得失，记载尤详，很多内容不见于《文献通考》和《宋史》诸志，对于研究南宋会计史具有一定的史料价值。中华书局2000年出版点校本。

此外，在宋代会计史料研究中，还需参考《册府元龟》、《太平御览》、《三朝北盟会编》、《宋朝事实》、《宋大诏令集》、《国朝诸臣奏议》、《全宋文》、《山堂考索》（又名《群书考索》）、《古今源流至论》、《松漠纪闻》、《容斋随笔》、《东京梦华录》、《栾城集》、《州县提纲》、《双溪集》等传世文献，以及龚延明的《宋代官制辞典》等现代文献。

（二）与宋代会计史料有关的考古文献概要

宋代考古文献数量不多，主要有黑水城出土的宋代汉文文献，以及由宋代《王文公文集》纸背文书所保留下来的宋人佚简。

1. 宋人佚简

《宋人佚简》源自宋代公文纸印本[①]《王文公文集》，包括“书简”（即书信）和“公牍”（即各类公文）两部分。其中，“公牍”部分为南宋时期舒州官府公文，其中载有南宋地方政府机构设置和行政管理制度，能够提供许多与宋代财政、税收有关的史料。“公牍”集中于《宋人佚简》第5册，其中的酒账文书有二十多件。[②] 这些酒账文书是舒州在城酒务向舒州使府呈送的本部门的会计报告，对于认识宋代会计发展水平和财务管理制度，都是十分珍贵的原始史料。相关文献有：上海市文物管理委员会、上海博物馆编《宋人佚简》（第5册），上海古籍出版社1990年版；孙继民、魏琳著《南宋舒州公牍佚简整理与研究》，上海古籍出版社2011年版。

2. 黑水城出土的宋代汉文文献

黑水城出土的文献以西夏文和汉文文献为主，是对出土于西夏王朝黑水

① 公文纸印本是指宋、元、明时期利用废弃的公文或书牍纸背面印刷的古籍。它的正面为古籍刻本内容，背面为公文档册账簿、私人书启等，其价值是双重的，比一般古籍更为珍贵。

② 孙继民，魏琳．南宋舒州公牍佚简整理与研究［M］．上海：上海古籍出版社，2011：8.

城遗址的历史文献的总称，内容涉及宋夏金元时期的政治、经济、军事、文化、社会等。其中包含70余件价值颇高的宋代汉文公文文书，这些文书被收入《俄藏黑水城文献》（第6册），并以《宋西北边境军政文书》为名出版，其中载有少量会计史料。相关文献有：史金波等主编的《俄藏黑水城文献》（第6册）（上海古籍出版社2000年版）；孙继民著《俄藏黑水城所出〈宋西北边境军政文书〉整理与研究》（中华书局2009年版）。

三、传世文献中的宋代会计史料概要

（一）宋代社会经济环境史料

相关史料主要出自《宋史》《东京梦华录》等文献。

▲ 自景德以来，四方无事，百姓康乐，户口藩庶，田野日辟。

——《宋史》卷173《食货志》

▲ 八荒争凑，万国咸通，集四海之珍奇，皆归市易。

——《东京梦华录》序

（二）宋代会计（审计）法制史料

1. 宋代会计法制史料

主要来源于《庆元条法事类》《宋刑统》《宋会要辑稿》等传世文献。

（1）《庆元条法事类》中的会计法制史料。主要分布在职制、文书、财用、库务、赋役等门，涉及税租簿、户口账、钞凭的编造、移送和审核等方面的内容。

▲ 诸税租簿，每三年别录实、副本，保明送州，覆毕印缝，本州架阁。即有割移，别取状连粘季申，与实行簿同收。——卷48《赋役门》

▲ 诸人吏乡书手辄将税租簿归私家者，徒一年，许人告。

——卷47《赋役门》

▲ 诸未绝簿，量事繁简，每贰年或叁年壹易，应易而事仍未绝者，誊入新簿。——卷16《文书门》

▲ 诸公人亡失见行公案、账籍、簿历等，及应架阁文书，限满寻访不得者，断罪枷锢；再限通满百日不得者，降壹资（限外得者复旧资）；县吏人杖捌拾。——卷17《文书门》

▲ 应文书印缝，计张数，封题年月，事目，并簿历之类。冬以年月次序

注籍，立号编排（造账文书别库架阁），仍置籍。遇借，监官立限，批注交受，纳日勾销。按察及季点官点检。——卷17《文书门》

▲诸供朝廷封桩钱物账（禁军阙额请给账同）及承取索回报而隐漏增减不实者，各徒二年；不依式若名数交互，杖八十。——卷31《财用门》

▲诸于税租簿账有欺弊者（谓于钱物数故隐漏增减移易或虚销簿籍者，余条官物称有欺弊准此），不分首从，计物之逮（累而不倍），不满五百文，杖一百；五百文，徒一年；五百文加一等。三贯皆配本城，五贯皆配本州，许人告。——卷32《财用门》

▲诸收支官物不即书历及别置私历者，各徒二年（应所属用印给付而辄自用本处印者，亦是）。若无专置文历，而以名色相类附入别历者，不坐。缴申旧历违限，杖一百。——卷37《库务门》

▲诸收支官物文书有空缺处及剩纸而不勾抹，若赤历内预先虚收者，各杖一百，本行吏人仍降一资。已支官物旁帖之类不勾抹者，准此。

——卷37《库务门》

▲诸州军资库差录事参军监，通判提举文历簿账同书，仍别置门历录官物出入。——卷37《库务门》

▲诸官司置都簿，伍年壹易，具载所辖应用簿历名数。其有增减，次日报都簿司除附。——卷37《库务门》

▲诸于税租簿脱误者（结转之类阔略不如令而无欺弊者同），杖八十，令佐减二等。——卷48《赋役门》

（2）《宋刑统》中的会计法制史料。主要分布在《杂律》《诈伪律》《厩库律》《职制律》等律令中。

▲诸主守官物而亡失簿书，致数有乖错者，计所错数，以主守不觉盗论。

——卷27《杂律》

▲诸监临主守以官物私自贷，若贷人，及贷之者，无文记，以盗论；有文记，准盗论，立判案减二等。——卷15《厩库律》

▲诸诈为官文书及增减者，杖一百。——卷25《诈伪律》

（3）《宋会要辑稿》中的会计法制史料。主要分布在职官、食货等门。

▲诏诸在京府界仓库所供月、季、年帐，并于合满后依限申省，月、季账二十五日，半年账四十日，年账五十日。——职官26

▲州县租税簿籍，令转运司降样行下，并真谨书写。如细小草书，从杖一百科罪勒停，永不得收叙。其簿限一日改正。当职官吏失点检，杖八十。

如有欺弊，自依本法施行。——食货11

▲ 诸路收支、见在钱物，今后分上下半年，县具数申州，州类聚，同本州之数申漕司。如系常平茶盐司并提刑司钱物，即依此申所隶置籍。本司总一路之数，作旁通册开具闻奏，付之户部，考察登亏。——食货69

▲ 令诸州重造两税版籍，颁其式于天下。凡一县所管若干户夏秋二税、桑功正税及缘科物，用大纸作长卷，排行实写，送州覆校定，以州印印缝，藏于长吏厅侧。自今后每岁二税将起纳前，令本县先如式造帐一本送州。本县纳税版簿，亦以州印印缝，给付令佐。——食货70

▲ 勘会依法输纳官物用四钞，县钞付县，户钞给人户，监钞付监官，住钞留本司，及税租钞仓库封送县，令佐即日监勒分授乡司、书手，各置历，当官收上日别为号计数，以五日通转。每受钞，实时注入，当职官对簿押讫封印，置柜收掌。——食货35

▲ 诸州县岁终攒造丁帐，三年推排物力，除附升降，并令按寔销注。州委官、县委主簿，专掌其事，监司、太守常切检点。——食货69

（4）其他传世文献中的宋代会计法制史料。

▲ 年终帐状限次年正月二十日，半年帐状限次半年孟月十五日，每季帐状限次季孟月初十日，月帐状限次月初五日，旬申帐状限次旬二日。夏秋税管额帐当年五月一日纳毕，单状税满限四十日，并要申发讫呈检。

——《作邑自箴》卷5《规矩》

▲ 岁起纳二税，前期令县各造税籍，具一县户数、夏税、秋苗亩、桑功及缘科物为帐一，送州覆校定，用州印，藏长吏厅，县籍亦用州印，给付令佐。造夏税籍以正月一日，秋税籍以四月一日，并限四十五日毕。

——《宋史》卷174《食货上二》

▲ 诸州帐籍，自今简停。军士每岁一造，营房半岁一造，职员、马递铺马数每季一造。——《续资治通鉴长编》卷92

▲ 诸路州县见行常平、苗役、丁产、保甲、农田、水利等事，全籍簿书钩考登耗虚实，则其制造不可以无法。——《续资治通鉴长编》卷254

▲ 诸县人户已纳税租钞，不即销簿者，当职官吏并科罪。人户赍出户钞，不为照使，抑令重纳者，以违制论，不以赦原。

——《文献通考》卷5《田赋考五》

2. 宋代审计法制史料

主要来源于《庆元条法事类》《宋会要辑稿》《宋史》等传世文献。

(1)《庆元条法事类》中的审计法制史料。主要分布在职制、文书、财用、库务、赋役等门，涉及账簿审计主体、审计程序、审计方法、送审时限和审计范围等内容。

▲切见天下勘给官吏军兵请受及勘支官物，并须先由粮料院批勘，封送勾院点检勾勘讫，仓库方得依数照支。今天下州府粮料院批勘，而判勾即皆专委通判，盖通判是本州按察官，使之判勾，则其势可以点检粮料院违条妄支官物。 ——卷4《职制门》

▲诸监司守臣满替及罢任，并开具见管钱物实数，移文后政或以次官交割，仍申尚书户部、御史置籍。其后政或以次官限一月内保明前任有无妄作名色、虚破钱物，及将交到实数申本部、御史台稽考。 ——卷5《职制门》

▲诸官物交界讫，本州限十日取账历、应干文书送磨勘司，限三十日驱磨毕送库架阁，仍保明申州。 ——卷17《文书门》

▲诸转运司受所属申到住支请给券历，本司覆磨讫架阁，季终具已磨住文职位姓名，申尚书刑部。 ——卷17《文书门》

▲诸上供钱物状，逐州次年正月中旬依式攒送磨勘司、审计院，各限五日磨审讫申转运司覆验，限三月终缴申尚书户部。 ——卷30《财用门》

▲诸州县镇场务所收无额上供钱物，每季具账，限次季孟月五日以前供申通判厅，本厅限孟月终审覆申提点刑狱司，本司限十日点磨，保明申尚书户部。 ——卷30《财用门》

▲诸经总钱物，提点刑狱司每月抽摘诸州分隶历点勘，有无隐漏增减不实，保明申尚书户部。 ——卷31《财用门》

▲诸州县镇场务季申通判厅经总制钱物帐状，违限者各杖八十；即通判厅审覆供申提点刑狱司，违限者徒二年；本司点磨申尚书户部，违限准此。 ——卷31《财用门》

▲诸州审磨税租簿，吏人故为隐漏者，徒二年；有亏失审磨不出，杖一百；即因而受乞者，论如吏人乡书手揽纳税租受乞财物法。 ——卷32《财用门》

▲诸提点刑狱司取索转运司及州县旁历文凭之类，点（磨）者限五日供送，若妨用听录报。 ——卷32《财用门》

▲诸州县镇场务所收经总制及无额上供钱物，每季具账限次季孟月五日以前供申通判厅，本厅限孟月终审覆申提点刑狱司，本司限十日点磨保明申尚书户部。 ——卷32《财用门》

▲ 诸官物应驱磨勘会者，止以账检文书为据。 ——卷 32《财用门》

▲ 诸因点磨取索到县镇仓库收支钱物簿（钞旁之类同），违限不送还者杖七十，三日加一等，罪止徒二年。余文书依官文书稽程律。

——卷 32《财用门》

▲ 诸官物交界讫，账历无故违限不送磨勘司，一日杖六十，三日加一等。

——卷 32《财用门》

▲ 诸仓库月终以钱帛粮草见在逐色总数，次月五日以前申州，州限十月磨审讫缴申转运司，本司类聚申尚书户部。 ——卷 37《库务门》

▲ 诸请给，粮审院失点检致误支钱物者，各杖八十；累及五百贯，杖一百，命官降半年名次，吏人勒停；一千贯以上，命官降一年名次，吏人仍永不收叙。 ——卷 37《库务门》

▲ 诸县税租，夏秋造簿，于起纳百日前同旧簿并干照文书送州审磨点检，书印讫，起纳前四十日付县。 ——卷 47《赋役门》

（2）其他文献中的审计法制史料。除《庆元条法事类》之外，宋代还有大量诏令涉及审计法制，这些史料主要出自《宋史》《宋会要辑稿》等文献。

▲ 自今勾院检举三司失陷财赋，每一百贯，其本司吏给赏钱十贯；五千贯已上仍补职名。如本司吏庇藏其事，不即中举，为他人所告，当行决配。

——《宋会要辑稿》职官 5

▲ 诸县催税，依条逐户下销凿足，将簿钞上州驱磨。

——《宋会要辑稿》食货 70

▲ 诏诸州起纳夏、秋税赋，每月令具元额、已纳、见欠税物名数申省部点检。 ——《宋会要辑稿》食货 70

▲ 钩考隐漏官钱，督及一分者赏三厘。 ——《宋史》卷 179《食货下一》

▲ 其县镇仓场库务账，本州勘勾。诸州账，转运司勘勾。内钱帛以下具收、支、应、见在逐县总数造计账申省。每三年各缴已经司全账一道送省架阁。

——《续资治通鉴长编》卷 309

（三）宋代财计管理机构及会计职官史料

宋代财计组织建设复杂多变，有关典籍文献记载又不一致，研究中应多加留意。宋代财计管理机构的设置以元丰改制为转折点，前后略有不同。现分三个时间段对相关史料进行探讨。

1. 元丰改制前财计管理机构及会计职官史料

（1）中央财计管理机构及会计职官史料。元丰改制前，三司是全国最高的财计管理机构。设置三司使专掌全国财计，三司下属有盐铁、度支和户部三个部门。其中，度支使主管会计，户部使掌理天下赋役户籍。三司依靠账籍申报和参与地方官考课来催督转运司和州县完成赋税征收活动。相关史料涉及会计司、度支、总计司等职官设置，主要来源于《宋史》《续资治通鉴长编》等典籍文献。

▲ 三司之职，国初沿五代之制，置使以总国计，应四方贡赋之入，朝廷不预，一归三司。通管监铁、度支、户部，号曰计省，位亚执政，目为计相。

——《宋史》卷 162《职官二》

▲（三司使）掌邦国财用大计，总盐铁、度支、户部之事，以经天下财赋而均其出入焉。……度支，掌天下财赋之数，每岁均其有无，制其出入，以计邦国之用。——《宋史》卷 162《职官二》

▲ 三司自今每岁具见管金银、钱帛、军储等簿以闻。（淳化）四年，改三司为总计司，左右大计分掌十道财赋。令京东西南北各以五十州为率，每州军岁计金银、钱、缯帛、刍粟等费，逐路关报总计司，总计司置簿，左右计使通计置裁给，余州亦如之。——《宋史》卷 179《食货下一》

▲ 三司使之总天下之财，自常平仓隶司农外，其余皆总于三司。一文一勺以上悉申帐籍，非条例有定数，不得擅支。——《群书考索》续集卷 33

▲ 祖宗之制，天下钱谷自非常平仓隶司农寺外，其余皆总于三司，一文一勺以上，悉申帐籍，非条例有定数者，不敢擅支。

——《续资治通鉴长编》卷 368

▲ 三司自今收掌簿书，无使亡失。其天下钱谷大数，每年比较，于次年条奏。——《续资治通鉴长编》卷 51

▲ 盖谓钱帛等帐，三司总领国计，须知其多少虚实，故帐虽归转运司，而又令别造计帐申省。至于驿料等账，非三司国计虚赢所系，故止令磨勘架阁。

——《栾城集》卷 40《论户部乞收诸路账状》

▲ 诏三司置会计司，以宰相韩绛提举，先是，绛奏，三司总天下财赋，其出入之数并无总要。——《续资治通鉴长编》卷 257

（2）地方财计管理机构及会计职官史料。宋代地方财计组织包括转运司、州、县三级机构，[①] 相关史料涉及转运司、应在司、通判等。

▲ 诏诸路转运司以岁入财用置都籍，定诸州租额，且计一路凡数；即有

① 黄纯艳．宋代财政史［M］．昆明：云南大学出版社，2013：207.

赢缩，书其籍。 ——《宋史》卷179《食货下一》

▲都转运使、转运使、副使、判官，掌经度一路财赋，而察其登耗有无，以足上供及郡县之费。岁行所部，检察储积，稽考帐籍。

——《宋史》卷167《职官七》

▲旧制，每道有计度转运使，岁终则会诸郡邑之出入，盈者取之，亏者补之，故郡邑无不足之患。 ——《郑忠肃奏议遗集》卷上《请宽民力疏》

▲州郡仓库一出一纳，并须先经由太守判单押贴，次呈通判，呈佥厅签押，俱毕，然后仓官凭此为照，依数支出。

——《名公书判清明集》卷1《仓官自擅侵移官米》

▲凡一路之财置转运使掌之，一州之财置通判掌之。

——《宋朝事实》卷9《官职》

▲诸州置通判，使主钱谷。 ——《宋史》卷256《赵普传》

▲本朝立法，以知州为不足恃，又置通判分掌财赋之属。

——《朱子语类》卷106《外任》

▲淳化五年十二月，初置诸州应在司，具元管、新收、已支、见在钱物申省。 ——《文献通考》卷23《国用一》

▲郡置通判，以其支收之数上之计司，谓之应在。

——《止斋先生文集》卷19

▲诸县收支钱物历，令、丞通签，其县丞所管财赋，知县检察。

——《庆元条法事类》卷4《职制门》

▲诸路经总制钱并委县丞拘收，无县丞处委主簿。

——《建炎以来系年要录》卷155

2. 元丰改制后的财计管理机构及会计职官史料

元丰改制后，宋神宗撤销了三司，恢复了户部理财体制，将财计管理权限移归尚书省的户部，户部成为中央主要理财机构和全国岁赋统计主管机构。户部下设度支司掌会计，设金、仓二部分掌出纳，另相应设置太府寺、司农寺分掌钱币、粮谷出纳和保管事宜。地方理财体系仍然是转运司、州、县分级管理。代表性史料如下：

▲国初以天下财计归之三司，本部无职掌。……元丰正官名，始并归户部。掌天下人户、土地、钱谷之政令，贡赋、征役之事。

——《宋史》卷163《职官三》

▲ 元丰官制行，罢三司归户部左、右曹，而三司之名始泯矣。

——《宋史》卷 163《职官三》

▲ 户部掌天下之财计，有上限、中限、末限之格法，有月催、旬催、五日一催之期会。每于岁终，独以常平收支户口、租税，造册进呈。

——《宋会要辑稿》食货 11

▲ 尚书户部其属有三：曰度支，上供、奉赐及邦国经度会计之事隶焉；曰金部，货贿出纳之制及权衡度量、颁禁之令隶焉；曰仓部，凡国之仓廪储积及其给受之数隶焉。 ——《宋会要辑稿》食货 56

▲ 自元丰官制既行，户部尚书即昔之三司使也，左、右曹侍郎即昔之三司副使也。户部及诸司之郎官即昔之三司判官也。然皆以为迁官之地，簿书之弊尤不能救，不过按其数而督之，视其籍而收之。

——《宋大事记讲义》卷 9《仁宗 · 三司使》

▲ 自元丰改官制，户部尚书全无计相之权，职在行朝廷之文移，仅能经略在京官吏诸军俸禄而已。 ——《群书考索》后集卷 4《官制门》

3. 南宋政府财计管理机构及会计职官史料

南宋沿用元丰官制，实行以户部总领全国财赋的户部理财体制，户部承担编制和管理全国账籍等职责。① 相关史料涉及国用司、总领所等。

▲（户部）掌军国用度，以周知其出入盈虚之数。凡州县废置，户口登耗，则稽其版籍；若贡赋征税，敛散移用，则会其数而颁其政令焉。

——《宋史》卷 163《职官三》

▲ 绍兴中，专置提举帐司，总天下帐状，以户部左曹郎官兼之。右曹岁具常平钱物总数，每秋季具册以闻。 ——《宋史》卷 163《职官三》

▲ 内则仓场库务、诸百官司，外则诸州提举、转运、坑冶、市舶、总领等，同目下自行刷具每岁收支出入的确实数结罪保明，立限供申户部。

——《宋会要辑稿》食货 56

▲ 户部督责司农、太府及辖下仓场库务，并依政和令，各置都簿，具载所辖应用簿历名数。 ——《宋会要辑稿》食货 56

▲ 开禧以前，州县储蓄素厚，尚可支吾。及至国用司一立，专以铲刷为能。

——《昌谷集》卷 6《上庙堂书》

▲ 国用司参计官者，开禧二年始置，乾道间，孝宗尝命辅臣兼制国用，

---

① 葛金芳．南宋全史（典章制度 · 卷下）［M］．上海：上海古籍出版社，2016：112.

然无官属，但于三省户房置国用司而已。侂胄将用兵，既复故事，始以侍从一员兼参计官，卿监一员兼同参计官，募人陈遗利。

——《建炎以来朝野杂记·乙集》卷13

▲ 国家置四总领所以董军饷，半天下之赋入皆在焉。

——《宋会要辑稿》职官41

▲ 盖自中兴以来驻跸吴会，控扼之地上下数千里，列屯相望，费用不赀。其治粮饷职之主将，主将不自给也。主将取之漕司，漕司吝于供亿也。然后请之于朝，总领之官出焉。然未以名官也。自收诸帅之兵目为御前，分屯要害，而后总领之官置焉。 ——《古今源流至论·续集》卷2《兵粮》

（四）宋代政府审计史料

以元丰改制为分界点，宋代审计体制可以划分为两个阶段。中央政府审计职能在元丰改制前主要由三司属下的三部勾院、都磨勘司和专勾司等分工负责，地方上则由各转运司、提点刑狱司、提举常平司、通判等兼职负责政府审计工作。元丰改制后，三司被撤销，恢复了比部，中央政府审计职能转归户部、比部和专勾司（南宋改称审计司、审计院），地方审计系统基本保持不变，由比部和诸路监司、诸州通判共同负责从中央到地方的审计。

1. 宋代三司审计史料

元丰改制前三司属下的三部勾院、都磨勘司、都凭由司、马步军专勾司等子司都具有审计职能，负责点检磨勘州郡财赋账籍。相关史料主要来自《宋史》《宋会要辑稿》等文献。

▲ 三部勾院判官各一人，以朝官充。掌勾稽天下所申三部金谷百物、出纳帐籍，以察其差殊而关防之。盐铁院、度支院、户部院勾覆官各一人。都磨勘司，端拱九年置。判官司一人，以朝官充。掌覆勾三部帐籍，以验出入之数。

——《宋史》卷162《职官二》

▲ 都凭由司，掌在京官物支破之事。凡部支官物皆覆视，无虚谬则印署而还之。支讫，复据数送勾而销破之。……勾凿司，掌勾校三部公事簿帐。

——《宋史》卷162《职官二》

▲（勾当马步军专勾司）掌诸军兵马逃亡收并之籍，诸司库务给受之数，审校其欺诈，批历以送粮料院。 ——《宋史》卷162《职官二》

▲ 淮南榷货务卖岳茶，斤为钱百五十。……计亏钱万四千余贯，为勾院

吏卢守仁所发，左授卫尉少卿，黜判官李为本曹员外郎，赐守仁钱十五万。

——《宋史》卷 267《李惟清传》

▲ 以著作佐郎王伾主判三司都理欠司、兼权判都磨勘、主辖支收司。五年十二月，以殿中侍御史王谓同提点三司磨勘、凭由司，兼勾院。

——《宋会要辑稿》职官 5

▲ 乞今后坊监送纳死马，各具印押关子，开坐匹数，并马赴皮剥所，验认交纳关子，即本所申省帐前粘连，委三司并管勾院磨勘司点检及将坊监文帐对会，数目不同，即行遣根究情弊。 ——《宋会要辑稿》职官 6

▲ 凡勾会内外赋敛经费、出纳逋欠之政，皆归于三司勾院、磨勘理欠司。

——《宋会要辑稿》职官 15

▲ 欲令所属监司委诸州通判遍诣本州及管下仓、场、库、务，将帐检及逐处赤历文簿，取见在官物实数，于勾院置簿拘籍。

——《宋会要辑稿》食货 54

▲ 切见天下勘给官吏军兵请受及勘支官物，并须先由粮料院批勘，封送勾院点检勾勘讫，仓库方得依数照支。 ——《宋会要辑稿》职官 57

▲ 元丰三年，合步骑两院为一，遂以其一主诸司，自宫禁、朝廷，下至斗食佐史，凡赋禄者，以式法审其名数而稽其辟名者。

——《咸淳临安志》卷 8《诸司诸军审计司》

2. 宋代户部审计史料

元丰改制后，户部作为全国最高财计管理机构，内部也设有户部都拘辖司（后改称户部催辖司），具有稽查账籍等审计职能。相关史料主要来自《宋史》《宋会要辑稿》《续资治通鉴长编》等文献。

▲ 户部尚书置都拘辖司，总领内外财赋之数，凡钱谷帐籍，长贰选吏钩考。

——《宋史》卷 163《职官三》

▲ 府界诸路州军钱谷文账，旧申三司者，昨付逐路转运司点磨；其常平等文账，旧申司农寺监者，昨付逐路提举司点磨；及在京库务文账见分隶礼、兵、工曹者，诸并收归户部。 ——《续资治通鉴长编》卷 383

▲ 在京钱谷文账已发归本（户）部外，余见系转运、提刑司点磨文账，请自今并上本（户）部从长贰摘取，选吏点磨。

——《续资治通鉴长编》卷 386

▲ 望行下诸路提刑司，委官检察括责，从实拘收，尽数入总制帐，每季

起发，毋令依前作弊欺隐，仍开具括责到钱数，类聚一路总数，保明供申户部驱磨。 ——《宋会要辑稿》食货 12

▲ 监司自元祐四年后取酒课增亏及二分者，比类取旨赏罚，请令户部责限勾考。 ——《宋会要辑稿》食货 17

▲ 诸仓受纳粮斛，以元样比验交量，非夹杂糠秕，不得抛飏。司农寺丞、簿轮日分巡诸仓，仍听户部官不时下仓点检。 ——《宋会要辑稿》食货 44

▲ 准指挥委官前去浙东、西、江东路诸州军，点检官吏俸给，每月具折支钱会历结押申缴，赴户部驱磨勘会。 ——《宋会要辑稿》食货 51

▲ 军器、将作、少府、都水监、太府、光禄寺等处，辖下系应干申请创修、添修、计置收买材料钱物、改铸钱料、兴废坑冶之数，并先申户部看详检覆，候与定夺，许令造作物数从本部关赴本辖部分，督责寺监依功限差工匠造作，内河防急切，申禀不及者，听逐急应副毕，亦申户部点检。

——《宋会要辑稿》食货 51

▲ 诸路转运司常切约束，及取索州军守臣到任一年收支若干，并去替一年月份取支若干，比较多寡开具夹细窠名账状，并守臣职位姓名，保明申朝廷付户部审实稽考。 ——《宋会要辑稿》职官 47

3. 宋代路、州、县政府审计史料

为加强中央集权，宋代在路一级并行设置转运司、提点刑狱司和提举常平司等机构，通过稽查州县的财政收支，履行审计监督职责。诸路监司、诸州通判和磨勘司、县丞等机构和职官也担负一定的政府审计职责。

（1）诸路转运司（使）审计史料。

▲ 其县、镇、仓场库务账，本州勘勾；诸州账，转运司勘勾。内钱帛以下具收支应见在逐县总数，造计账申省。 ——《续资治通鉴长编》卷 309

▲ 盖谓钱帛等账，三司总领国计，须知其多少虚实，故账虽归转运司，而又令别造计账申省。至于驿料等账，非三司国计虚赢所系，故止令磨勘架阁。

——《栾城集》卷 40《论户部乞收诸路账状》

▲ 诸州帐籍应在不少，望自今委转运使于逐州选官一员，专管帐目磨勘。如及一百万数，一年内八分以上，并升差遣；不满百万，一年了者，批历为劳绩。 ——《宋会要辑稿》食货 11

▲ 准敕将在京历券仿帐法，本部磨讫送比部驱磨。其在外历券并归转运司施行。 ——《宋会要辑稿》食货 51

▲ 转运司使掌经度一路财赋，而察其登耗有无，以足上供及郡县之费。岁行所部，检察储积，稽考帐籍，凡吏蠹民瘼，悉条以上达，及专举刺官吏之事。

——《宋史》卷167《职官七》

▲ 驱磨本州财赋，惟凭赤历，难以稽考。望委户部行下：本州，符州县应干仓库场务，每处止置都历一道，应有收到钱物，并条具上供、州用实数。仍从户部每岁委转运司差官，遇半年一次索历检照，如有虚支妄用，许本司按劾取旨。

——《皇宋中兴两朝圣政》卷55

（2）诸路提点刑狱司（提刑司）审计史料。

▲ 三司令诸路转运司勘会所辖州军，熙宁十年以前三年收支、应见在钱物，除闲杂及理欠物更不条具，其泛收泛支，或诸处支借出入，并蠲放欠阁，各令开析，限半年攒结成都状，送提点刑狱司驱磨保明，上中书点检。

——《续资治通鉴长编》卷291

▲ 诏应诸路近岁增收税钱，旧充应奉，既非漕计，又非诸司所隶，无会计之法，吏缘为奸，十失八九。可并拨归应奉司，充御前支用。仍委诸路提刑司拘辖稽察，岁终具逐州县收支见管，应奉司依已降指挥驱磨以闻，他司辄陈乞或移用者，以违御笔论。

——《宋会要辑稿》食货17

▲ 仍令本司（转运司）各开析每岁钱谷出入名数，具册关提点刑狱司验实结罪保明，缴奏送尚书户部。若故为隐匿及虚立支费，论如上书诈不以实律。

——《宋会要辑稿》食货49

▲ 诏诸路转运司各具三十年以来每岁收支及泛支数，令提刑司覆按的确，结罪保明闻奏。

——《宋会要辑稿》食货49

▲ 诸路租赋欺隐至多，官私土田侵冒亦甚，欲条贯画一，专委逐处提点刑狱朝臣管勾。

——《宋会要辑稿》职官42

▲ 本司（提举常平司）点检诸路拘卖坊场、河渡、盐井、碾硙之类，簿书灭裂，欠失官钱。欲委提点刑狱司选官，取自拘卖以来至今年终文案并敕条驱磨，申寺点检，校其驱磨精粗，案为赏罚。

——《续资治通鉴长编》卷267

（3）诸路提举常平司审计史料。

▲ 从前据凭场务收到数目申州驱磨报提刑司，本司备申省部拘催起发，若供申隐落，止有断罪约束，即无点检告赏之文。兼近承朝旨令诸路常平司驱磨，到崇宁元年至大观三年，侵使隐落上供无额钱，总计一百七十余万贯，金银物帛一十万余斤两等，如此显有陷失钱物，盖为未有劝赏致所属不肯尽

公点检驱磨。——《宋会要辑稿》食货51

▲ 欲望每路遣官一员，同提举官遍行检察，若干系积久欠折，验实除豁；若干系近新借兑，责限补还；自余实在若干，严切桩管。

——《宋会要辑稿》食货53

▲ 诏诸路俱承常平官每岁春季巡历，逐州点检常平义仓，以实数申尚书省，不得仍前虚桩有误指准。——《宋会要辑稿》食货62

▲ 诸转运、提点刑狱，岁以所部州县量地远近互分定，岁终巡遍。提点刑狱仍二年，提举常平一年一遍。——《宋会要辑稿》职官45

（4）诸州通判、磨勘司、勾院，以及县主簿审计史料。宋代各州通判具体负责点检账籍库务，对诸州财务收支进行审计监督，同时负责勾考属县财务账籍。

▲ 如诸县发簿历到州，在法，本州点对自有限日。如初间是本州磨算司，便自有十日限；却交过通判审计司，亦有五日限。

——《朱子语类》卷106《外任》

▲ 诸州通判、粮料官至任，并须躬自检阅帐籍所列官物，不得但凭主吏管认文状。——《续资治通鉴长编》卷9

▲ 诸州通判官到任，皆须躬阅帐籍所列官物，吏不得售其奸。

——《宋史》卷179《食货下一》

▲ 今天下州府粮料院批勘，而判勾即皆专委通判，盖通判是本州按察官，使之判勾，则其势可以点检粮料院违条妄支官物及诸般差错作弊等事。

——《宋会要辑稿》职官57

▲ 欲下诸路转运司行下州县，别置簿拘管，逐年委通判点检。

——《宋会要辑稿》食货9

▲ 今后将逐州月申见在钱物参照，仍亲点对逐州递年实收实支钱物，置籍将逐州磨勘司月申粮料院已勘给物数参校，以备计度均节。

——《宋会要辑稿》食货49

▲ 令所属监司委诸州通判，遍诣本州及管下仓场库务，将账检及逐处赤历文簿，取见在官物实数，于勾院置簿拘籍。——《宋会要辑稿》食货62

▲ 县之属有主簿……掌县之簿书……皆总而治之。勾检其事之稽违与其财用之亡失，以赞令治，盖主簿之为职如此。

——《朱文公文集》卷77《建宁府建阳县主簿厅记》

▲ 县治主簿，专以勾簿书之稽为职。凡一县税赋之输纳实总之，销簿对

钞尤为紧切。——《攻媿集》卷26《论主簿差出之弊》

4. 宋代比部审计史料

北宋元丰改制废三司，原三司承担的审计工作大部分归刑部之下的比部负责。比部的恢复使宋朝政府审计体制发生了重大变化。改制前三司属下的审计机构属内部审计系统，具有财审合一的职能；改制后的比部隶属于司法部门，具有财审分开的职能。① 相关史料主要来源于《宋史》《宋会要辑稿》《续资治通鉴长编》等文献。

▲ 比部郎中、员外郎，掌勾覆中外帐籍。凡场务、仓库出纳在官之物，皆月计、季考、岁会，从所隶监司检察以上比部。至则审覆其多寡登耗之数，有陷失则理纳，钩考百司经费，有隐昧则会问同否，而理其侵负。

——《宋史》卷163《职官三》

▲ 本部（工部）每季依条转委郎官前去点检，至年终开具通计收支见在物料、军器名件，保明申监点对，次第申本部再行点对，送比部驱磨。

——《宋会要辑稿》职官16

▲ 准敕将在京历劵仿账法，本部磨讫送比部驱磨，其在外历劵并归转运司施行。绍圣二年六月已后，户部申请到朝旨，径申比部。……乞在京出给选人文历，令度支依官制格置簿，比部关报勾销。其官员事故住支请受，令度支关报比部追取驱磨。——《宋会要辑稿》职官56

▲ 比部职勾稽财货，文牍山委，率不暇经目。

——《宋史》卷357《梅执礼传》

▲ 比部掌勾稽天下文帐，吏习偷惰，自崇宁至政和，稽违积数凡二千六百七十有余。——《宋史》卷179《食货下一》

▲ 比部掌勾稽文帐，周知百司给费之多寡，凡仓场库务收支各随所隶以时具帐籍申上，比部驱磨审覆而会计其数，请受文历每季终取索审核，事故住支及赃罚欠债负则追索填纳，无隐昧则勾销除破。

——《文献通考》卷52《职官六》

▲ 如应支钱物，尚书度支行遣，得旨许支，合下所管库务。支给者必先由太府寺，本寺备录帖所管库务，又经比部勾过，然后送库务支给。臣谓太府寺未尝可否一事，枉有经历，宜令度支径送比部勾过。

——《栾城集》卷38《论三省事多滞留状》

① 方宝璋. 试评宋代审计［J］. 中国经济史研究，2017（3）：59.

▲ 岁取金银钱帛率以百万计，版曹但照数除破耳。虽有岁终比部驱磨之令，然郎官第赴内东门司，终日巍坐而数珰与数媪，自为会计，郎官不得预。

——《建炎以来朝野杂记》甲集卷 17《合同凭由司》

▲ 文历赴比部驱磨者，不过釜若干具，锹镢若干柄而已。一钱尺帛并不挂历，故户部亦无得而稽考焉。 ——《建炎以来朝野杂记》甲集卷 17《修内司》

5. 宋代御史（台）审计史料

宋代御史在监察百官经济活动中也承担部分审计职能。相关史料主要出自《宋史》和《宋会要辑稿》等文献。

▲ 御史上下半年分诣三省、枢密院点检诸房文字，轮诣尚书六曹按察；奉行稽违，付受差失，咸得弹纠。 ——《宋史》卷 164《职官四》

▲ 会言事者云，江表用兵时，仲宣乾没官钱。召还，令御史台尽索财计簿钩校，凡数年而毕，无有欺隐。 ——《宋史》卷 270《许仲宣传》

▲ 仍将交割过钱物等总计编类成册中，申尚书省。及仰御史台逐察取索点检，在外令所辖监司依今月七日指挥施行。 ——《宋会要辑稿》食货 56

▲ 淳熙以来，臣僚奏请守臣交替，将见在钱物具数申部，报御史台置籍稽考。 ——《宋会要辑稿》食货 62

6. 南宋审计院史料

南宋“诸司诸军审计司”简称“审计司”，又名“诸司诸军审计院”，简称“审计院”，这是首次以“审计”命名的专职审计机构。《宋会要辑稿》《咸淳临安志》等文献中有与之相关的记载。

▲ 高宗建炎元年五月十一日诏：诸司专司、诸军专司，专字下犯御名同音者，改作诸军诸司审计司。 ——《宋会要辑稿》职官 27

▲ 审计院者，自宫禁朝廷百僚以下，至于内侍御士，及于诸军兵卒，凡赋禄者，以式法审其名数。而其辟召者，惟郊祀赐缗已。乃审禄有疑予，则诏以法。凡四方之计籍，上于大农，则逆其会。凡有司议调度会赋，出则诹焉。

——《梦粱录》卷 9《六院四辖》

▲ 诸司诸军审计司，在保民坊内。……国初以三司使总邦计，司各有院，以乘中外泉谷出入之政，盖会计之府也。然案牍丛委，典者不能遍察，而奸容焉。淳化三年，始用户部使樊知古奏，剔其冗籍，复别为院，置官歘领之，以听稍食之要贰。置院之初，特掌骑兵、徒兵给受之数，犹未及诸司也。元丰三年，合步、骑两院为一，遂以其一主诸司。自宫禁、朝廷，下至斗食佐

史，凡赋禄者以式法审其名数而稽其辟名者。唯郊赐给己乃审，禄有疑予，则诏以法。凡四方之计籍，上于大农则逆其会。凡有司调度、会赋出则诹焉。……院旧曰专勾，中兴避御嫌名，更今名云。

——《咸淳临安志》卷8《诸司诸军审计司》

（五）宋代会计凭证、账簿与会计录史料

1. 宋代会计凭证史料

宋代政府财务收支中使用的会计凭证可划分为收入、支出和报销凭证三种类型。相关史料涉及凭由、钞旁、旁帖等内容，主要分布于《宋会要辑稿》《宋史》等传世文献。

▲ 赋税之输，止凭钞旁为信，谷以升，帛以尺，钱自一文以往，必具四钞。受纳官亲用团印。曰户钞则付人户收执；曰县钞则关县司销籍；曰监钞则纳监官掌之；曰住钞则仓库藏之。所以防伪冒、备去失而互相照，此良法也。今所在监、住二钞废不复用印，废为故纸，而县司亦不即据钞销簿，方且藏匿以要货赂。望申严法令，戒监司、郡守检察受纳官司，凡户、县、监、住四钞皆须用印存留，以备照用。 ——《宋会要辑稿》食货35

▲ 左藏库今后将应支钱物，逐一照验凭由、旁帖支给，依限缴申所属审实，不得别立寄廊单子，如违，官吏并依收支官物不即书历，及别置私历法科罪。 ——《宋会要辑稿》食货51

▲ 应三粮料院每日批勘文旁，须次日实封送左藏库，本库立便上簿，监官封记。到日候请人到库，将请受历与正勾省帖勘同，于省帖及历内批书日分，折开文旁，对历支付。所支文旁、正勾省帖粘连合帖，入当月或次月帐内除破。又所支官物，依旧例降正勾支帖，下粮料院并合支库务，候支绝入帐。除破之时，将旁契勘元支省帖同，即入帐开破。

——《宋会要辑稿》食货51

▲ 户部掌催诸路财赋，名色不一，自来缘无圈版籍，故无凭稽考，往往多致失陷。今奉旨拨具到版籍，一物一件，皆有照据。

——《宋会要辑稿》食货56

▲ 昨令州县散给民间合纳夏秋二税凭由，寔为利便。然凭由之给，不徒具岁租合纳名色而已。须具一岁间本户二税增减之数，如夏、秋税凭由，各具去年至今年税钱、米斛、物帛增减之数，或收买、典到某乡某人某地名田

土、税钱若干，或典卖出本户某地名田土、税钱或秋税物斛若干入某人户下。

——《宋会要辑稿》食货 70

▲ 京府按事畿内，幕职、州县出境比较钱谷，复按刑狱，并给券。其赴川陕者，给驿券；赴福建南方者，所过给仓券；入本路给驿券，皆至任则止。驾车巡幸，群臣扈从者，中书、枢密、三司使，给馆券，余官给仓券。

——《宋史》卷 172《职官十二》

▲ 州郡仓库一出一纳，并须先经由太守判单押帖，次呈通判，呈佥厅签押，俱毕，然后仓官凭此为照，依数支出。

——《明公书判清明集》卷 1《仓官自擅侵移官米》

2. 宋代记账方法及会计计量单位史料

宋代编制会计账籍的基本要求是大字楷书、朱出墨入和统一计量单位。相关史料主要来自《庆元条法事类》《宋史》等文献。

▲ 凡岁赋，谷以石计，钱以缗计，帛以匹计，金银、丝绵以两计，藁秸、薪蒸以围计，他物各以其数计。　——《宋史》卷 174《食货上二》

▲ 诸内外官司申奏及互相关会钱谷物色之类，并仰各开逐色细数，不得泛称贯石匹两等。　——《庆元条法事类》卷 16《文书门》

▲ 出入朱墨，钩校精核，一毫必利于公上，一豆不落于人手。

——《双溪集》卷 11《常山县主簿题名记》

▲ 县道财赋，本源全在簿书。……必须于赋籍勒一一大字，楷书今年某户税元数，必照与去年今计总数和同，仍于今年推收之后，总结一今计实数，折色则据今计数而敷。总数之下，断不许改易添注。

——《州县提纲》卷 4《整齐簿书》

3. 宋代四柱结算法史料

宋代四柱结算法已成熟完善，普遍应用于政府部门各种财物收支记录。史料涉及对旧管、新收、开除和见在四柱的考察，主要来源于《宋会要辑稿》《宋史》《文献通考》等文献。

▲ 是岁，诸路上司农寺岁收免役钱一千四十一万四千五百五十三贯、石、匹、两；金银钱斛匹帛一千四十一万四千三百五十二贯、石、匹、两，丝绵二百一两；支金银钱斛六百四十八万七千六百八十八两、贯、石、匹；应在银钱斛匹帛二百六十九万三千二十贯、匹石、两；见在八十七万九千二百六十七贯、石、匹、两。　——《宋史》卷 177《食货上五》

▲ 淳化五年十二月，初置诸州应在司，具元管、新收、已支、见在钱物申省。景德元年，复立置簿，拘辖累年应在。

——《文献通考》卷23《国用考一》

4. 宋代会计账簿史料

宋代会计账簿种类繁多，各类账簿职能明确，构筑了一套较为完善和行之有效的账簿系统，是政府进行财经监督和控制的主要依据。相关史料主要来源于《宋史》《宋会要辑稿》《庆元条法事类》等传世文献。为避免重复，《庆元条法事类》中的账簿史料此处不再录入。

（1）记载租税的账簿史料。主要有二税版籍（即税租簿和税租账）、空行簿和实行簿等类型。相关史料主要涉及账簿的基本格式、造账时间、封印方式、呈报顺序等内容。

▲ 两税须于三限前半月毕输。岁起纳二税，前期令县各造税籍，具一县户数、夏税、秋苗亩、桑功及缘科物为帐一，送州覆校定，用州印，藏长吏斤，县籍亦用州印，给付令佐。造夏税籍以正月一日，秋税籍以四月一日，并限四十五日毕。——《宋史》卷174《食货上二》

▲ 今讫严敕诸路监司，应经兵火州县，自来所有丁产、钱谷簿书，皆依法置造。如委无旧本，许以帐状及寔可照验事迹类聚攒成。又无，即从诸司用干证文字，与州县见存案牍互相点勘，以成新书。

——《宋会要辑稿》食货11

▲ 点检夏秋税簿，多头尾不全，亦无典押、书手姓名，甚有揩改去处。深虑欺隐，失陷税赋。——《宋会要辑稿》食货11

▲ 应逐县夏秋税版簿，并先桩本县元额管纳户口、税物、都数，次开说见纳、见逃数及逐村甲名税数，官典勘对，送本州请印讫，更令本州官勘对，朱凿勘同官典姓名书字结罪，勒勾院点勘。——《宋会要辑稿》食货69

▲ 县道催科，全籍簿书，人户输纳，惟凭朱钞。簿书不齐，则无以销注，钞字不明，则难以照用。——《宋会要辑稿》食货70

▲ 州县夏、秋二税文簿，不依条置柜封锁，当官誊造销凿，遇改造簿书及割移推受税物，胥吏走移减落，暗失额管税数。纳毕税钞，往往夹带见欠一例销凿，至有揩改钞旁数目，纳少销多，其弊百出。

——《宋会要辑稿》食货70

▲ 州县赋入有籍，岁一置，谓之空行簿，以待岁中催科；闰年别置，谓

之实行簿，以藏有司。 ——《宋史》卷174《食货上二》

（2）其他账簿史料。相关史料主要涉及差役簿、丁账、丁口账、鼠尾册、草簿、钞簿、文历、坫基簿等内容。

▲ 诸州每年申奏丁口文帐，仰指挥诸县，差本村三大户长，就门通抄，每年造帐。 ——《淳熙三山志》卷10《版籍类一》

▲ 诸州县岁终攒造丁帐，三年推排物力，除附升降，并令按寔销注。州委官、县委主簿，专掌其事，监司、太守常切检点。

——《宋会要辑稿》食货11

▲ 田不入簿者，虽有契据可执，并拘入官，诸县各为坫基簿三：一留县，一送漕，一送州。 ——《建炎以来朝野杂记》甲集卷5《经界法》

▲ 近世不然，虽秋夏之簿未尝不置。然为宰者罕曾亲阅，则所用以催科者乡司之草簿而已。彼其平时飞走产钱，出入卖弄，无所不至，若据其草簿以催科，则指未纳为已纳，已纳为未纳，皆惟其意所欲。

——《名公书判清明集》卷3《财赋造簿之法》

▲ 自到任已来，巡历所至州县，取索到诸乡第三等以上人户差役鼠尾都簿，点检所差色役，逐处多称不曾起置，只有逐乡五等丁产文簿。缘各乡丁产簿卒难见得差役失当，唯是鼠尾都簿易为检察。

——《续资治通鉴长编》卷474

▲ 欲乞应沿流催纲官司，并将所置催纲历改为催纲簿，半年一易，应有纲运出入本界，并真书抄转上簿，庶几易为省览。

——《宋会要辑稿》食货43

▲ 诸官司置都簿，五年一易，具载所辖应用簿历，其有增减，次日报都簿司除附。臣今置造税簿及岁纳军资库钱物都簿，并以帐案会计岁收实数，用置本司财赋都簿。 ——《宋会要辑稿》食货49

▲ 监官专副年满日交割，仰将旧界得替末账，前月帐尾见在官物，勒行人看验，据帐内桩讫名目交割，不得信纵乱有看验，致与元帐不同。

——《宋会要辑稿》食货51

▲ 尝闻太宗时，内藏财货每千计用一牙钱记之，每物所用钱色亦异，他人莫能晓也。贮于匣中，置之御阁，以参文帐中数。

——《宋会要辑稿》食货51

▲ 旧管入库簿四，月纳簿三，退簿、货簿八，欠钱簿四，纳钱历二，场子历三十四，亲事官历五十六，卯历二，宿历一。新创润官簿二，接续簿二，

减价簿二，空闲年月簿二，辍借物簿二，承受宣省簿二，出人物料簿四，欠官物簿二，架阁文书簿二，新旧界倒塌屋簿三，承受公牒检计簿二，寄库历二，承受检计历十，发放历二，印历二，承受生事簿十，监修军将转押修屋历六，功课历六，居占舍屋簿二面。——《宋会要辑稿》食货55

▲候二年界满，即攒造末账。所有逐地分亲事官，一年一替，对交舍屋，写交头账一道，具有无少剩欺弊结罪状赴务。——《宋会要辑稿》食货55

▲今据监库官司理王之纯旋寻检到仲友拘收不尽草簿，干照年月，亦不接续，遂令库子叶志具出仲友有非法支用数目已多。

——《朱文公文集》卷19《按唐仲友第四状》

5. 宋代旁通及会计录史料

会计录是对全国财政收支情况的汇总和分析，通过它可以了解不同时期财政收支数据及其变化状况，为解决不同时期出现的财政问题提供参考。宋代曾多次编修会计录，其中有景德、祥符、庆历、皇祐、治平、熙宁、元祐和端平等全国性会计录，以及《河北根本录》《宣和两浙会计总录》等地方性会计录。可惜这些会计录没有完整版本流传下来，需要从《玉海》《续资治通鉴长编》《宋会要辑稿》等文献中辑录。

（1）旁通及旁通册史料。旁通或旁通册是一种类似于会计报表的财务收支报告文书[①]，它能够系统地反映某地方或部门的收支情况，从而为分析收支盈亏提供依据。

▲本司总一路之数，作旁通册开具闻奏，付之户部，考察登亏。

——《宋会要辑稿》食货11

▲仍令诸路今后将每年所申户部旁通内量行开说因依，谓如是常平散敛元若干，已敛若干，未敛若干，其未敛之数内若干系灾伤倚阁，若干系逃亡户绝，若干系拖欠未纳。——《宋会要辑稿》食货43

▲岁终，具常平收支并税租课利旁通，系取前一年数、户口本年数，造册以进呈，内不到路分，次年附进。——《宋会要辑稿》食货69

▲户部右曹掌常平免役敕令，大观中被旨颁降《旁通格式》，令诸路提举司每岁终遵依体式，具实管、见在、收支编成《旁通》，次年春附递投进。

——《宋会要辑稿》职官43

① 方宝璋．宋代经济管理思想及其当代价值研究［M］．北京：经济日报出版社，2017：103.

▲ 总其大数，为旁通比较图，开列赋税结绝多少。使县上于州，州上于监司，视图阅簿，转相考察，不待屡行约束，而官吏自知劝惧。

——《宗伯集》卷 16《代上执政书》

（2）《景德会计录》史料。

▲ 以李吉甫《国计簿》、贾耽《国要图》，总其目得四十，列为六卷，一《户赋》，二《郡县》，三《课入》，四《岁用》，五《禄食》，六《杂记》。大抵取景德中一年为准。

——《文献通考》卷 201《经籍二十八》；《直斋书录解题》卷 5

▲ 景德四年七月，权三司使丁谓言：户部景德三年新收户三十三万二千九百九十八，流移者四千一百五十，总旧实管七百四十一万七千五百七十户，一千六百二十八万二百五十四口，比咸平六年计增五十五万三千四百一十户，二百万二千二百一十四口。赋入总六千三百七十三万一千二百二十九贯、石、匹、斤，数比咸平六年计增三百四十六万五千二百九。……欲望特降诏旨，令自今以咸平六年户口赋入为额，岁较其数以闻。

——《宋会要辑稿》食货 12

▲ 明年，召为右谏议大夫，权三司使。上《会计录》，以景德四年民赋户口之籍，较咸平六年之数，具上使馆，请自今以咸平籍为额，岁较其数以闻。

——《宋史》卷 283《丁谓传》

（3）《元祐会计录》史料。

▲ 今者一岁之入，金以两计者四千三百，而其出之不尽者二千七百；银以两计者五万七千，而其出之多者六万；钱以千计者四千八百四十八万，而其出之多者一百八十万；绸绢以匹计者一百五十一万，而其出之不尽者七十四万；草以束计者七百九十九万，而其出之不尽者八百一十一万。然则一岁之入，不足以供一岁之出矣。　——《栾城后集》卷 15《收支叙》

▲ 凡计会之实，取元丰之八年，而其为别有五：一曰收支、二曰民赋、三曰课入、四曰储运、五曰经费。五者既具，然后著之以见在，列之以通表，而天下之大计，可以画地而谈也。若夫内藏右曹之积，与天下封桩之实，非昔三司所领，则不入会计，将著之他书，以备观览焉。

——《栾城后集》卷 15《元祐会计录叙》

▲ 国家景德、皇祐，皆有会计录，至治平、熙宁间，亦有此书。其后，苏辙又仿其法，作《元祐会计录》。　——《玉海》卷 185《食货·会计》

（4）《皇祐会计录》史料。

▲ 皇祐二年，田况为三司使，约《景德会计录》，以今财赋所入多于景德，其岁所出又多于所入。因撰《皇祐会计录》，略依丁谓所述，集成六卷：一户赋、二课入、三经费、四储运、五禄赐、六杂记。其出入之数取一年最中者为准，如谓所录郡县疆理，复以宫馆祠宇附焉，此皆不取。至于粮刍运馈，国之大计，特为储运一篇，补其缺。——《玉海》卷185《食货·会计》

▲（田）况钩考财赋，尽知其出入，乃约《景德会计录》，以今财赋所入，多于景德，而岁之所出，又多于所入。因著《皇祐会计录》上之。

——《宋史》卷292《田况传》

▲ 公（田况）以谓天子恭俭无妄费，而有司用度乃如此，其弊不革则殚民匮国日益以甚，顾非主计者所得专。则为《皇祐会计录》六篇上之。

——《范忠宣公文集》卷16《太子太保宣简田公神道碑铭》

（5）《绍兴会计录》史料。

▲ 伏望明昭大臣，选委详练财赋之官，俾仿景德、皇祐等书，撰进成录。自绍兴元年止四年为率，以每岁所入之数列之于前，却以今岁计之，除预借已支费外，总计见今岁入实有之数，合计若干，复以日下至岁终，凡官吏之费、养兵之费，及应干合用钱物通计若干，名曰《绍兴会计录》。量入为出，即可以见有无之实；绝长补短，斯可以制裁损之宜。

——《玉海》卷185《食货·会计》

▲ 国之财用，必得节制之法，节财之要，必资会计之书。所以察其登耗，量其多寡，参酌损益，因时制宜，故用度有常而民力不困也。

——《玉海》卷185《食货·会计》

▲ 国朝有《景德会计录》，又有《皇祐会计录》，至治平、熙宁间，皆有此书。其后苏辙又仿其法作《元祐会计录》，虽书未及上，其大略亦有可观。皆所以总括巨细，网罗出纳。凡天下赋入之数，官吏之数，养兵之数，条章各立，支费有限。谨视其书，上下遵守，此作会计录之本意也。

——《建炎以来系年要录》卷86

（6）其他与宋代《会计录》相关的史料。

▲ 参照姚愈所陈事理，将绍熙元年、绍熙四年、庆元元年各年行在左藏库诸仓场等处，并淮东西、湖广、总领所取支钱物比换增减因依，及两浙、福建、江东西、两淮、湖广北、京西、广东西一十二路州军额发诸色窠名钱，

逐一究见源流，登耗渗漏因依，已得详悉分作五十八册，为《庆元中外会计录》。

——《宋会要辑稿》食货 56

▲ 臣庆历五年取诸路盐、酒、商税岁课，比《景德会计录》皆增及三数倍以上。景德中收商税四百五十余万贯，庆历中一千九百七十五万余贯，景德中收酒课四百二十八万余贯，庆历中收一千七百一十万余贯；景德中收盐税课三百五十五万余贯，庆历中收七百一十五万余贯。但茶亦有增，而不多尔。

——《宋朝诸臣奏议》卷 102《上神宗论国计》

▲ 今置《绍熙会计录》，有合申请下项：一、今来稽考财赋，若自绍兴元年以来取会，窃虑年岁深远，难以根刷。今欲且取见绍兴二十一二年，绍兴二十七八年，绍兴三十二年，隆兴元年，淳熙元年并十一、十六年在京诸百司干预取支财谷去处，开具逐年出纳夹细窠名数目。或恐前项年分文字不全，欲且据逐处供到及其他年分文字，参照稽考。其取会官司，并限五日回报。

——《宋会要辑稿》食货 56

▲ 制国之用，量入为出，必当周知天下金谷之数，以察登耗虚实，乃能裁节烦冗，研究弊病，必资成法，以为总要。国家初置三司官，即今户部之职，自景德、皇祐、治平、熙宁，并修《会计录》，事目类分，出纳俱见。

——《宋会要辑稿》食货 56

▲ 大观中河北漕臣任谅著《河北根本录》，凡户口升降、官吏增损与一岁出纳奇赢之数，皆披籍可见。　　——《玉海》卷 185《食货 · 会计》

▲ 漕司以计度经费为职，臣分别科目，使多寡、出入、盈虚、登耗之数可指诸掌，请诏臣编纂《宣和两浙会计总录》，颁之郡县。

——《玉海》卷 185《食货 · 会计》

（六）宋代会计舞弊史料

宋代会计舞弊的社会危害已为当时许多有识之士所关注，相关史料主要出自《栾城集》《宋会要辑稿》《宋史》等传世文献。

▲ 左藏库受纳金银丝绵纲运，收到出剩并不即时入帐，却称久例，直至未帐内收附比折。今勘会自去年六月一日立界至今年三月支外，见在收出剩金七十两，银一千一百三十五两。又于今年三月起置纳纲出剩历，只五十日内，收出剩金二十五两，银一千五百四两，显不依条约，陷失官物。

——《宋会要辑稿》食货 51

▲ 帐内官物与簿历不同，簿历内又与仓库见在不同。至有帐尾见在钱物一二十万，而历与库内全无见在。——《宋会要辑稿》食货 62

▲ 夫钱谷之渗漏，非一朝一夕之间遽能如是也，实起于朝廷会计之制不立，历年既多，簿书漫不可考，故官吏因得而为奸。

——《宋会要辑稿》职官 6

▲ 今三司但欲增置关防以塞奸幸，不知纲目既众，簿书愈多，奸幸弥作。

——《续资治通鉴长编》卷 40

▲ 县道财赋，本源全在簿书；乡典奸弊，亦全在簿书，大率县邑赋籍，每户折色，必据税总数而科。——《州县提纲》卷 4《整齐簿书》

▲ 盖州郡所发文账，随帐皆有贿赂，各有常数。常数已足者皆不发封。一有不足，即百端问难，要足而后已。

——《栾城集》卷 40《论户部乞收诸路帐状》

▲ 上自公府省寺、诸路监司、州县乡村、仓场库务之吏，词讼追呼、租税徭役、出纳会计，凡有毫厘之事关其手者，非赂遗则不行。

——《司马光奏议》卷 8《论财利疏》

▲ 都下府藏主吏岁辄一易，往往匿其簿领，用赂更他局。新至者视物之浩繁，弗能究知，因循积十数任，败没欺攘，不可胜纪。

——《苏学士集》卷 15《两浙路转运使司封郎中王公墓表》

▲ 三司帐籍浩烦，吏胥离析为弊欺。湛为立勘同法，岁减天下计帐七千。

——《宋史》卷 300《周湛传》

（七）宋代成本会计史料

宋代成本会计史料主要散见于《小畜集》《杨龟山先生集》等正史之外的其他典籍文献。

▲ 岁铸钱二十万贯，铸钱之费八万八千三百六十贯四百五十五，得实钱十一万一千六百三十九贯五百四十五，其为利也博哉！

——《小畜集》卷 17《江州广宁监记》

▲ 今钱一千重六斤，铜每斤官买其直百钱，又须白蜡和之乃能成钱。除火耗挫磨损折，须六七斤物料乃得一千。铜自岑水、永兴数千里运至，其脚乘又在百钱之外，薪炭之费，官兵廪给，工匠率分，其支用不资一二，细计千四五百钱本方得一千，何利之有？——《杨龟山先生集》卷 4《论时事札子》

▲ 静江府元额卖盐三万一千五百六十一箩……贵州元额卖盐二千六百二箩，每箩价钱九贯文足，今减去盐六百二箩，共展计钱七千三十六贯三百六十四文省，内除循环本脚钱每箩二贯七百三十八文足，共展计二千一百四十贯六百一十七文省外，共亏下岁额息钱及元奏存留盐本钱通计四千八百九十五贯七百四十六文省。——《宋会要辑稿》食货 28

（八）宋代会计人物和会计思想史料

宋代官僚士大夫对会计核算和监督的重要性有清醒的认识，其中比较有代表性的人物有郑伯谦、姚愈、朱熹、司马光、苏轼等。

1. 郑伯谦的会计思想史料

郑伯谦主张扩大会计监督的范围，把“出纳移用”之权与“纠察勾考”之责分离，提高会计职官的权限，充分发挥其应有的职责。这些会计思想主要体现于其所著《太平经国之书》中的第十卷《理财》和第十一卷《会计上》《会计下》，其中比较典型的史料有：

▲ 周家会计之法所以为尽善者，盖不独考其国之财，亦将以并考天下之财。

——《太平经国之书》卷 11《会计下》

▲ 周礼之理财，理其出而已矣，非理其入也；理国之财而已矣，非理天下之财也。——《太平经国之书》卷 10《理财》

▲ 职内职入，反以每岁所入，而考其所出，职岁职出，反以每岁所出，而证其所入，互相出入考也。不相参则可以专其耳目，必相考则可以防其奸欺。

——《太平经国之书》卷 10《理财》

▲ 司会若可以通司书矣，而必立为二司者，掌财用之会计，固不可以汩之以书契版图也。职内若可以摄职岁矣，而必列为二职者，出入之数，固不可以专责之一人之手也。使其兼摄而通行之，则不惟不免于奸欺，而其内外之参差不齐，出入之交错差舛，簿书会计之烦多委轧，亦必将有敝其精神而昏其思虑者。——《太平经国之书》卷 10《理财》

▲ 夫惟会计之权重，则纠察钩考之势，得以行于诸府之中，事不至于欺伪，用不至于干没，数不至于亏耗，国计不匮，而功化无不举。

——《太平经国之书》卷 11《会计上》

2. 姚愈、朱熹和司马光等的会计思想史料

相关史料主要出自《朱子语类》《苏轼全集》《温国文正司马公文集》等文献。

▲ 会计一定，而财赋案籍无不昭然可睹……出纳之数以会计而明，虚滥之费以会计而省。惟其会计详尽，则登耗自皆可得而知矣。……熙宁年间月支三十六万，宣和末用二百二十万。渡江之初，虽连年用兵，月支犹不过八十万。比年以来，月支不下百二十万，大略官俸居十之一，吏禄居十之二，兵廪居十之七。

——《宋会要辑稿》食货 56

▲ 朋友言，某官失了税簿。先生曰："此岂可失了！此是根本。无这个后，如何稽考？所以《周官》建官，便皆要那史。所谓史，便是掌管那簿底。"

——《朱子语类》卷 110《论民》

▲ 诸县人户送纳税物，官司交讫，合给朱钞。县钞即关主簿勾销，户钞即付人户执照，使人户免致重叠追呼搔扰。近年诸县间有受纳钱物不即印钞，即以钞单给付人户，既无官印，不可行用。及至追呼，不为点对，勘断监纳，山谷细民被害尤甚。欲乞检坐敕条，行下约束，诸县仓库交到人户税物一钱以上，须管当日印给朱钞，令所纳人当官交领，不得似前只将钞单脱赚人户。

——《朱子全书》卷 29《乞给由子与纳税户条目》

▲ 善治财者，养其所自来而收其所有余，故用之不竭而上下交足也。不善治财者反此。

——《温国文正司马公文集》卷 23《论财利疏》

▲ 商贾贩卖，例无现钱，若用现钱，则无利息，须今年索去年所卖，明年索今年所赊，然后计算得行，彼此通济。

——《苏轼全集》卷 34《论积欠六事并乞检会应诏所论四事一处行下状》

▲ 窃以天下财用，必本于赋税；赋税之法，必总于簿书。簿书虽有司之事，而升降出入，民之利害系焉。多寡虚实，国之强弱系焉。为治者，不可以不察也。……盖由簿书不正，走移出入之弊生，而隐匿不输者众。

——《清江三孔集》卷 16《代上执政书》

（九）宋代寺院会计史料

宋代高僧宗赜编撰的《禅苑清规》是现存最古老的禅宗清规著作，其中有一些寺院财会人员职掌、财物管理等方面的内容。以下史料选自苏军点校《禅苑清规》（中州古籍出版社 2001 年版）。

▲ 库头之职，主执常住钱谷、出入岁计之事。所得钱物，即时上历收管支破分明。斋料米麦常知多少有无，及时举觉收卖，十日一次计历，先同知事签押；一月一次通计，住持人已下同签。金银之物，不宜谩藏。见钱常知数目，不得衷私借贷与人。如主人并同事非理支用，即须坚执，不得顺情。

——《禅苑清规》卷 4《库头》

四、考古文献中的宋代会计史料辑要

目前已发现的与会计相关的宋代考古文献史料主要有黑水城出土的《宋西北边境军政文书》和《宋人佚简》（第5卷），以及敦煌吐鲁番文书中的宋代史料。

（一）《宋人佚简》（第5卷）中的会计史料

《宋人佚简》（第5卷）为公牍，包括官文书和酒务账。其中较完整的舒州酒账文书都是日记账，书写格式基本固定，其中以十二月二十三日酒账最为典型。

1.《南宋绍兴三十二年（1162）在城酒务申舒州使府状为具申十二月二十三日卖酒事》

在城酒务：

今具十二月二十三日卖酒下项：

一：共收酒务、衙西店钱壹佰柒拾贰贯柒佰捌拾捌文省：

酒务共收钱壹佰陆贯柒佰肆拾捌文省：

一：卖酒壹拾叁硕陆斗贰升伍合，毛数，计卖正酒伍硕肆斗伍升，每升收钱壹佰肆拾玖文足，展计共收（钱壹）

佰伍贯肆佰陆拾贰文省，用米壹拾叁硕陆斗贰升伍合：

日申课利钱六项，共柒拾贰贯陆佰叁拾柒文伍分省，计卖正酒叁硕柒斗伍升：

系省钱叁拾贯捌佰捌拾文柒分省，赴

军资库纳；

经总制钱叁拾肆贯壹佰玖拾贰文省，赴

通判衙纳；

移用等钱壹贯肆佰陆拾壹文贰分省，赴

通判衙纳；

常平司钱玖佰陆拾玖文省，赴

州常平库纳；

本州头子钱壹佰叁拾肆文陆分省赴

州公使库纳；

本务日支雇夫、作匠等钱伍贯文省。

贴陪加耗酒米、麴、物料等钱三项共钱贰拾柒贯贰佰壹拾捌文省，系籴买糯（米）

麸麴、火柴等价钱：

糯米，除省司支破叁硕柒斗伍升外，贴陪玖硕捌斗柒升伍合，每斗壹佰陆拾（文省），

共壹拾伍贯捌佰文省；

火柴，除省司支破壹贯壹佰贰拾捌文省外，贴陪贰贯玖佰柒拾文省；

麸麴，除省司支破陆拾柒斤半外，贴陪壹佰柒拾陆斤，每斤计麦本、人工磨脚（物料）

等肆拾捌文省，共捌贯肆佰肆拾捌文省。

贴解经总制钱肆贯壹佰陆拾玖文叁分省，赴通判衙纳。

除支日申课利、贴陪米麴外，有剩钱壹贯肆佰叁拾柒文贰分省，系旋还十二月十三卖麴钱。

已上本日除分隶诸司并贴陪米麴等钱外，实解系省钱叁拾贯捌佰捌拾文柒分省，赴

军资库纳。

一：卖糟牌叁拾叁个，每个收钱叁拾文足，展计共收钱壹贯贰佰捌拾陆文省，系分隶转运司、（经总）

制并常平司钱数。

衙西店共收钱（陆拾陆贯肆拾文省，数内卖瓶子酒玖斗，每酒捌斗伍升，用米壹硕，共用米壹硕伍升，每）

硕麸麴壹拾斤，共壹拾斤半，其麴系支衙西店发到麴外，用细面麯陆斤，共

陆斤肆两，每斤计钱壹佰伍拾文，共钱玖佰叁拾柒文省。系买到本务占压麯（实解）

陆拾伍贯壹佰叁文省，赴军资库纳

衙西正店卖钱贰拾贰贯伍佰玖拾捌文省，径解赴军资库讫：

卖酒贰硕伍斗，毛数，计正酒壹硕，每升收钱壹佰伍拾文足，展计共收钱壹拾玖贯肆佰捌拾壹（文省）

瓶子酒叁拾个，每个收钱捌拾文足，展计共收钱叁贯壹佰壹拾柒文省。

豁店拍户卖钱肆拾叁贯肆佰肆拾贰文省：

卖酒肆硕柒斗柒升伍合，毛数，计卖正酒壹硕玖斗壹升，每升收钱壹佰伍拾文足，展计共收钱（叁拾）

柒贯贰佰捌文省；

瓶子酒陆拾个，每个收钱捌拾文足，展计共收钱陆贯贰佰叁拾肆文省。

右谨具申

使府，伏乞

照会。谨状

绍兴三十二年十二月（此处有朱文押印）日专匠蔡青　胡僎

右文林郎、司法参军、专一提点酒务汪　舜举

按：该史料是舒州在城酒务向舒州使府报告当日收支状况的会计报告，反映了在城酒务的内部结构与生产经营状况。引自孙继民、魏琳著《南宋舒州公牍佚简整理与研究》（上海古籍出版社 2011 年版，第 51–54 页）；也可参考上海市文物管理委员会、上海博物馆编《宋人佚简》（第 5 卷）（上海古籍出版社 1989 年版，第 71–74 页）。

2.《在城酒务趁办祖额递年分隶窠名解发数目申闻状》

在城税务：

谨具税务趁办祖额、递年分隶诸司窠名、解发数目，下项，须至申

闻者：

一合趁：

祖额钱贰仟陆佰贰拾伍贯伍佰肆拾壹文省；

递年钱伍仟伍佰贯柒佰肆拾伍文省。每月收趁钱数不等，每日约合收钱壹拾伍贯贰佰捌拾文省。

一分隶：

税钱壹贯文省：

正钱陆佰陆拾陆文省：

省司课利钱陆佰叁拾贰文省；

伍厘钱叁拾肆文省。

增添钱叁佰叁拾肆文省：

七分总制钱贰佰贰拾壹文玖分省；

伍厘钱壹拾柒文省；

三分省司钱玖拾伍文壹分省。

经总制钱叁拾文伍分伍厘省；

漕司等钱陆文省；

本州钱壹文玖分伍厘省。

经总制钱叁佰叁文肆分伍厘省，起赴　　通判厅交纳。
漕司等钱陆文省，赴　　通判厅交纳。
本州钱壹文玖分伍厘省，赴　　公使库交纳。
省司钱柒佰贰拾柒文壹分，赴　　军资库交纳。
右谨具申
闻，谨状。
绍兴三十二年十一月（此处有朱文押印）日专拦王彪、董成、邵仪
成忠郎、监在城酒税柳寿孝彦

按：史料是南宋舒州商税务向舒州使府呈报的一件纳税申闻状。① 引自孙继民、魏琳著《南宋舒州公牍佚简整理与研究》（上海古籍出版社 2011 年版，第 11-12 页）；也可参考上海市文物管理委员会、上海博物馆编《宋人佚简》（第 5 卷）（上海古籍出版社 1989 年版，第 16-17 页）。

（二）黑水城出土文献中的宋代会计史料

▲《北宋宣和七年（1125）十一月金汤城申第七将状为勘会管下烽火八铺兵士口食等事》

（前略）
要今年正月二十一日，苗知城将潘大夫已俸白米
拾陆硕交旁，分付与专典高仲等，于铺
户处掇借白米。后来高仲等将交旁
折请出粗色荞麦，支凭交旁及要
高仲等为不覆苗知城，一面与李都监
处折请粗色断遣因依勘断公案同
封前来
依准
指挥勘会。今年正月二十一日，苗知城将将领
潘大夫已俸白米壹拾陆硕交旁，分付与专
典高仲，于铺户处借掇白米。后来高仲等将
上件交旁折请出粗色荞麦。其上件白米交
旁壹拾陆硕折请出荞麦时，于本仓内毁
讫，其时于文历内自破了当，其旁于见支人粮

① 邱茜.《宋人佚简》中一件商税文书的释读［J］. 中国经济史研究，2012（3）：156.

交旁卷内依月分粘讫。其见支人粮交旁，前
亦先蒙使府右狱追取前去。及高忡
等不覆苗知城，一面于李都监处折请粗色断遣
因依……

按：史料内容记载了宋夏边境宋朝守烽人的军粮供应情况。引自孙继民著《俄藏黑水城所出〈宋西北边境军政文书〉整理与研究》，第93-94页。

（三）《敦煌社会经济文献真迹释录》（以下简称《释录》）中的宋代会计史料

1.《宋太平兴国六年（公元981年）正月一日某寺招提司算会应在人上欠》

太平兴国六年庚辰岁正月一日，徒众就众堂算会，招提司惠觉
年课及前掌（帐）回残斛斗纸布褐什物等，应在人上欠：
准掌（帐）尾，麦壹伯壹拾玖硕叁斗：陆硕柒斗，戌年在贺祐奴
叁硕肆头（斗），亥年在贺祐奴；贰拾叁硕，子年在樊保富；贰拾硕，
丑年在樊保富；贰拾壹硕陆斗，寅年在樊保富；贰拾肆硕
陆斗，寅年在王再德，贰拾硕□（卯）年在樊保富。
准掌（帐）尾，粟。
准掌（帐）尾，麻玖拾壹硕壹斗：内叁拾陆硕伍斗，付都师住员；陆斗，在僧福昌；叁硕，在氾僧正；壹硕伍斗，在押衙氾善俊；柒斗，在
应净；肆斗，在应集；两硕玖斗，在马孔目；壹硕肆斗，在程僧正；
(后略)

按：史料是某寺年度财务结算时编制的“应在帐”，[①] 披露的内容是寺院外欠账务（应收账款）情况。引自《释录》（第3辑），第537页。

2.《己亥年（公元999年）十二月二日某寺算会分付黄麻凭》

己亥年十二月二日，徒众就库舍院齐坐算会。先执黄麻人法律惠兴、寺主定昌、都师戒宁三人手下主持入换油黄麻，除破外，合回残黄麻肆拾伍硕贰斗伍升壹合。内法律惠兴、寺主定昌、都师戒宁等三人欠黄麻陆硕叁斗伍升壹合；又僧正员行欠换油黄麻两硕；并分付与后执仓黄麻人徐僧正、寺主李定昌、都师善清三人身上讫。一一诣实，后算为凭。

---

① 郁晓刚．敦煌寺院财务结算浅析：以应在帐为中心［J］．中国经济史研究，2012（4）：133.

执黄麻人都师善清（押）

寺主戒福（押）

徐僧正（押）

按：史料是对寺院财务管理人员进行定期轮换的财产清算与交接凭证。引自《释录》（第3辑），第539页。

第七节　辽西夏金元会计史料

一、辽西夏金元会计发展概况及会计史料的来源与特点

（一）辽西夏金元会计发展概况

辽、西夏、金三朝建立前社会经济很不发达，进入中原后，吸取了汉族地区先进的文化和生产技术，发展了农业和手工业，商业也逐渐繁荣起来。辽、西夏、金各朝承袭宋朝职官制度，参照中原法律制定律法，其使用的户籍、账簿、契约等也遵循着宋代已有的程式，在形式与内容方面与之高度契合。

由于社会经济发展不稳定、不协调，元代会计发展步伐缓慢。元代财计组织和军事体制混在一起，没有建立起一套比较固定、健全的财计组织，大体上沿用宋朝的财计制度和会计方法，建立了财物交接、收支和审核制度，定期编制钱粮文册，按照“旧管、新收、已支、见在”四柱格式记账，年终汇总上报于行省和中书省。

元代废除了比部审计，开始从比部司法模式的审计体制向科道监审合一模式的审计体制转变。[①] 中书省和行省设立检校所，对钱粮收支进行稽查审核。中央各部门和地方各政府部门内部设照磨官，负责磨勘本部门钱粮收支，最终由御史台审阅核实。

（二）辽西夏金元会计史料的来源

1. 传世文献方面

辽代会计史料主要来源于《辽史》《契丹国志》等典籍文献，也可参阅今人陈述、朱子方编著的《辽会要》。金代会计史料主要来源于《金史》《大

---

① 方宝璋．中国审计史稿［M］．福州：福建人民出版社，2006：29.

金国志》，迄今为止尚无断代整理的典章制度专书出现。西夏的汉文典章制度，除《宋史》《西夏纪事本末》等汉文文献的简单纪事之外少有记载，目前存留较多的主要是黑水城遗址出土的西夏文法典《天盛改旧新定律令》，其中有一些会计方面的内容。

元代会计史研究所依据的传世文献主要有《元史》《元典章》《通制条格》《至正条格》等典籍文献。今人编辑有《元代史料丛刊》系列丛书，把元代一些分散而比较重要的史料汇集起来，加以整理出版。其中，黄时鉴点校的《通制条格》（浙江古籍出版社 1986 年版）和《元代法律资料辑存》（浙江古籍出版社 1988 年版）通过现存资料对元代法律文献进行了辑佚和点校，是会计史研究中方便利用的元代典章制度整理成果。

2. 考古文献方面

该时期考古文献遗存不多，主要是黑水城出土文书，其中保存有西夏和元代钱粮收支文书。这些会计史料在以往的传世典籍中少有记载，对探究该时期钱粮收支和考校制度具有重要价值，可推动该时期的社会经济史和会计史研究。

（三）辽西夏金元会计史料的特点

辽、西夏、金三朝分别创立了本民族自己的文字，各自都有一套完整的修史制度，但由于经济文化的发展不如北宋，影响了史籍的编撰和传承，加之契丹文字难读难懂，西夏文草书辨识困难，因此，当今人们研究该时期会计史基本上依赖汉文典籍文献中的记载。

元代采用蒙、汉两种文字修史的制度，一方面着手编撰《宋史》《辽史》《金史》等前朝史，另一方面也修撰本朝的国史和实录。汉文编撰的官修史书、私人撰写的诗文集和杂记，以及黑水城出土的账簿文书，是元朝会计史料的主要来源。

二、与辽西夏金元会计史料有关的文献概述

（一）与辽西夏金元会计史料有关的传世文献概述

1.《辽史》

元代脱脱等撰，全书包括本纪、志、表和列传等共 116 卷，记载自辽太祖耶律阿保机创建契丹国到辽朝灭亡的历史，依据辽代实录、国史及其他资

料编成，该书《百官志》《食货志》中散见有一些会计史料。此外，清代李有棠的《辽史纪事本末》（40 卷），对《辽史》作了很多补充，在研究时也应作为参考。《辽史》有中华书局 2017 年点校本，《辽史纪事本末》有中华书局 2018 年点校本。

2.《金史》

元代脱脱等撰，全书包括本纪、志、表和列传共 135 卷，记金太祖完颜阿骨打建立金国到金哀宗天兴三年金朝灭亡的历史，主要依据金朝实录、国史及私人著述撰成，该书《百官志》《食货志》中散见有一些会计史料。此外，还应参考清代赵翼《廿二史札记》和施国祁《金史详校》等书。中华书局 2013 年出版点校本。

3.《天盛改旧新定律令》

又称《西夏法典》，是一部官修的法令汇编，书成于西夏仁宗天盛年间（1149—1169 年），现存 19 卷。其内容全部是律令条文，是西夏行政法规和经济法规的汇编，具有重要的会计史料价值。由史金波等译注，法律出版社 2000 年单行本。

4.《元史》

明代宋濂等撰，全书包括本纪、志、表和列传共 210 卷，记载了自成吉思汗创建蒙古汗国到元顺帝至正二十八年间的史事。主要取材于元朝实录、《经世大典》和杂著，保存了元朝的大量典章制度。其中，《食货志》《百官志》等部分散见有会计史料。中华书局 2016 年出版点校本。

5.《新元史》

清末民初柯劭忞撰，全书包括本纪、表、志和列传共 257 卷，记载自元太祖初立至元顺帝子昭宗八年的元朝历史。该书以《元史》为底本，参阅《元典章》《经世大典》等书修成，对明清以来关于元史的研究成果进行了综合性整理，而且《百官志》《刑法志》《食货志》补充了许多新史料，因此，新、旧元史应互相参读。上海古籍出版社 2019 年出版点校本。

6.《元典章》

元朝官修，全名《大元圣政国朝典章》。全书共 60 卷，分诏令、户部、刑部、工部等十门，收录自元世祖即位到仁宗延祐七年间元政府颁布的法令和典章制度。该书所载内容多为原始文牍资料，且多为《元史》所不载，具有较高的会计史料价值。天津古籍出版社2011年出版陈高华等点校本。

7.《大元通制条格》

也称《通制条格》，元朝官修，全书共22卷，内容分为制诏、条格、断例三部分，包括户令、仓库、田令、赋役等卷。本书是元代法规汇编，其性质和内容与《元典章》类似，收录有不少元代会计史料。有中华书局2001年版《通制条格校注》、法律出版社2000年版《大元通制条格》可供查阅。

此外，研究辽、西夏、金三朝会计史时，还可参考《大金国志》《中州集》《松漠纪闻》《番汉合时掌中珠》《辽会要》等传世文献。研究元代会计史还应参考《皇朝经世大典》《至正直记》《王祯农书》《大元仓库记》《大元官制杂记》等传世文献。

（二）与辽西夏金元会计史料有关的考古文献概述

黑水城文献是与殷墟甲骨文、汉晋简牍、敦煌文书、内阁大库档案相媲美的重大考古成果。[①] 按照目前收藏地点不同，黑水城文献可以分为俄藏、英藏和中国藏三部分。其内容大部分为西夏文社会经济文书，其余则为汉文文献，其中与会计相关的内容有借贷租赁契约、钱物收支账簿等。若按时代划分，黑水城文献中除去西夏时期的文献之外，元代的文献数量最多。元代汉文文献（主要是汉文军政类文书）是黑水城汉文文献的主体部分。黑水城文献为该时期会计史研究提供了珍贵的原始资料，如西夏文借贷契约长卷（7741号）为草书写本，包含普渡寺出贷粮食契约20件，具有较高的史料价值。

与黑水城文献有关的论著主要有：许生根的《英藏黑水城出土社会文书研究》（新华出版社2018年版）、杜建录的《中国藏黑水城汉文文献释录》（中华书局2017年版）、孙继民的《中国藏黑水城汉文文献的整理与研究》（中国社会科学出版社2016年版）、潘洁的《黑水城出土钱粮文书专题研究》（宁夏人民出版社2013年版）、史金波等的《俄藏黑水城汉文文献》（上海古籍出版社2011年版）、塔拉等的《中国藏黑水城汉文文献》（国家图书馆出版社2008年版）、李逸友的《黑城出土文书（汉文文书卷）》（科学出版社1991年版）。

---

① 孙继民，刘广瑞．黑水城文献发现的始年及在近代新材料发现史上的地位［J］．中国史研究，2008（4）：17．

三、辽西夏金元会计史料概要

（一）传世文献中的辽西夏金元会计史料概要

1. 西夏会计（审计）法制史料

西夏天盛年间仿宋律颁行了《天盛改旧新定律令》，这部法典中有一些与会计（审计）法制相关的史料。以下史料取自史金波等译注的《天盛改旧新定律令》（法律出版社 2000 年版）。

（1）西夏会计法制史料。史料涉及会计凭证、账务处理时限、新旧账簿结转、违法处理等内容。

▲ 所属郡县局分大小人缴纳种种地租多少，十一月一日于转运司不告交簿册、凭据，迟缓时罪：自一日至五日十三杖，五日以上至十日徒三个月，十日以上至二十日徒六个月，二十日以上一律徒一年。——卷 15《催缴租门》

▲ 纳粮食者当于簿册依次一一唤其名，量而纳之。当予收据，上有斛斗总数、计量小监手记，不许所纳粮食中入虚杂。——卷 15《纳领谷派遣计量小监门》

▲ 计量小监人除原旧本册以外，依所纳粮食之数，当为新册一卷，完毕时以新旧册自相校对，无失误参差，然后为清册一卷，附于状文而送中书。中书内人当再校一番，有不同则当奏，依有何谕文实行。同则新旧二卷之册当藏中书，新簿册当还之，送所管事处往告晓。

——卷 15《纳领谷派遣计量小监门》

▲ 诸种种执局分人于所定长短期限内当告纳典册，各自收入、支出凭据等，皆当注于册上，不许留缺。倘若违律，官物收入、支出凭据不注于册而缺留时，局分小监、出纳、司吏等有官罚马二，庶人十五杖。

——卷 17《库局分转派门》

▲ 诸郡县转交租，所属租、佣、草种种当紧紧催促，收据当总汇，一个月一番，收据由司吏执之而来转运司。——卷 15《地水杂税门》

（2）西夏审计法制史料。史料涉及中央都磨勘司、地方转运司和磨勘司对诸库钱物收支簿籍、凭证，以及牧场牲畜的审计监督。

▲ 都磨勘司当引送，所属郡县管事□、司吏等当往磨勘。自腊月一日始至月末，一个月期间当磨勘完毕，所遗尾数当明之。……所属郡县人于期事未毕，转运司、磨勘司引送磨勘迟而住滞等时，无受贿，罪依所定判断。

——卷 15《催缴租门》

▲ 磨勘司人腊月一日持来簿册、凭据，至腊月末一个月期间磨勘不毕而逾期时，大人、承旨、都案、案头、局分人之延误罪依转运司局分大小罪状法判断。 ——卷 15《催缴租门》

▲ 转运司人将簿册、凭据种种于十一月一日至月末一个月期间引送磨勘司不毕，逾期延误时，大人、承旨、都案、案头、司吏等一律与前述郡县局分大小误期罪状相同。 ——卷 15《催缴租门》

▲ 京师官物所辖诸司及磨勘司前述库局分账册、升册应告纳，磨勘数依其时日，边中、京师分别管事次第，上任者当依等次明之，催促派遣，当依法磨勘。 ——卷 17《库监派遣调换门》

▲ 诸种种执库所属司人，各自当行文书、升册，依法当引送告奏磨勘司，不许缺留。倘若违律，执局分人文册缺，不引送磨勘司等时，边中诸司所住滞人处局分大小等，一律有官罚马一，庶人十三杖。 ——卷 17《库监派遣调换门》

▲ 边中诸司人于自己所辖库局分已磨勘，来到京师诸司及经略等所管辖处时，已妥未妥，当再一番细细磨勘。典册官物等中粗粗经过，造典册未妥、不分明，则当弃之。若此二种未妥，已入住滞口，往至都磨勘司时，依前述法当再好好校验磨勘。 ——卷 17《库监派遣调换门》

▲ 其所纳毛、酥当经群牧司，交送三司等局分处，当予之收据，牧人当往其处院中验之。大人往至时，当总计收据，依法入磨勘中。

——卷 19《畜利限门》

2. 元代会计（审计）法制史料

元代会计（审计）法制史料主要取自方龄贵校注的《通制条格校注》（中华书局 2001 年版）、陈高华等点校的《元典章》（中华书局 2011 年版）。

（1）元代会计法制史料。相关史料涉及账务处理流程和时限、账簿交接及违法处理等内容。

▲ 吏员差除事故，其元管簿籍文卷，须与应代之人一一交点无差，连署呈报本属官司照验。后有失落，止著见管之人追寻。 ——《元典章》卷 14

▲ 诸钱粮等物，户部立式，其使诸处每季一报到部，委官检校。但有不应，随即追理。 ——《元典章》卷 21

▲ 诸仓库官新旧交代，在都本管上司委官监视，在外各路正官监视，沿河仓分漕运司官监视。凡应干收支文凭合有见在官物，皆须照算交点明白，别无短少滥伪之数，旧官具数关发，新官验数收管，仍须同署申报合属上司

照会。既给交关之后，若有短少滥伪之物，并于新官名下追理。

——《元典章》卷 21

▲ 仍令正官收掌仓库钥匙，凡有收支，逐物旋关纳。仍令提调官轮番赴库，牵照一切勘合文凭，比对赤历单状，计点实有见在，但有侵欺、短少，即将当该库官、库子人等监锁追陪。——《元典章》卷 21

▲ 诸支纳钱粮一切官物，勘合已到仓库，应纳者经拾日不纳，应支者经壹月不支，并须申报元发勘合官司，随即理会。其物已到仓库未得勘合者亦如之。——《通制条格校注》卷 14《仓库·关防》

▲ 如有收支钱物，须要本库色目、汉儿库子、攒典眼同开库，比对勘合，明白销附，书押收支，如违痛行治罪。——《通制条格校注》卷 14《仓库·关防》

▲ 照得凡收支钱物，必须半印勘合。

——《通制条格校注》卷 14《仓库·司库》

（2）元代审计法制史料。《元典章》《元史》等文献中对钱粮收支审计有详细要求，包括审计对象、审计方法和审计时限等内容。

▲ 诸应申上定夺之事，皆自下而上用心检校。但有不实不尽，其所由官司即须疏驳，必要照勘完备，议拟相应，方许申呈。若事有未完，例或不当，不即疏驳而辄准申呈者，各将当该首领官吏究治。——《元典章》卷 4

▲ 诸官府文卷上下半年照刷，但有违错，依理决罚。凡干碍动支钱粮并除户免差事理，虽文卷完备，数目不差，仍须加意体察。有诈冒不实者，随事究治。——《元典章》卷 6

▲ 诸应支钱粮，腹里路分皆凭省部勘合理算。其有申准诸支明文、例应倒除者，每季照勘所支数目，抄连合用文凭，检校一切完备，须要不过次季仲月中旬，开申合干部分照勘相应，随即除破。——《元典章》卷 21

▲ 诸钱谷之计，其各处行省每岁须一检校。——《元典章》卷 22

▲ 自今后应去任人员必须从实照勘，如有侵欺盗借官物，随即依数追纳还官，然后方许给由。若是给由之后，却有照出侵借系官钱粮等物，止勒当该给由官员代纳。——《元典章》卷 47

▲ 诸内外台，岁遣监察御史刷磨各省文卷，并察各道廉访司官吏臧否，官弗称者呈台黜罚，吏弗称者就罢之。——《元史》卷 102《刑法一》

3. 辽西夏金财计管理机构及会计职官史料

（1）辽朝财计管理机构及会计职官史料。辽朝实行北面官、南面官制度，南面官设置多仿唐宋，但往往名实不一，复杂多变。相关史料比较散乱，涉及五京计司、转运使司、勾院判官等内容，主要出自《辽史·百官志》。

▲辽国官制，分北、南院。北面治宫帐、部族、属国之政，南面治汉人州县、租赋、军马之事。因俗而治，得其宜矣。——《辽史》卷45《百官志一》

▲辽有北面朝官矣，既得燕、代十有六州，乃用唐制，复设南面三省、六部、台、院、寺、监、诸卫、东宫之官。——《辽史》卷47《百官志三》

▲胡人司会之官，虽于燕京置三司使，唯掌燕、蓟、涿、易、檀、顺等州钱帛耳。又于平州置钱帛司，营、滦等州属焉。中京置度支使，宜、霸等州隶焉。东京置户部使，辽西、川、锦等州属焉。上京置盐铁使，饶、泽等州隶焉。山后置转运使，云、应等州属焉。置使虽殊，其实各分方域，董其出纳也。——《武溪集》卷18《契丹官仪》

（2）金朝财计管理机构及会计职官史料。金朝中央财计主管部门为户部，其主要职掌财政收支与监督稽查。相关史料比较散乱，涉及户部勾当官、覆实司、规措审计官和御史台，以及检察司、都勾判官等，主要出自《金史》和《大金国志》等文献。

▲（户部）郎中而下，皆以一员掌户籍、物力、婚姻、继嗣、田宅、财业、盐铁、酒曲、香茶、矾锡、丹粉、坑治、榷场、市易等事，一员掌度支、国用、俸禄、恩赐、钱帛、宝货、贡赋、租税、府库、仓廪、积贮、权衡、度量、法式、给授职田、拘收官物、并照磨计帐等事。

——《金史》卷55《百官一》

▲贞元四年，更设为勾当官，专提控支纳、管勾勘覆、经历交钞及香、茶、盐引、照磨文帐等事。——《金史》卷55《百官一》

▲覆实司：管勾一员，从七品，隶户、工部，掌覆实营造材物、工匠价直等事。——《金史》卷55《百官一》

▲监察御史十二员，正七品，掌纠察内外非违、刷磨诸司察账并监祭礼及出使之事。——《金史》卷55《百官一》

▲（检察司）掌检察支散军粮，验军户实给，均军户差役，劝农种，毋犯私杀马牛、私盐酒曲。——《金史》卷56《百官二》

▲先是，国中主计之任在燕山曰“三司”，在云中曰“转运”，在中京曰“度支”，上京曰“盐铁”，东京曰“户部”。

——《大金国志》卷10《熙宗孝成皇帝二》

▲西北路二司签事张炜，以规措隐没县官钱，诏公（监察御史王刚敏）

鞫之。公比勘失滥钱币、草米，例以百万计，皆权要假贷之数。

——《元好问全集》卷18《嘉议大夫陕西东路转运使刚敏王公神道碑铭》

（3）西夏财计管理机构及会计职官史料。西夏官制多与宋同，史料比较散乱，涉及三司、农田司、磨勘司等内容。相关史料主要出自《宋史·夏国传》和《西夏书事》，以及西夏法典《天盛改旧定新律令》卷10《司序行文门》等文献。

▲ 其官分文武班：曰中书，曰枢密，曰三司，曰御史台，曰开封府，曰翊卫司，曰官计司，曰受纳司，曰农田司，曰群牧司，曰飞龙院，曰磨勘司，曰文思院，曰蕃学，曰汉学。——《宋史》卷485《夏国传上》

▲ 至是，始立文武班：曰中书，曰枢密，曰三司，曰御史台，曰开封府，曰翊卫司，曰官计司，曰受纳司，曰农田司，曰群牧司，曰飞龙苑，曰磨勘司，曰文思院。其制多与宋同。——《西夏书事》卷11

▲ 三司，总国计，应贡赋之入，属有正使、副使、盐铁使、度支使等官。御史台，掌纠察官邪，肃正纲纪，属有御史大夫、御史中丞、殿中御史、监察御史等官。……官计司，司文武职事员阙，注籍应选。受纳司，司仓庾贮积及给受等事。农田司，司仓储委积，平粜利农，属有司农卿、少卿、丞、主簿等官。……磨勘司，司选叙、磨勘、资任、考课。

——《西夏书事》卷11

▲ 中书、枢密、经略司、正统司、统军司、殿前司、御史、皇城司、宣徽、三司、内宿司、巡检司、工院、马院、陈告司、磨勘司、审刑司、典礼司、农田司、閤门司、监军司、通判、正听、州主、群牧司，受纳司、承旨、都案、案头、司吏、都监。局分大小，尽皆指挥，不许留连，莫要住滞，休做人情，莫违条法，案验判凭，依法行遣，不敢不听，恤治民庶。

——《番汉合时掌中珠》人部·人事下

4. 元代财计管理机构及会计职官史料

元代由隶属于中书省的户部掌理全国财计。中央设有御史台，兼职负责政府审计工作。元代建立了以行省为中心的地方管理体制，行省以下分路、府、州、县四级，各级设有相应的财计管理机构和会计职官。

▲ 其万亿四库，国初以太府掌内帑之出纳，既设左藏等库，而国计之领在户部，仍置万亿等库，为收藏之府。中统元年，置库官六员，而未有品秩俸给。至元十六年，始为提举万亿库，秩正五品。二十四年，改升都提举万亿库，秩

正四品。二十五年，分立四库，以分掌出纳。——《元史》卷85《百官一》

▲（户部）掌天下户口、钱粮、田土之政令。掌户口、钱粮、田土之政令。凡贡赋出纳之经，金币转通之法，府藏委积之实，物货贵贱之值，敛散准驳之宜，悉以任之。——《元史》卷85《百官一》

▲（至元）三年，立制国用司，总天下钱谷，以（杨）湜为员外郎，佩金符。改宣徽院参议。湜计帑立籍，具其出入之算，每月终上之，遂定为令。——《元史》卷170《杨湜传》

▲通漕运、谨出纳、充府库、实仓廪、百姓富饶、国用丰备，此制国用之职也。——《元代奏议集录》陈祐《三本书》

▲（户部）凡天下万物、籍帐、府库、仓廪、宝货、钱粟、布帛，委输出纳，登耗饶之数咸隶焉，其任重也。

——《析津志辑佚》《朝堂公宇·中书省户部题名记》

5. 元代政府审计史料

元代政府审计职责主要由御史台、检校官和照磨官负责。在中书省和行省设有检校所和检校官，在中书省各部门、地方行中书省（行省）和诸路总管府内部设照磨官，负责磨勘本部门钱谷出纳，并由御史通过照刷文卷进行终审。

（1）元代检校官审计史料。检校官的主要职责是负责中央各部门及地方各级官府财政财务收支的稽查审核，相关史料主要出自《元史》《玩斋集》《道园学古录》等文献。

▲至元二十八年，（中书省）始设检校官二员。又明年，增至四员。其在行省者半之。——《玩斋集》卷7《福州行省检校官厅壁记》

▲检校官四员，正七品：有掌检校左右司、六部公事程期、文牍稽失之事。——《元史》卷85《百官一》

▲为检校官，得工户二曹滥出财物数千，收之；得吏曹官资高下失当者数十事，正之。

——《道园学古录》卷15《岭北等处行中书省左右司郎中苏公墓碑》

▲中书省检校官者，至元二十八年尚书省以户、工二部营缮出纳之繁，奏设是官，以核其程书。官二员，吏四人……三十年奏增为四员，吏六人，分督省左右司、六部及架阁仓库文字之稽滞乖违者，而纠正之。

——《道园学古录》卷8《中书省检校官厅壁记》

▲ 凡诸曹所治铨衡、赋税、礼乐、舆马、刑政、营缮之属，署牍参错旁午，出入山委林比，检校悉得录其缪愆，稽考以为重轻，上幕府议。

——《玩斋集》卷 7《福建行省检校官厅壁记》

▲ 今检校以七品属职，乃使复阅其牍，举其稽愆而绳纠之。……然则检校独非诸曹御史乎，诸曹以御史待检校，则检校益当知所以自重矣。

——《玩斋集》卷 7《福建行省检校官题名记》

▲ 中书省检校官陈便益，正愆缪，黜奸赃吏，核监出金谷若干，六曹吏为悚畏，御史咸荐。 ——《至正集》卷 47《追封真定郡侯苏公神道碑铭》

（2）元代照磨官审计史料。照磨官掌管磨勘钱谷出纳，负责各级官府内部财政财务收支的审核稽查，相关史料主要出自《元史》《元典章》等文献。

▲ 明察曰照，寻究日刷，复核曰磨，检点曰勘。

——《元典章》卷 14《吏部八》

▲ 照磨一员，正八品，掌磨勘左右司钱谷出纳、营缮料例，凡数计、文牍、簿籍之事。 ——《元史》卷 85《百官一》

▲ 左三部照磨所，秩正八品，照磨一员，掌吏、户、礼三部钱谷计帐之事。

——《元史》卷 85《百官一》

▲ 照磨初名提控案牍，行省版授；后改兼照磨承发架阁，乃命于朝列第九品。今铨曹以员多，虽正从入品，皆借注为之，又兼领对同承发检举勾销。……故一郡之休戚，众务之得失，在于照磨一署之顷。照磨署之当，则一郡蒙其福；照磨署之不当，则一郡受其害矣。照磨之职，可不谓重且剧哉！

——《师山集》卷 3《送郑照磨之南安序》

（3）元代御史台审计史料。照刷钱粮文卷是御史台的重要职能，相关史料涉及御史台照刷钱粮文卷的对象、内容、时限和方法等，主要出自《元史》《新元史》《元典章》等文献。

▲ 自今御史台非白省，毋擅召仓库吏，亦毋究钱谷事。

——《元史》卷 205《奸臣传》

▲ 随路总管府诸官及大府监应管财物文帐，委监察，每季照刷。

——《新元史》卷 57《百官三》

▲ 旧例照刷所司，先具事目到台，其文卷后粘连刷尾，具公事本末赴台照刷。监察御史于正位坐阅朱销簿。台令史一人在旁亦坐，执掌具到事目。其当该人员引卷通读。若系算数文卷，更设帐科司吏一名，与台令史一同刷磨。其中但有违错稽迟，监察将文卷收讫，申台量情治罪。余无违错者，即

令大程官于刷尾骑缝近下，先用刷讫铜墨印，然后盖以监察御史朱印，及于朱销簿上结尾后亦用刷讫铜墨印。——《秋涧集》卷83《乌台笔补》

▲随路总管府、统军司、转运司、漕运司、监司及大府监并应管财物造作司，分随色文账，委监察每季照刷。——《元典章》卷5

▲厥初无照磨官，至元壬辰，台臣以赃入既夥，出纳无适，爰始奏设。又虑员之冗也，乃以其职冠承发管勾兼狱丞之上，遂为定制焉。……愚惟照磨兼承发狱丞，一人而三职也。独称照磨者，举其概也。金谷则欲烛照磨研，厉其隐失也；簿书则欲久近有稽，出入无格也。

——《至正集》卷43《御史台照磨题名记》

6. 辽西夏金元会计凭证和账簿史料

(1) 辽、西夏、金会计凭证与账簿史料。相关史料可见于《辽史》《金史》等文献中的零散记载。

▲时钱粟出纳之弊，惟燕为甚。人望以缣帛为通历，凡库物出入，皆使别籍，名曰“临库”。奸人黠吏莫得轩轾，乃以年老扬言道路。

——《辽史》卷105《能吏传》

▲凡户口计帐，三年一籍。……正月二十日以实数报县，二月二十日申州，以三月二十日达上司，无远近皆以四月二十日到部呈省。

——《金史》卷46《食货一》

(2) 元代会计凭证与账簿史料。相关史料主要出自《元史》《至正直记》《通制条格》《元典章》等文献。

▲诏中书省货财出纳，自今无券记者勿与。——《元史》卷20《成宗三》

▲旧法：细民籴于官仓，出印券，月给之者，值三百文，谓之红帖米。赋筹而给之，尽三月止者，其直五百文，谓之散筹米。贪民买其筹帖以为利。

——《元史》卷140《铁木耳塔识传》

▲人家出纳财货者，谓之掌事，盖佣工受雇之役也。古云：“谨出纳，严盖藏”，此掌事者六字铭也。然计算私籍，其式有四：一曰旧管，二曰新收，三曰开除，四曰见在。盖每岁、每月、每日各有具报，事目必依此式然后分晓，可校有无多寡之数。凡为子弟依然，干父之蛊，虽微物钱数，亦必日月具报明白，免致久而迷乱无可考也。先人尝云：“人家掌事，必记帐目，盖惧其有更变。人有死亡，则笔记分明，虽百年犹可考也。”此虽俗事，亦不可不知。此式私记谓之曰黄簿，又曰帐目。——《至正直记》卷3《出纳财货》

▲钱物出入有簿历；算计买卖不失时。——《说郛》卷5《杂纂·必富》

▲诸仓库赤历、单状，当该上司月一查照。但开附不明、收支有差，随时究问。——《通制条格》卷14《仓库·关防》

7. 辽西夏金元寺院会计史料

元代禅宗寺院建立了科学而严密的财物管理制度，史料涉及日单、旬单、月单和黄总簿等账簿类型，以及结算报告制度。元代德辉编撰的《敕修百丈清规》是当时禅宗寺院的纲领性规约，其中散见有会计史料。以下史料取自黄奎的《中国禅宗清规》（宗教文化出版社2008年版，第233页）。

▲（副寺）古规曰库头，今诸寺称柜头，北方称财帛，其实皆此一职。盖副贰都监寺，分劳也。掌常住金谷钱帛米麦出入，随时上历收管支用，令库子每日具收支若干，签定飞单呈方丈，谓之日单；或十日一次结算，谓之旬单；一月一结。一年通结有无现管，谓之日黄总簿。外有米麦五味各簿，皆当考算。……有不如法者，并须及时照管处置。

（二）考古文献中的辽西夏金元会计史料概要

黑水城出土文书中有多件账簿史料，其中有坊间商铺所记钱物账和流水账（如取酒账、买柴麦账、支钞账、杂支账等）、官府日常收支账和钱物账，也有节日用度清单、欠账单和分息账等类型。

1. 《寅年二月一日梁那征宝贷粮契》

寅年二月一日，立契者梁那征宝，今自普渡寺中粮食经手人梁那征茂及梁喇嘛等处借2石麦、2石大麦。从二月一日起，每月有1斗2升利，及至本利相等。期限过时依官法罚交2石麦。服。

立契者梁那征宝（押）

同立契者妻子耶和氏善精（押）

同立契者梁那征犬（押）

同立契者尼积力般若（押）

证人平尚讹山（指押）

证人梁善卜德（指押）

按：史料为普渡寺借贷粮食契约，取自赵天英的《黑水城出土西夏文草书借贷契长卷（7741号）研究》（《中国经济史研究》2017年第2期），已对原来的西夏文草书进行了识别和转录。

2. 《广积仓收到本渠马军吾即阿剌大小麦凭据》

广积仓今收到本渠马军

一户吾即阿剌小麦柒斗，大麦壹

斗外，黄米捌升叁角折大麦贰

斗，依［数］收足，凭此照用。

按：史料为官府发给纳税人缴纳税粮的凭证。取自塔拉等的《中国藏黑水城汉文文献》（第6册），第1221页；李逸友的《黑城出土文书（汉文文书卷）》，第185页。

3. 《广积仓纳粮证明文书》

广积仓今收到沙立渠一户台不花

至正十一年税粮，壹拾壹石壹斗：

小麦柒石肆斗，

大麦叁石柒斗。

右给付本人。准此。

至正十一年月　攒典

广积仓付使任（签押）

广积仓大使庆喜（签押）

广积仓监支纳销讫

仓

按：文书为广积仓为纳粮户“台不花”开具的纳粮凭证。取自李逸友的《黑城出土文书（汉文文书卷）》，第184页；塔拉等的《中国藏黑水城汉文文献》（第6册），第1219页。

4. 《申亦集乃路总管府验粮文》

（前缺）

陆斗

前申：收粮壹拾伍石□□

　　　小麦壹拾石□□

　　　大麦伍石贰斗

今申：二十九日实收粮叁拾贰石柒斗

　　　小麦贰拾壹石捌斗

　　　大麦壹拾石令玖斗

右具如前，伏乞

亦集乃路总管府

照验。谨具

按：史料为广积仓申报给亦集乃路总管府的申验粮食文书，取自塔拉等的《俄藏黑水城文献》（第6册），第15页。

5.《元至正十九年（1359）亦集乃路广积仓具申季报粮斛现在并放支军人季粮事呈文》

呈□□□禀亦集乃路广积仓照得至正十九年正月至三月终春季三个月季报现粮斛已行

呈了当外，据四月至六月终夏季三个月季报现粮斛未曾具申

实有见在粮斛，取八年保结开坐，合行具申，伏乞

旧营粮壹阡肆佰壹拾石令式斗柒合玖勺叁抄

小麦玖佰肆拾石壹斗叁升捌合陆勺式抄令陆升九合三勺一抄

大麦肆佰柒拾石令陆升玖合叁勺壹抄

已支陆佰六拾柒石五斗柒升柒合六勺一抄□作

大麦

三勺一帖寒字陆拾伍号放支朵立只罕翼军人春季三个月杂色大

麦柒拾石玖斗捌升陆合陆勺陆抄伍作

一帖寒字柒拾壹号放支蒙古元帅府军人春季三个月杂色大

麦壹拾柒石令壹升叁合

按：史料为至正十九年（1359年）亦集乃路广积仓的具申季报，文中提到正月至三月终春季三个月季报现粮斛已经上呈，四月至六月终夏季三个月的季报现粮斛未曾申报，并对实有见在粮斛、旧管粮斛以及已支粮斛有详细的记录。取自沙知、吴芳思的《斯坦因第三次中亚考古所获汉文文献》（非佛经部分）（上海辞书出版社2005年版，第226页）。

6.《往字九十八号支黄米小麦大麦文书》

……［半印勘］合书填前去，

合下仰照验，比对元号簿，相同更

照无差，依数责领放支，施行。

开

实支至元折中统钞壹定肆拾伍两

一下广积仓总府除外，今用往字九十八

号半印勘合书填前去，舍下仰照及，

比对元发号簿，相同更照无差，依数

责领放支，施行。

开

实支粮壹拾壹石肆斗，内黄米

叁石捌斗，小麦叁石捌斗，大麦叁

右各行……

至正六年十月，吏沈克□

按：史料属于钱粮物收支勘合文书。取自塔拉等的《中国藏黑水城汉文文献》（第2册），第273页。

7.《买柴麦油账》

廿日买柴一驮，小麦八升，初三日买柴一驮，小麦壹斗

初四日买柴三驮，小麦式升，米……

初六日买柴四驮，小麦式斗肆升半

买柴壹驮，小麦□升

初八日买柴壹车，小麦壹斗半

又买柴壹驮，小麦五升

十一日又买柴两驮，小麦壹斗七口

买油一斤，小麦壹斗

按：史料属于购买柴麦油的流水账，取自塔拉等的《中国藏黑水城汉文文献》（第2册），第424页。

第八节　明代会计史料

一、明代会计发展概况及会计史料的来源

（一）明代会计发展概况

明代商品经济继续发展，政治上封建专制主义中央集权空前强化。明代由户部下的度支部主管会计工作，制定了全国统一的“四柱式”账簿格式，

通过编制会计录和健全奏销制度，政府会计控制手段日益完善，政府会计制度达到了较高的水平。商业和手工业的发展，为明代民间会计的发展提供了良好的基础。明代民间会计在账簿设置和记账方法等方面都有明显进步，出现了复式记账的萌芽，开始显示超过政府会计水平的发展趋势。

明代建立了以都察院和六科给事中为中心、户部十三清吏司为辅的政府审计体制，并制定了相应的审计法规。一方面，把原来的御史台改为都察院，设立十三道监察御史，专属作为中央审计机构。另一方面，在都察院之外设立六科给事中，专门受托负责六部的审计工作。都察院、六科和户部十三清吏司的政府审计职能各有分工，形成了从中央到地方的全方位的政府审计监督体系。

（二）明代会计史料的来源

1. 传世文献方面

明代传世文献体裁完备，有纪传、编年、政书、类书、方志、杂史、文集等类型，内容广泛而丰富，并且大都留存至今。会计史料主要分布于《明史》《明会典》《明实录》《大明律》《天下郡国利病书》《农政全书》等官修史籍和私人著述。此外，也需要查阅《续文献通考》《续通典》《续通志》等典章制度汇编中明代部分的记述。

2. 档案文献方面

明代政府档案主要有内阁大库和地方政府档案等。现存明代政府档案具有少、散、乱等特点，研究利用颇为不易。为便于利用，中国第一历史档案馆和辽宁省档案馆合编了《中国明朝档案总汇》（广西师范大学 2001 年版），集中反映明代政治、经济和法律等方面的情况，为会计史料研究提供了一定的便利。

明代民间档案文献主要是徽州文书、晋商文书等，其中有大量民间工商业账簿文书。利用这些史料，可扩大会计史研究的深度与广度。受史料来源的限制，明代民间账簿的记账方式、账簿分类、历史演变等还有待进行深入研究。明代工商业账簿、成本和内部控制史料的搜集、整理与研究将成为会计史领域的学术增长点。

二、与明代会计史料有关的文献概要

（一）与明代会计史料有关的传世文献概要

1.《明史》

《明史》为清代张廷玉等所撰，包括本纪、志、表和列传共 332 卷，记载自明太祖朱元璋洪武元年到明思宗朱由检崇祯十七年的历史。主要取材于实录、会典、档案、奏议、邸报等材料，具有较高的史料价值。会计史料主要散见于《职官志》《食货志》等章节。中华书局 2000 年出版点校本。

2.《明实录》

《明实录》是明代历朝官修的编年体史书，包括《太祖实录》《太宗实录》《仁宗实录》等十三部，保存有明代会计活动的原始史料。《明实录》是明代史料不可取代的源头①，《明史》《明通鉴》等史书都与《明实录》有着直接或间接的渊源。中华书局 2016 年出版影印本。

3.《明会典》

《明会典》又称《大明会典》，为明代申时行等所撰，全书共 228 卷，体例仿《唐六典》和《元典章》，记载自明初至万历年间行政机构职掌及其沿革。该书内容以吏、户、刑、工等六部为纲，主要依据明代官修的《诸司职掌》《大明律》等原始资料，对研究明代会计制度有重要的史料价值。2010 年中华书局出版缩印本。

4.《明会要》

《明会要》为清代龙文彬所撰，全书共 80 卷，共设帝系、职官、食货、兵刑等十五门，会计史料主要分布于职官、食货等门。因记事简明，且所引之书今多存在，会计史料价值不及《明会典》。中华书局 1998 年出版点校本。

5.《大明律》

《大明律》是《大明律集解附例》的简称，明代官修的综合性法典。凡 30 卷，分为《名例律》及吏、户、礼、兵、刑、工各律，对研究明代会计法制具有一定的史料价值。法律出版社 1999 年出版点校本。

此外，在研究中也需要参考《明史稿》《永乐大典》《续文献通考》《万

---

① 谢贵安．明实录研究［M］．武汉：湖北人民出版社，2003：440.

历会计录》《御制大诰》《诸司职掌》《皇明大政记》《明通鉴》《农政全书》《天下郡国利病书》等传世文献。

（二）明代档案文献概要

1. 徽州文书

徽州文书是徽州人在不同历史时期社会生产、生活与交往过程中形成的原始记录，是珍贵的地域性历史文书，被称作“20 世纪中国历史文化的第五大发现”①。徽州文书种类繁多，包括各种私家账簿、官府册籍、交易文契等，能够系统反映中国传统社会经济生活的方方面面，具有较高的史料价值。其中，万历“程氏染店查算账簿”等是研究明代会计史难得的完整实物资料。目前徽州文书主要收藏于中国社会科学院历史研究所图书馆、安徽大学图书馆等单位。相关论著主要是王钰欣、周绍泉主编的《徽州千年契约文书》（宋元明编）（花山文艺出版社 1993 年版）和刘伯山主编的《徽州文书》（广西师范大学出版社 2017 年版）。

2. 明代内阁大库档案

明代有较为丰富的政府档案资料，它们是研究明代政治、经济等方面情况的重要原始文献，具有一定的会计史料价值。相关论著有《明清内阁大库史料合编》（国家图书馆出版社 2009 年版）、中国第一历史档案馆和辽宁省档案馆合编的《中国明朝档案总汇》（广西师范大学出版社 2001 年版）。

3. 明代孔府档案史料

孔府档案是保存于曲阜孔府内的历代“衍圣公”在任时期形成的文书档案，其种类包括朝会纪实、来往公文、地契账簿等。孔府档案上起明嘉靖十三年（1534 年），下至 1948 年，按时间顺序可划分为明、清、民国档案三个部分，因其内容丰富、文种繁多而成为研究经济、政治制度的珍贵实物资料。其中有不少关于孔府田产情况、租税收入、财务开支等会计方面内容的记载。相关论著主要是《孔子博物馆藏孔府档案汇编・明代卷》（国家图书馆出版社 2018 年版）。

---

① 马勇虎．近代徽州布商研究：以商业账簿为中心［M］．芜湖：安徽师范大学出版社，2017：15.

三、传世文献中的明代会计史料概要

（一）明代社会经济环境史料

史料涉及私人著述中对明代工商业经营活动情况的记载。

▲ 平阳、泽、潞，豪商大贾甲天下，非数十万不称富。

——（明）沈思孝《晋录》

▲ 富室之称雄者，江南则推新安（徽州），江北则推山右（山西）。新安大贾，鱼盐为业，藏镪（钱）有至百万者，其他二三十万则中贾耳。山右或盐，或丝，或转贩，或窖粟，其富甚于新安。　——《五杂俎》卷 4

（二）明代会计（审计）法制史料

1. 明代会计法制史料

相关史料涉及钱粮收支奏销制度、奏销簿记格式、奏销程序和时限等，《明会典》中有大量与之相关的史料。

▲ 天下粮草等项，国初命有司按季开报。后以季报太繁，令每岁会计存留起运，申报上司，转达户部，俱从户部定夺。事例详后洪武二十六年定，凡所在有司仓廪、储积粮斛，除存留彼处卫所三年官军俸粮外，务要会计周岁关支数目，分豁见在若干、不敷若干、余剩若干，每岁开报合干上司，转达户部定夺施行。仍将次年实在粮米及该收该用之数，一体分豁旧管、新收、开除、实在开报。　——《明会典》卷 24《会计一》

▲（宣德）八年，令各布政使司都司并直隶府州卫所，岁报税粮等项文册，查理明白，各造总册，差该吏亲赍，俱限年终到部。违限及数目不清者，先将差来吏送问，经该官吏通行查问。　——《明会典》卷 24《会计一》

▲ 景泰六年，令广东布政司并所属府州县实征并岁用总册，照旧年终造报。其岁支钱粮，年终仓库钱帛及户口总册，俱限次年八月终到部。

——《明会典》卷 24《会计一》

▲ 成化二年，令各边巡抚督令司府州县卫所，每年二次将各仓米数实在若干，每月官军人等该放若干，约够几年支用，造册开报。其册上半年限七月，下半年限次年正月以裹送部。妄报官吏，各查参究治。

《明会典》卷 24《会计一》

2. 明代审计法制史料

相关史料涉及照刷文卷和磨勘卷宗等制度，主要出自《明会典》和《大明律集解附例》。

▲嘉靖八年，令每年差给事中、御史各一员，于内府、内承运等库并各监局，巡视监收，禁革奸弊。先将各衙门见在各项钱粮，会同该管人员，逐一查盘明白，作为旧管。每年终，通将旧管、收、除、实在数目，磨算无差，造册奏缴。

——《明会典》卷30《库藏一》

▲凡照刷有司有印信衙门文卷，迟一宗二宗，吏典笞十；三宗至五宗，笞二十；每五宗加一等，罪止笞四十。府州县首领官及仓库务场局所河泊等官，各减一等。失错及漏报一宗，吏典笞二十；二宗三宗，笞三十；每三宗加一等罪止笞五十。府州县首领官及仓库务场局所河泊等官各减一等。其府州县正官巡检，一宗至五宗，罚俸钱一十日；每五宗加一等，罚止一月。若钱粮埋没、刑名违枉等事，有所规避者，各从重论。

——《大明律集解附例》卷3《照刷文卷》

▲凡磨勘出各衙门未完文卷，曾经监察御史、提刑按察司照刷驳问，迟错经隔一季之后，钱粮不行追征足备者，提调官吏以未足之数十分为率，一分笞五十，每一分加一等，罪止杖一百。……若有隐漏不报磨勘者，一宗笞四十，每一宗加一等，罪止杖八十。事干钱粮者，一宗杖八十，每一宗加一等，罪止杖一百。有所规避者，从重论。

——《大明律集解附例》卷3《磨勘卷宗》

（三）明代政府财计组织和会计职官史料

1. 明代中央财计组织和会计职官史料

明代中央设置户部掌管全国财政。户部下设浙江、江西、湖广等十三清吏司，分别管理各省财计事宜。各清吏司下设民、度支、仓和金四科。其中，民科掌户籍计账，度支掌会计，金科、仓科掌出纳。相关史料主要来源于《明史》和《明会典》。

▲（户部）尚书掌天下户口、田赋之政令。侍郎贰之。稽版籍、岁会、赋役实征之数，以下所司。十年攒黄册，差其户上下畸零之等，以周知其登耗。

——《明史》卷72《职官一》

▲国初设子设四。曰民部、度支部、金部、仓部，设郎中、员外郎各一员。洪武二十三年改为十二部。曰浙江、江西、湖广、陕西、广东、山东、福建、北平、河南、山西、四川、广西，每部仍分民、度、金、仓四科。二十九年，改十二部为十二清吏司，改首领官主事为司官，每司各二员。……

（宣德）十年革交阯司，定为十三司。　　——《明会典》卷2《户部》

▲洪武间，凡天下衙门收用钱粮，一年一报，务将当年已支、见在及天下放支该用数目，开报户部稽考。

——《明会典》卷30《库藏一·在外诸司库》

2. 明代地方财计组织和会计职官史料

明代地方行政体制分为省、府、州、县四级。由布政使、知府和县令分掌赋役和会计等事项。相关史料主要出自《明史》。

▲知府掌一府之政，宣风化，平狱讼，均赋役，以教养百姓。……若籍帐、军匠、驿递、马牧、盗贼、仓库、河渠、沟防、道路之事，虽有专官，皆总领而稽核之。同知、通判分掌清军、巡捕、管粮、治农、水利、屯田、牧马等事。……经历、照磨、检校受发上下文移，磨勘六房宗卷。

——《明史》卷75《职官四》

▲知县掌一县之政。凡赋役，岁会实征，十年造黄册，以丁产为差。……县丞、主簿分掌粮马、巡捕之事。典史典文移出纳。如无县丞，或无主簿，则分领丞簿职。　　——《明史》卷75《职官四》

▲每岁布政司、府州县吏诣户部核钱粮、军需诸事。

——《明史》卷94《刑法二》

（四）明代审计史料

1. 明初比部审计史料

明初刑部之下设有比部，履行政府审计职责，但存在时间不长即被撤销，与之相关的史料有：

▲（刑部）国初设子部四，曰宪部、比部、司门部、都官部，设郎中、员外郎各一员。洪武二十三年，改为浙江等十二部，仍分宪、比、司门、都官四科。二十九年改为十二部清吏司，以首领官主事为司官，司各一员。宣德间定为十三司。　　——《明会典》卷2《刑部》

▲（比部）掌赃赎、勾覆及钱粮户役、婚姻、田土、茶盐、纸札、俸给、囚粮、断狱诸奸之属。　　——《明太祖实录》卷130

2. 明代都察院审计史料

明初曾设御史台，随后又将其改置为都察院。都察院下设十三道监察御史，监察御史通过照刷文卷和磨勘卷宗制度，对地方财赋、仓储、钱粮等项目进行审计监督。相关史料主要出自《明史》和《明会典》。

▲初，吴元年置御史台，设左、右御史大夫，从一品，御史中丞，正二品，侍御史，从二品，治书侍御史，正三品，殿中侍御史，正五品，察院监察御史，正七品，经历，从五品，都事，正七品，照磨、管勾，正八品。……寻罢御史台。十五年更置都察院。——《明史》卷73《职官二》

▲十三道监察御史，主察纠内外百司之官邪。……巡视仓库，查算钱粮，勉励学校，表扬善类，翦除豪蠹，以正风俗，振纲纪。

——《明史》卷73《职志二》

▲其在外诸布政司、都司、直省府州县卫所，皆有库，以贮金银、钱钞、丝帛、赃罚诸物。巡按御史三岁一盘查。各运司皆有库贮银，岁终，巡按御史委官察之。——《明史》卷79《食货三》

▲（弘治）十二年，令各处巡按御史三年一次，查盘在外诸司库藏收贮金银钱钞等物，及一应赃罚。——《明会典》卷30《库藏一》

▲凡监察御史并按察司分司巡历去处，先行立案。令各该军民衙门抄案从实取勘。本衙门并所属有印信衙门合刷卷宗，分豁已未照刷、已未结绝，号计张缝依式粘连，刷尾同具点检单目，并官吏不致隐漏结罪文状，责令该吏亲赍赴院以凭逐宗照刷。——《明会典》卷210《照刷文卷》

▲初，吴元年置御史台，设御史大夫（秩从一品）、中丞（正二品）及侍御史（从二品），等官。后罢台（在十三年），设都察院（在十四年），都御史秩正七品，分监察御史为十二道。——《明鉴纲目》卷1《太祖高皇帝》

▲中外文武诸司文卷，已遣御史照刷。其内府诸衙门皆有钱粮出纳，近闻其弊甚多，即选能干御史率监生于东华门外庑下取各监局文卷簿籍，详加磨勘。有隐匿钱粮虚冒支给者，悉以闻。——《天府广记》卷23《督察院》

3. 六科给事中审计史料

为了加强对六部的监督，明代设吏、户、礼、兵、刑、工六科，按六部业务进行对口审计，其中吏科、户科和工科发挥的政府审计监督作用较大。相关史料主要出自《明史》和《明会典》。

（1）吏科审计史料。吏科主要是在官吏考察和考满时对其在任职期间的钱粮数目进行审核与稽察。

▲凡各衙门于北安门进出一应钱粮，先该本科编成字号勘合，具底簿，户部用印，发各门吏收掌，将勘合比对硃墨相同，仍以略节填写底簿，送本

科稽考。——《明会典》卷213《六科》

▲凡天下诸司官吏，三年朝觐到京，奏缴须知文册到科，查出钱粮等项数目差错者，经该官吏参奏究治。——《明会典》卷213《六科》

（2）户科审计史料。户科主要对仓库收支进行盘查、监收，对合征税粮、漕运钱粮、盐课、官吏军队折俸绢布、银两等重大财政收支进行审计监督。

▲凡有司征收秋粮，南京户部照例刊印勘合，给付粮长。将本区合征税粮，依期送纳。各该仓库填写实收数目奏缴，其勘合仍送本科注销。

——《明会典》卷213《六科》

▲凡甲字等库官遇考满等项，本科官一员引奏，将收过钱粮等物，委官查盘。——《明会典》卷213《六科》

▲凡每年户部将五府、六部、都察院、国子监并京通、武成中等卫、长安等四门仓，一应见在粮斛数目，磨算明白，分豁廒座，各另造册，奏闻送科，收候各衙门放过粮斛，照数注销。——《明会典》卷213《六科》

（3）工科审计史料。工科既对建筑工程经费进行会估查验①，也对一些政府部门的钱粮收支进行审核奏销。

▲凡各衙门于午门、西安门进出一应钱粮，该本科编成字号勘合底簿，户部用印，发各门吏收掌，将勘合比对，硃墨相同，仍以略节填写底簿。候完，俱送本科销缴。——《明会典》卷213《六科》

▲凡各直省司府，解纳钱粮完欠分数，工部开载考成簿内，每月赴科注销一次。本科查对分数不及者，每上下半年，会同各科题参。

——《明会典》卷213《六科》

（4）其他六科审计史料。

▲六科，掌侍从、规谏、补阙、拾遗、稽察六部百司之事。

——《明史》卷74《职官三》

▲嘉靖八年，令每年差给事中、御史各一员，于内府、内承运等库，并各监局巡视监收，禁革奸弊。先将各衙门见在各项钱粮，会同该管人员逐一查盘明白，作为旧管。每年终，通将旧管、收除实在数目磨算无差，造册奏缴。

——《明会典》卷30《库藏一》

▲凡各边巡抚官，并南北直隶奏差御史印烙过马驹，及南北太仆寺、苑马寺、各都司等衙门，印俵过马、牛等数，及天下给过驿马数，南京造过马

① 方宝璋．中国审计史稿［M］．福州：福州人民出版社，2006：317.

快等船，并差过起数，各造册，送本科收照。——《明会典》卷213《六科》

4. 明代户部审计史料

明代户部作为财政管理机关，也需要对财务收支文书进行稽核审计。相关史料主要出自《明会典》和《明史》。

▲（户部）置照磨、检校各一人，稽文书出入之数，而程督之。

——《明史》卷72《职官一》

▲凡粮长关领勘合，回还催办秋粮，务要依期送纳。毕日，赴各该仓库，将纳过数目于勘合内填写，用印钤盖。其粮长将填完勘合，具本亲赍进缴，仍赴部（户部）明白销注。如是查出粮有拖欠，勘合不完，明白究问追理。

——《明会典》卷29《征收》

▲备将商名贯址，勘合字号，米盐数目，搭派场分，造册缴部。年终，仍将放过商名、盐数、类总造册，送部查照。

——《明会典》卷34《课程三》

5. 其他明代审计史料

明代除按照监察和财政管理制度开展例行审计活动外，还经常进行一些定期或不定期的专项审计活动。相关史料主要出自《明会典》。

▲成化十二年议定，三年一次，差科道及户部官查盘各边粮草。如有亏折、短少、浥烂等项，将总理盘督等官，一体究问参奏。

——《明会典》卷23《仓庾三》

▲（嘉靖）四十二年，令南京户部委官，会同巡视科道，将甲字等九库，并内府各监局等衙门在库一应钱粮，吊取各印信文簿查盘，分别旧管、新收、开除、实在数目造册奏缴。——《明会典》卷42《南京户部》

（五）明代会计凭证、账簿、会计报告及会计录史料

1. 明代黄册和鱼鳞图册史料

明代黄册又名赋役黄册，是明政府为核实户口、征调赋役而制成的户口册。鱼鳞图册是明政府编制的土地登记簿册。二者互为补充，是明朝征收赋役的重要依据和财政管理制度。相关史料主要出自《明史》《明实录》等文献。

▲洪武十四年，诏天下编赋役黄册。……册凡四：一上户部，其三则布政司、府、县各存一焉。上户部者，册面黄纸，故谓之黄册。

——《明史》卷77《食货一》

▲ 洪武二十年，命国子生武淳等分行州县，随粮定区。区设粮长四人，量度田亩方圆，次以字号，悉书主名及田之丈尺，编类为册，状如鱼鳞，号曰鱼鳞图册。先是，诏天下编黄册，以户为主，详具旧管、新收、开除、实在之为四柱式。而鱼鳞图册以土田为主，诸原坂、坟衍、下隰、沃瘠、沙卤之别具。鱼鳞册为经，土田之讼质焉。黄册为纬，赋役之法定焉。

——《明史》卷 77《食货一》

▲ 洪武十三年户部核实天下土田，惟两浙富民畏避役，往往以田产诡托亲邻、佃仆，谓之铁脚。久之相习成风，奸弊百出，谓之通天诡寄。上闻之，遣子生武淳等往各处查定细底，编类为册，其法甚备，谓之鱼鳞图册。

——《圣君初政记》

▲（洪武二十年二月戊子）浙江布政使司及直隶苏州等府县进鱼鳞图册。……以图所绘，状若鱼鳞图然，故号鱼鳞图册。

——《明太祖实录》卷 180

▲ 两县官止税城外田契，候十年大造黄册，一举事毕，会计其数报府，仅供地方公用。——《宛署杂记》卷 12《契税》

2. 明代会计凭证与账簿史料

相关史料涉及“印信文簿”（简称“印簿”）、“钞关文簿”等内容，主要出自《明会典》和《明史》等文献。

▲ 钱粮支销，以文卷为据，而文卷稽考，以印信为凭，是文卷所以示远，而印信将以防奸者也。——《明经世文编》卷 252

▲（崇祯）三年，擢南京户部右侍郎，总督粮储。设会计簿，钩考隐没侵欺及积逋不输，各数十百万。——《明史》卷 264《吕维祺传》

▲（嘉靖）十六年题准，今后户部委官，解运各边银两。置立印信号簿，一样四本，一存太仓，一收本部，一付委官，一发该镇，互相检验。

——《明会典》卷 30《库藏一》

▲（嘉靖）四十二年，令南京户部委官，会同巡视科道，将甲字等九库，并内府各监局等衙门在库，一应钱粮，吊取各印信文簿查盘，分别旧管、新收、开除、实在数目造册奏缴。——《明会典》卷 42《南京户部》

▲（嘉靖）七年奏准，各钞关主事，将户部原发稽考簿三扇。一扇发府州县委官，与钞关检钞人役，将收过钱钞，眼同登载。二扇主事收执，候委官呈报到日查见实数，即于簿内亲注明白。钱钞照常发府州县收贮，季终解

部类进。差满，将前簿三扇，二存留备照，一解部查考。

——《明会典》卷35《课程四》

▲ 每岁户部先移文内外各司及边方所在，预先会计嗣岁一年用度之数；某处合用钱若干，某事合费钱若干，用度之外又当存积预备若干；其钱谷见在仓库者若干，该运未到者若干，造为帐籍，一一开报。

——《大学衍义补》卷20《总论理财之道》

3. 明代会计报告史料

明代将会计报告称为“奏销册”“报销册”。由于当时规定这种奏销册必须按照“管、收、除、存”的格式编制，故又称“四柱奏销清册”或“四柱清册”。[①] 传世文献中有零散记载，需要在档案文献中查找具体内容。

▲ 天下粮草等项，国初命有司按季开报。后以季报太紧，令每岁会计存留起运，申报上司转达户部，俱从户部定夺。今岁会书册，多不报部，无凭定夺久矣。

——《杨嗣昌集》卷12《议存留税粮》

▲ 国初，凡有司庶务，若户口、钱粮、学校、狱讼之类，或每季或每月具其增、损、见在之数书于册。县达于州，州达于府，府达于行省。数咨中书，吏牍烦碎而公私多糜费文。……乃革月报为季报，以季报之数类为岁报。

——《明太祖实录》卷85

▲ 今在外钱粮皆有抚按等官岁奏月报，奸弊可稽。……户部、工部其亟行议查，使科道官监之，岁终将旧管、新收、开除、实在数目奏缴。

——《明世宗实录》卷98

4. 明代会计录及财务分析史料

明代会计录及财务分析文献主要有《万历会计录》《太仓考》《后湖志》等。其中，《万历会计录》是较为重要的原始文献之一，但因部头庞大，数据繁杂，可参考今人万明、徐英凯合著的《明代〈万历会计录〉整理与研究》（中国社会科学出版社2015年版），这是迄今为止对《万历会计录》最全面、系统化的整理与研究。

▲ 因考前代，唐有《平赋书》《国计录》，宋有《会计录》，逮祥符、皇祐、治平之间复辑之。我朝《会典》《一统志》，虽载有户事，然采摭大概而已。惜未有专书，辄不自量，会同侍郎李幼滋属各司诸郎，遍阅案牍，编辑

① 郭道扬．中国会计史稿（下）［M］．北京：中国财政经济出版社，1988：67.

逾年。……乞敕下户部缮写进呈，仍动支太仓银两纂刻，颁示诸司，庶因地考额，因事考数，因委考源，舆图广轮之详，中外取与之实，丰凶多寡之故，帑藏盈诎之由，藩服百尔执事殿最之分，可按而理，其于国计，不无少补。

——《万历会计录》卷1

▲ 仍令两京户部并工部、太仆、光禄及直隶各省司府卫所，以及辽、蓟、宣、大、陕西诸边，每岁终，将一年出纳钱谷修成《会计录》，于内分为四目，一曰岁征，如府库监局仓场额派钱粮几何；一曰岁收，如收过本年、先年额征钱粮完欠几何；一曰岁支，如本年用过各项钱粮，于岁派额数增减相当几何；一曰岁储，如本年支剩存积钱粮几何。务令简明进呈御览，以为通融撙节之计。

——《明世宗实录》卷351

▲ 户部覆科道官甄成德、黄国用奏请，于岁终以度支之数为《会计录》献。许之。

——《明世宗实录》卷416

▲ 乞敕户工二部会查祖宗时郊庙之飨祀，内府之供亿，监局之织造，岁时之赏赉，旧额几何，今增几何；王府之禄粮，百官之俸薪，卫士之校尉厨役，京边之兵马城池，经理漕河，供给匠作，旧额几何，今增几何。至若各省军民之赋税、天下山川之盐铁，凡有关国家经费者，各撮其总目，照款类开，贵在简明，不用烦琐。仍申言岁入几何，岁出几何，题曰《隆庆某年会计录》，进呈御览。时或有所增减，各于项下改填。每季刊刻成书，照常封进。

——《明穆宗实录》卷31

▲ 国家经费，一岁所入不足以供其所出，而陈乞支给者又每出于额外。民穷财尽，职此之由。臣等以今年出入多寡之数与夫昔省而今费，如各边士马刍粟，各宗室禄粮，条呈御览。仍容臣等以内外一切经费钱粮应存应革者拟奏请旨，刊成书册，以颁中外，庶经制有常而国计可纾，民生可保。

——《明穆宗实录》卷40

▲ 邱（丘）浚尝欲仿唐人国计录、宋人会计录，令掌财计之臣，将洪武、永乐以来，凡天下秋粮、夏税、户口、课程等，每岁起运若干、尚留若干、供给边方若干，一一开具，仍查历年内府亲藩及文武官吏卫所旗军，并内外在官食粮人数，与每岁祭祀、修造、供给等费共若干，通以一年岁计出入最多者为准，每朝一卷，通为一书，以备参考，并呈御览，使国计大纲，了然在目。

——《续文献通考》卷30《国用考一》

▲ 国家财赋国计总于户部，谨每岁终会计成录进览。一曰岁征，一曰岁收，一曰岁支，一曰岁储。总数会其略，散数注其详。大率一年以岁征为定

额，如岁收少于岁征，则拖欠可查；岁支多于岁征，则樽节可计；岁收于岁征加多，则查交纳某年某项钱粮；岁支比岁征较少，则计本年余剩若干。收支既明，岁储虚实自知，即为次年岁派实征通融节编之计。

——《明经世文编》卷199

（六）明代会计舞弊史料

除了洪武十五年“空印案”和洪武十八年“郭桓案”外，《明史》《春明梦余录》等传世文献中可检索到许多明代会计舞弊史料。

▲远不具论，即万历三十年至今，营膳司冒领预支银一十四万二千四百九十两有奇，虞衡司冒领预支银八万六千六百两有奇，都水司冒领预支银一十一万二千九百七十两有奇，屯田司冒领预支银五万一千一百八十两有奇。合之则三十九万三千二百四十六两余也。

——《皇明世法录》卷38《厂库》

▲臣今岁身历三垣，皆管注销之事，而叹积弛之状至户部而极也。每逢注销，呼群吏持牍雁行，而前司司比之见，赴比之簿，大半遗漏不全，所销号件不具文牒，但凭吏役口报为故事。　——《春明梦余录》卷25《六科》

▲署中向无册库，案卷漫失；且诸胥有所不便，辄恣意窃毁之，稽核无从，弊窦百出。

——（明）何士晋《工部厂库须知》卷2《巡视厂库须知》

▲先是十五年空印事发。每岁布政司、府州县吏诣户部核钱粮、军需诸事，以道远，预持空印文书，遇部驳即改，以为常。及是，帝疑有奸，大怒，论诸长吏死，佐贰榜百戍边。　——《明史》卷94《刑法二》

▲郭桓者，户部侍郎也。帝疑北平二司官吏李彧、赵全德等与桓为奸利，自六部左右侍郎下皆死，赃七百万，词连直省诸官吏，系死者数万人。

——《明史》卷94《刑法二》

▲钱谷之数，府必合省，省必合部，数难悬决，至部乃定。省府去部远者六七千里，近亦三四千里，册成而后用印，往返非期年不可。以故先印而后书，此权宜之务，所从来久，何足深罪。——《明史》卷139《郑士利传》

（七）明代成本会计史料

随着工商业的发展，明代对会计核算、成本费用和内部控制问题日益重视，相关史料主要来源于明代李昭祥的《龙江船厂志》和明代应槚的《苍梧总督军门志》等正史之外的文献记载。

▲ 殷正茂的《运盐前议疏·会计工本》。

（前略）

查得大木马船一只，装盐二十五引，每引重一千七百五十斤，分作十四小包，每包一百二十五斤，二十五引分作三百五十包，通共该盐四万三千七百五十斤。据报广东水客往东莞大渍地方贩盐，到盐法道兑卖与广西客人，随时价值，每银一两或五百斤，或四百斤，或三百五十斤，今约以四百斤为则，每船该盐四万三千七百五十斤，共该银一百零九两三钱七分五厘。

查得每盐包一个并加藤，共价银一分；三百五十个，该银三两五钱；缝包捆藤人，每一百个工钱银七分五厘，三百五十个该银二钱六分二厘五毫；秤子手秤盐，一船工食银一钱五分，此条共该银三两九钱一分二厘五毫。

查得广东盐法道每盐一引买客纳价银一钱，又纸价银三厘，解南京户部；二十五引，共该银二两五钱七分五厘。又银每百两纳官牙用银一两五钱，提举司秤收解广东布政司。又付经纪银五钱，答应各衙门公费，今每船既该银一百零九两三钱七分五厘，则两项共该银二两一钱八分七厘五毫，此条共该银四两七钱六分二厘五毫。

查得盐船经过肇庆府，例该挂号。每盐一包，纳银四厘；三百五十包，共该银一两四钱。

查得盐船到梧州府盘盐厂盘过数目，填写批文，送梧州府上纳，每一引纳正堂银九钱，二十五引该银二十二两五钱。又投文引于梧州府，每引纳牙用银七分三厘，类解梧州府贮库，以备军门发赏功所犒赏等用，二十五引共该银一两八钱二分五厘。又每包割出余盐或五六斤，或七八斤，每斤纳银一厘二毫，今三百五十包，每包七斤算，共余盐二千四百五十斤，该银二两九钱四分。又每船一只，纳船头银二钱与经纪，以为上府江赏徭及军门下操之费，此条每船一只，共该银二十七两四钱六分五厘。

查得盐船至平乐府，每盐一百包，纳军饷银一两，今三百五十包，该银三两五钱。

查得每船一只，纳银一钱二分在平乐县库，又纳银三钱在平乐府库，以为朔望给赏上、下九滩三峒徭僮花红之费。又每船一只，一路经过徭僮滩冲给赏盐鱼米及行船神福等件费用，约用银五两，此条共该银五两四钱二分。

查得木马大船装载三百五十包，其打造木料、钉油、麻工什物一应完备，共计银四十两，细账后开。此船可用三年，每年三次，共九次；除始终二次不用修舱外，其余七次每次修舱，头次二两，二次二两，三次三两，四次三两，五次四两，六次四两，七次五两，共二十三两，此项共银六十三两。拆时钉料，计银十两，实共五十三两，作九次筭，每次该银六两。

查得廪给府佐、把总，每日各银一钱五分三钱，月计共九两，四个月一次，共廪给银三十六两；以一百船筭，每船一只该银三钱六分。运官一员，每员日各一钱，月计共三两，四个月该银一十二两；大约以一官监船十只为则，每船一只该银一两二钱。行粮，每船旗甲一名，月六斗，四个月共二石四斗；运军二十名，各四斗五升，共九石，四个月共三十六石，总共米三十八石四斗。每石折色四钱，共银一十五两三钱六分，此条每船一只该银一十六两九钱二分。

查得船盐到桂林府，每盐一包牙利银一分，共该三两五钱。

总算每船一只，每次算用工本等项共银一百八十二两二钱五分五厘。买盐，旗甲五十包，该工本银二十六两零三分七厘；官三百包，该工本银一百五十六两二钱一分九厘。盐三百五十包，每包卖银一两，该银三百五十两。除本外，应该利一百六十七两七钱四分五厘，内除旗甲五十包，该利银二十三两九钱六分四厘，官三百包仍该利银一百四十三两七钱八分一厘；每次船一百只，该利银一万四千三百七十八两一钱；年三次，共利银四万三千一百三十四两三钱。今议极贱其价，每一包卖银八钱，该卖银二百八十两，除工本仍得利九十七两七钱四分五厘，内除旗甲五十包，分去利银一十三两九钱六分四厘，仍每船三百包，该利银八十三两七钱八分一厘；每次船一百只，该利银八千三百七十八两一钱；年三百只，共该利二万五千一百三十四两三钱。

按：史料详细记载了广西官运盐业的成本和利润率数据。取自殷正茂《运盐前议疏》，详见明代应槚的《苍梧总督军门志》卷26《奏议四》（岳麓书社2015年版，第310–312页）。

（八）明代会计思想与会计人物史料

史料涉及年富、汪应蛟、徐光启和丘浚等的会计活动和会计思想。

▲（年）富酌赢缩，谨出纳，躬亲会计，吏不能欺。

——《明史》卷177《年富传》

▲（汪）应蛟为人，亮直有守，视国如家。谨出纳，杜虚耗，国计赖之。

——《明史》卷241《汪应蛟传》

▲ 司会掌钩考，司书掌书记。二者之职，交相参互，以此所掌，稽彼所录，多寡虚实昭然矣。所以然者，盖以国家之大，用度之夥，其出入之数，必为籍以纪之，设官以稽之，所以防有司之奸欺也。

——《大学衍义补》卷23《制国用经制之义上》

▲ 算学久废，官司计会多委任胥吏，钱谷之司关系尤大。度数既明，凡九章诸术，皆有简当捷要之法，习业甚易，理财之臣尤所亟须。

——《徐光启集》卷7《条议历法修正岁差疏》

四、档案文献中的明代会计史料辑要

（一）徽州文书中的明代会计史料概要

徽州文书中与会计相关的史料较为丰富，本书仅选取其中的部分典型性史料进行介绍。

1.《万历郑氏合同分单账簿》

▲ 万历二十三年七保刘子山西培合同分单。

拼山价银八钱，作五股分，每股一钱六分。

鼎祀三股半。

仍一股半，作五股，每股四分七厘五。志右得鹏四分七厘五。

荣明得二股半。仍半股：荣明得一半，一分一厘五；应相一半，一分一厘五。

仍一股，作三分。鼎祀一分五厘，前琼祀二分五厘，志五厘。

▲ 万历二十五年九月十八日合同分单。

山分一两六钱，作三十三亩分，每亩四分八。凤翔八亩，得三钱八分。

鼎众得三亩三角，一钱三分二。绰、继一角，得一分二。

圣荣得二十一亩二角，因福买厚下分籍，分去一亩二角，圣荣实山二十一亩，得价九钱六分。志右二角，得二分四。

按：史料内容涉及股东出资和利润分配情况。取自《徽州千年契约文书·宋元明编》（卷7），第480、489页。

2.《万历程氏染店查算账簿》

▲ 万历贰拾壹年七月初一日结算实在本银于后

一程本修本银壹仟零玖拾壹两壹钱二分　廿六个月

该利银肆佰贰拾伍两五钱六分

一本修本银肆拾两　廿四个月

该利银拾肆两肆钱

一本修本银壹佰两五钱　廿三个月

该利银叁拾肆两五钱

一本修本银肆佰零捌两陆钱四分　廿一个月

该利银壹佰贰拾捌两柒钱叁分

一本修本银拾肆两壹钱六分

该利银叁两肆钱

共本银壹仟陆佰伍拾肆两肆钱二分

共利银陆佰令陆两伍钱肆分六

二共本利贰仟贰佰陆拾两玖钱五分八

支银贰佰零伍两一钱八

支银叁拾叁两　加利

支银柒拾肆两捌钱令七厘

支银贰拾肆两叁钱

支银贰拾两令捌分

共支过银叁佰伍拾柒两肆钱五分七

一仍本修实在银壹仟玖佰令叁两五钱令一厘付作贰拾壹年生利

(中间略)

一存还长白银玖拾两

该利银贰拾壹两陆钱

一存还黑铁兄壹佰两

该利叁拾两

一存还灵斋银壹佰两

该利银贰两陆钱

(中间略)

一存还聚义会银壹拾柒两叁钱一分

该利叁钱五分

一存还小青捌拾两

通共银陆仟壹佰伍拾伍两令捌分三厘

查实在物银于后

叁仟令叁拾两　　存青布壹万叁仟捌佰匹

陆拾柒两五钱　　存蓝布肆佰伍拾匹

柒佰令贰两捌钱　存白布

贰佰捌拾两　　　存临清布银

叁拾陆两　　　　存米陆拾石

（中间略）

叁佰贰拾两　　　存家火、缸水装修等件

共银陆仟壹佰伍拾伍两令捌分四

按：《万历程氏染店查算账簿》反映了万历十九年至万历三十二年程氏染店的资产、利润盈亏、股本变动等情况，收录于《徽州千年契约文书·宋元明编》（第8册）。本处所选史料是万历二十一年染店第一次盘点的账簿记录，详细记载了程氏染店的资本收支情况。

3.《万历收支银两册》

万历十九年十月起至

二十年十月中止　是年正月十八九妹生

一收（兴）国利壹仟贰百壹拾伍两陆钱捌分壹厘

一收（武）穴利柒百贰拾叁两玖钱伍分玖厘

一收（仪）真利捌两捌钱

共利壹仟玖百四拾捌两肆钱肆分

一国支壹百叁拾柒两

一穴支叁百贰拾伍两伍钱壹分伍厘

一仪支壹百零肆两零壹分

共支伍百陆拾陆两伍钱贰分伍厘

得利壹仟叁百捌拾壹两玖钱壹分伍厘

原本壹万零肆百玖拾伍两伍钱捌分叁厘

共在壹万壹仟捌百柒拾柒两肆钱玖分捌厘

其年合各店实长出银壹百余两□□末年

与仪清查二叔本银十九廿凭晓生并利

一切找清无欠批存三房合同上

内巨源等附约不满六百两

伯兄原本壹百肆拾肆两玖钱零柒厘

（中间略）

一支外叁两壹钱肆分

仍存壹百叁拾捌两叁钱叁分

按：史料第一部分是本年收支的分项记录，第二部分是盈利结算，第三部分是年终分配和清算。转引自郭道扬的《中国会计史稿》（下册），中国财政经济出版社 1988 年版，第 97-98 页。

（二）其他档案文献中的明代会计史料

▲《□□□呈报清查三万、辽海、铁岭三卫与安乐州已未完均徭银两及各项支用细册》（第四件）

□管。万历十八年六月终止，已未完银三百八十四两四钱五分：已完银一百九两六钱，未完银二百七十四两八钱五分。万历十五年拖欠银三十九两五分，万历十六年拖欠银八十两八钱，万历十七年拖欠银七十七两五钱，万历十八年拖欠银七十七两五钱。

新收。万历十八年七月起至万历二十年五月终止，已未完银九十七两五钱：已完银二十三两三钱，未完银七十四两二钱。

正收万历十九年分原编银八十七两五钱：已完银一十三两三钱，未完银七十四两二钱。万历十八年分已完银一十两。……起至万历二十年五月终止……

万历二十年五月终止，已未完银四百七十一两九钱五分：已完银一百三十二两九钱，未完银三百三十九两五分。

上次查盘已经参问过，拖欠银二百六十四两八钱五分。万历十五年拖欠银三十九两五分，万历十六年拖欠银八十两八钱，万历十七年拖欠银七十七两五钱，万历十八年拖欠银六十七两五钱。

今次委官安乐州知州张德崇查盘出拖欠银七十四两二钱。开原城堡拖欠花户杨二汉等，拖欠银一十八两二钱。中固城堡拖欠花户王洗子等拖欠银一十七两一钱。铁岭城堡拖欠花户傅小四等拖欠银一十二两四钱。汎河城堡拖欠花户刘卜希罕等拖欠银一十二两四钱。□□城堡拖欠花户黄老汉等拖欠银一十九两三钱。

按：该史料是以披露外欠账务为中心的四柱奏销清册。摘自辽宁省档案馆、辽宁社会科学院历史研究所编《明代辽东档案汇编》（上），辽沈书社 1985 年版，第 565-566 页。

第九节　清代会计史料

一、清代会计发展概况及会计史料的来源与特点

（一）清代会计发展概况

清代是我国最后一个中央集权的封建王朝，资本主义萌芽有了初步发展。由户部（后改为度支部）管理国家财政，依靠奏销制度掌握全国的财政收支，坚持中央集权的财政控制。四柱结算法广泛运用于会计结算，随着会计录的编制与奏销制度的健全，会计控制手段更为严密和完善。在国外近代会计思想影响下，以大清银行为代表的官办企业开始走上改良会计的道路，着手开展会计改良工作。清代民间会计也取得了显著发展，尤其是中国固有的复式簿记得以产生和运用。清末，为改变当时财政状况混乱的局面，清政府积极引入近代西方预算制度，进行了预算会计改革的有益尝试。

清代基本上沿袭明代的政府审计制度，实行科道监审合一的审计体制。清朝把六科给事中并入都察院，同时在都察院之下设置十五道监察御史负责地方审计，在保证审计独立性的基础上，使得政府审计机构更具专业性和统一性等特点。雍正朝曾短期设置会考府对中央各部院的钱粮奏销进行审查稽核。清末还拟设立审计院，对审计体制改革进行有益的探索，但由于清王朝覆灭，设立审计院的计划未能实施。

（二）清代会计史料的来源及特点

1. 清代会计史料的来源

（1）传世文献方面。清朝继续设馆修撰“正史”，还编修实录、会典和“清三通”，传世文献史料比较丰富。清代对典章制度最详细、具体的专业记载是工部颁布的各种匠作则例，其中涉及会计制度较多的是《内务府则例》《吏部则例》和刑法典中的《大清律》。此外，《清实录》《清会典》和民国时所撰《清史稿》等典籍中也有与会计相关的零散记载。

（2）档案文献方面。清代有丰富的档案资料可资利用。该时期的官方档案包括中央和地方政府档案，中央档案主要有内阁、内务府、工部、度支部和会考府档案，涉及大量会计方面的记载，这些档案目前主要保存在中国第

一历史档案馆。地方档案主要有四川巴县档案、南部县衙门档案和贵州清水江文书等，其中部分内容涉及会计活动。清代民间档案主要有晋商、徽州等工商业文书，其中有大量账簿方面的记载。《历史档案》《清代档案史料丛编》会定期整理、编辑出版清代档案资料，在研究中可加以利用。

2. 清代会计史料的特点

（1）传世文献中的史料“多”“散”“乱”。史料愈近越繁①，清代文献丰富，种类较多，保存完整。仅就会典体史籍来说，清代就有康熙、雍正、乾隆、嘉庆和光绪五朝会典，以及嘉庆、光绪两朝会典事例。研究清代会计史，除利用档案史料外，还需利用编年体、纪传体、政书类、地方史志、文集等文献中的会计史料。清代传世文献虽然数量庞大、种类繁多，会计史料分布却相当分散，搜集和利用很是不便。

（2）清代档案史料丰富，保存完整。清代档案种类较多，包括内阁大库档案、内务府档案和四川巴县档案等政府档案，以及孔府档案、山西票号文书、徽州文书等民间档案。如此丰富的档案资料，为其他朝代所不及。自2002年国家清史纂修工程开展以来，大量清代档案或整理影印出版，或制成数字化资源供人们利用，为深入研究清代会计史提供了宝贵资料。

二、与清代会计史料有关的文献概要

（一）与清代会计史料有关的传世文献概要

1.《清实录》

清代官修的编年体史料汇编包括《太祖实录》《高宗实录》等12部实录，取材范围广泛。各朝的诏敕令旨、政务活动、财政赋役、典章制度等都以编年体的形式，被不间断地记录下来，是《清史稿》《东华录》等清史著作的基本史料来源，对清朝会计史研究具有重要的学术价值。中华书局2012年出版影印本。

2.《清史稿》

清末民初赵尔巽等撰。全书包括本纪、志、表和列传共529卷，记载自清太祖努尔哈赤称汗至宣统三年清朝灭亡的历史。主要取材于实录、会典、地方志、档案资料和私人著述，对与清代有关的史料进行了初步整理，对清

① 桑兵．晚清民国的国学研究［M］．上海：上海古籍出版社，2001：184.

代会计史研究具有一定的史料价值。中华书局2012年出版标点本。

3.《清会典》与《清会典事例》

《清会典》和《清会典事例》又名《钦定大清会典》和《钦定大清会典事例》，清朝官修政书，共编纂有康熙、雍正、乾隆、嘉庆、光绪五朝会典，以及嘉庆、光绪两朝会典事例。其基本体例与历代会典类似，以职官为纲，据实录、国史及内廷有关资料，分别记述内阁、六部、都察院、内务府等清代中央机构设官及其职掌等内容，是研究清代会计制度的重要史料。北京线装书局2006年出版点校本《大清五朝会典》。

4.《东华录》

《东华录》是由私人修撰的编年体资料长编。主要采集实录、会典和臣僚奏议等文献资料，对清代会计史研究具有一定的史料价值。《东华录》有两种不同的版本：一种是蒋良骐所辑录的《东华录》（齐鲁书社2005年版），共32卷；另一种是王先谦所辑录的《东华录》（上海古籍出版社2008年版），共100卷。

5.“清三通”

清朝官修，包括《清朝通典》100卷、《清朝通志》126卷、《清朝文献通考》300卷。与《会典》内容主要详于职官不同，“清三通”侧重介绍清代经济、政治制度及其演变。其中，《清朝文献通考》（原名《皇朝文献通考》）记载了自清朝开国元年至乾隆五十年的史实，内容分为田赋、钱币、户口、国用、职官、刑等26考，取材多据档案、国史、实录及私人文集等，在“清三通”中史料价值最高。浙江古籍出版社1988年出版影印本。

6.《清朝续文献通考》

清末民初刘锦藻撰，共400卷，体例主要依照《清朝文献通考》，年代也与《清朝文献通考》相衔接，记载自乾隆五十一年至宣统三年有关清代典章制度的沿革。该书主要取材于清代实录、会典、则例等，是研究清代政治经济制度的基本史籍，对清代会计史研究具有一定的史料价值。浙江古籍出版社2000年出版影印本。

此外，研究中还可参考《古今图书集成》、《大清律》（即《大清律例》）、《养吉斋丛录》、《明清赋役全书》、《石渠余纪》、《福惠全书》、《皇朝政典类纂》、《历代职官表》等传世文献。

（二）与清代会计史料有关的档案文献概要

1. 自贡盐业档案

清代四川自贡盐业档案内容多种多样，其中部分契约档案载有生产销售、企业资本增减和损益分配、财务收支等内容。参见自贡市档案馆等编的《自贡盐业契约档案选辑》（中国社会科学出版社 1985 年版），自贡市档案馆编的《自贡盐业历史档案 · 契约卷》（凤凰出版社 2017 年版）。

2. 清代徽州文书

徽州文书是指在皖南旧徽州府一域发现、由徽州人手写的各类文献。[①] 徽州文书遗存数量多、类型多样，其中的鱼鳞册、黄册、账册等文书，对会计史、商业史和社会史研究皆具有重要的学术价值。目前，徽州文书的收集、整理和研究已取得重要进展。相关的史料整理成果主要有：王振忠主编的《徽州民间珍稀文献集成》（复旦大学出版社 2018 年版），李琳琦主编的《安徽师范大学馆藏千年徽州契约文书集萃》（安徽师范大学出版社 2014 年版），刘伯山主编的《徽州文书》（广西师范大学出版社 2005 年版），王珏欣、周绍泉主编的《徽州千年契约文书》（清民国编）（花山文艺出版社 1993 年版）。

3. 清代彝文田赋账册

朱崇先、杨怀珍的《国家图书馆藏清代彝文田赋帐簿研究》（民族出版社 2013 年版）中辑录了国家图书馆藏、清华大学图书馆藏和云南禄劝县民族宗教事务局古籍办公室藏清代彝文田赋账单和账簿，为研究清代少数民族经济的发展和少数民族会计史提供了重要史料。

4. 曲阜孔府档案

山东曲阜孔府档案是我国现存数量最多的私家档案。这些档案以清代的居多，内容涉及租税、财务、文书等方面，对清代会计史研究具有一定的史料价值。参见《曲阜孔府档案史料选编》（第 3 编清代档案史料）（齐鲁书社 1988 年版）。

5. 中国第一历史档案馆藏清代档案

中国第一历史档案馆（原故宫博物院明清档案部）所保存的清代档案，

---

① 王振忠．徽州文书与明清以来的中国史研究［J］．安徽大学学报（哲学社会科学版），2018（1）：1.

主要有军机处、内务府、内阁、六部等中央机关的档案，其中有许多财政、会计方面的史料。相关文献主要有：中国第一历史档案馆编《清代档案史料丛编》（中华书局 1991 年版）；国家图书馆编《清代民国财政预算档案史料汇编》（全国图书馆文献缩微复制中心 2006 年版）；国家图书馆编《国家图书馆藏清代税收税务档案史料汇编》（全国图书馆文献缩微复制中心 2008 年版）。因国家清史纂修工程而整理出版或影印出版的档案资料有《清末民国财政史料辑刊》（北京图书馆出版社 2007 年版）、《清末民国财政史料辑刊补编》（国家图书馆 2008 年版）。

6. 四川巴县档案

清代四川巴县档案是我国现存时间最长、保存最完整的一部地方历史档案。[①] 档案内容丰富，涉及地方行政、司法、财政、商业等方面的史料。其中的清代日用账簿，为研究清代地方财政经济和会计活动等提供了第一手资料。参见四川省档案馆、四川大学历史系主编《清代乾嘉道巴县档案选编》（下）（四川大学出版社 1996 年版）。

7. 晋商商业帐簿

晋商是明清以来对中国商业影响较大的“十大商帮”之一。在长达数百年的经营过程中，晋商积累了大量以账簿为代表的商业文书资料，这些文献对清代民间会计和内部控制研究具有重要的史料价值。相关史料整理成果有：黄鉴晖的《山西票号史料》（山西经济出版社 2002 年版）、刘建民的《晋商史料集成》（商务印书馆 2018 年版）。

8. 贵州清水江文书

贵州清水江文书指明末清初至 20 世纪 50 年代，贵州清水江流域苗族、侗族林农在林业经营管理过程中形成的民间契约和交易记录。清水江文书种类繁多，内容涉及山林契约、山场清册、账簿等，对少数民族会计史研究具有一定的参考价值。相关史料整理成果有：贵州省档案馆的《贵州清水江文书》（贵州人民出版社 2019 年版），张应强和王宗勋的《清水江文书》（广西师范大学出版社 2009 年版）。

9. 浙江松阳石仓文书

浙江松阳县石仓村民间所收藏的各类文书，是继徽州文书后发现的又一

① 张仲仁，李荣忠．历史的瑰珍：清代四川巴县档案［J］．历史档案，1986（2）：125.

村落文书。文书内容十分丰富，涉及买卖、租赁、典当、借贷、雇佣、税粮完纳等方面。《石仓契约》收集了数千件土地契约及民间文书，其中，会计账簿文书主要分布于第 5 辑。参见曹树基等编《石仓契约》（第 5 辑）（浙江大学出版社 2018 年版）。

10. 甘肃清朝粮食奏销册档案

《甘肃清朝档案史料汇编》是清朝光绪十八年和光绪二十年甘肃布政使司及其所属州、县的仓谷奏销清册的汇编，主体内容分为旧管、新收、开除和实在四部分，每一项下面都有各类粮食数额的详细记载，其中，新收和开除款项除却各类粮食及其数额的详细记载外，还列有详细的粮款来源以及开支条目，是研究清朝奏销制度实际运行和实施情况最直接的史料。参见甘肃省档案馆《甘肃清朝档案史料汇编》（第 1 辑 · 仓谷奏销清册）（甘肃人民出版社 1997 年版）。

三、传世文献中的清代会计史料辑要

（一）清代财计组织和会计职官史料

1. 清代中央财计组织和会计职官史料

清代中央设户部掌管全国财政。户部之下分设山东、山西等十四个清吏司对口管理各省会计出纳等事宜，分别掌核各省钱粮奏销之责。光绪三十二年（公元 1906 年），为适应“新政”的需要改户部为度支部，其下分设会计、田赋、库藏等十司，其中，库藏司掌国库财物之保管出纳，会计司则掌会计核算及内部审计。相关史料主要出自光绪《大清会典》《清朝文献通考》《清史稿》等文献。

（1）与清代户部相关的史料。

▲（户部）掌天下之地政与其版籍，以赞上养万民。凡赋税征课之则，俸饷颁给之制，仓库出纳之数，川陆转运之宜，百司以达于部。尚书、侍郎率其属以定议。大事上之，小事则行，以足邦用。

——光绪《大清会典》卷 13《户部》

▲ 户部掌天下户口、土田之籍，一切经费出入，悉统理焉。

——《清朝文献通考》卷 81《职官考五 · 户部》

▲ 户部掌司钱谷，职任匪轻，应立旧管、新收、开除、实在文簿，年终令公明官稽查。 ——《清朝文献通考》卷 41《国用考三 · 会计》

▲ 著户部合计各省地丁、盐、漕及厘金、捐输等项，除蠲、缓外，合明每岁出入之数，以入抵出。……并将各收支细数按年造册核销。

——《清朝续文献通考》卷70《国用考八·会计》

（2）与清代清吏司相关的史料。[①]

▲ 十四司，各掌其分省民赋，及八旗诸司廪禄，军士饷糈，各仓，盐课，钞关，杂税。——《清史稿》卷114《职官一》

▲ 凡钱粮入有额征，动有额支，解有额拨，存有额储，无额则有案。及奏销，则稽其额与其案而议之。省各隶于司。

——光绪《大清会典》卷20《户部》

▲ 山东清吏司掌稽山东布政使司及盛京民赋收支奏册，兼核长芦等处盐课请引疏销。……山西清吏司掌稽山西布政使司民赋收支奏册，兼核游牧察哈尔地亩。……江南清吏司掌稽江宁、苏州、安徽三布政使司民赋收支奏册，兼核江宁、苏州织造支销奏册。……云南清吏司掌稽云南布政使司民赋奏册，兼核山东、河南、江南、江西、浙江、湖广等省岁运漕糈、京通仓及江宁水次六仓收支考核。……贵州清吏司掌稽贵州布政使司民赋收支奏册，兼核各关、各口征收税课。——《清朝文献通考》卷81《职官考五·户部》

▲ 户部山西司奏销红册为一岁国用出入总汇之本。

——《石渠余纪》卷3《直省出入岁余表》

（3）与清代度支部和会计司相关的史料。

▲（度支部）综理全国财政，管理直省田赋、关税、榷课、漕仓、公债、货币、银行及会计度支一切事宜。……并可随时派员调查各省财政。

——《光绪政要》卷33

▲ 外债之借还，归度支部经理。各省各部借外债，经度支部同意，由部借入转交各省、部。偿还借款由度支部负责。

——《清末民国财政史料辑刊》（第1册）《度支部清理财政处档案》

▲ 会计司掌核全国岁入岁出款目，编列预算决算表式，汇纂各部各省财政统计，颁布各项簿记法式，核定各项特别经费特别报销，筹计颁布国家公债，核算赔还洋款，核办各省春秋冬拨册各事宜。

——《清朝续文献通考》卷121《职官七》

① 光绪《大清会典》所记清代清吏司各司职掌，大多比乾隆《大清会典》所记有所扩大，只有山西清吏司的职掌缩小。参见陈锋．清代财政政策与货币政策研究［M］．武汉：武汉大学，2013：458-459.

2. 清代皇室财计组织和会计职官史料

清代皇室财计的主管机构为内务府，下设会计、广储、营造等七司，其中由会计司掌皇室会计核算，广储司掌财物保管出纳。相关史料主要出自光绪《大清会典》。

▲（会计司）掌征三旗庄赋园赋而稽其出纳。……岁终会核其数而题焉。

——光绪《大清会典》卷90《内务府·会计司》

▲（广储司）掌库藏出纳之政令。设六库以储上用，一曰银库，二曰皮库，三曰瓷库，四曰缎库，五曰衣库，六曰茶库。皆时其启闭，各稽其出纳之数，书于黄册蓝册，五年则钦派大臣以察核之。

——光绪《大清会典》卷90《内务府·广储司》

3. 清代地方财计组织和会计职官史料

清代地方政权分为省、道、府、县四级。相关会计史料涉及布政使、通判、县丞及主簿等，主要出自《清史稿》《清朝文献通考》等文献。

▲承宣布政使司布政使掌一省之政，司钱谷之出纳。十年会版户，均税役，登民数、田数，以达于户部。——《清朝文献通考》卷85《职官考九》

▲承宣布政使司布政使，省各一人。……十年会版户，均税役，登民数、田数，以达于户部。……库大使掌库藏籍帐，仓大使掌稽检仓庾。

——《清史稿》卷116《职官三》

▲凡州县官征收田赋，如期运解布政使司，以待部拨，其应充本地经费者，如数存留，以待支给。布政使司受其出入之籍而钩考之，以待奏销。

——乾隆《大清会典》卷10《户部》

▲各省财政头绪纷繁，自非统一事权，不足以资整理。嗣后各省出纳款目，除盐粮关各司道经管各项，按月造册送藩司或度支使查核外，其余关涉财政一切局所，著各该督抚体察情形，予限一年，次第裁撤，统归藩司或度支使经管。——《宣统政纪》卷12

（二）清代审计史料

相关史料涉及都察院属下的六科和监察御史、户部下设的十四清吏司、会考府等审计机构的职掌及审计活动。

1. 清代都察院审计史料

清承明制设都察院，作为国家最高监察机关。都察院具有审计职能的是六科、十五道等机构。

（1）清代六科审计史料。六科是都察院为了对吏、户、工等六部进行对口审计监督而设置的机构。上自中央六部、下至地方直省的一切财政收支活动，均在六科审计监督之内。相关史料多出自光绪《大清会典事例》《清史稿》等文献。

▲户科分稽财赋，注销户部文卷。工科分稽工程，注销工部文卷。

——《清史稿》卷115《职官二》

▲凡在京部院各衙门，支领户部银物，各衙门每月造册送户科察核。如有浮冒舛错者，指参。　——《大清会典事例》卷1015《都察院·六科》

▲直省钱粮，每岁终该抚造具奏销册，开载田赋款项数目，并造具考成册，开列已未完数目，送户科察核。

——《大清会典事例》卷1015《都察院·六科》

▲凡藩司交代，必将其任内收放钱粮交盘出结，造册呈送该抚具题，送户科察核。　——《大清会典事例》卷1015《都察院·六科》

▲凡京通各仓监督，每岁收放米豆数目造具旧管、新收、开除、实在四柱清册，呈送总督仓场侍郎具题，以册送户科磨对。

——《大清会典事例》卷1015《都察院·六科》

▲凡河工钱粮，每年限八月内奏销，届期备造清册，送工科察核，并送河道图式备考。　——《大清会典事例》卷1016《都察院·六科》

▲凡直省修造城垣、官署、兵房，及开浚池塘，并修理堤坝石闸桥梁等项工料，均造细册，送工科察核。

——光绪《大清会典事例》卷1016《都察院·六科》

▲直省官兵俸饷领结，不必按季赍送，应于奏销前一月，造册送兵科察核。

——《大清会典事例》卷1016《都察院·六科》

▲凡直省驿递钱粮支销数目，令该抚年终造册，送兵科察核，如有浮冒舛错者，题参。　——《大清会典事例》卷1016《都察院·六科》

（2）清代十五道监察御史审计史料。清代都察院设有河南、江南、浙江、山东、山西、陕西等十五道监察御史，履行一定的政府审计职责。相关史料多出自光绪《大清会典事例》《清史稿》等文献。

▲监察御史掌纠察内外百司之官邪，在内刷卷、巡视京营、监文武乡会试、稽查部院诸司；在外巡盐、巡漕、巡仓等及提督学政，各以其事专纠察。

——《清朝文献通考》卷82《职官考六》

▲ 江南道稽察户部、宝泉局、左右翼监督、京仓，总督漕运，磨勘三库奏销。——《清史稿》卷115《职官二》

▲ 各部院将所领三库银缎颜料等项，务于下月初十日以内，造具细数总册，并原稿送江南道逐察核，岁终汇题。倘各该处有不按月咨送，及遗漏迟延等弊，该道即据实参奏。其各处所送支领清册，务按月详对，呈堂存案，该堂官等留心稽察。——《大清会典事例》卷1018

▲ 在京大小各衙门，照刷文卷，凡有关系钱粮者，全行开送，毋得丝毫遗漏。其无关钱粮案件，概行停止送刷。——《大清会典事例》卷1017

2. 清代十四清吏司审计史料

清代户部下设山东、山西、河南等十四个清吏司，按照各自的分工对所辖区域的赋税奏销等财政收支活动承担内部审计监督职责。

▲ 山东清吏司掌稽山东布政使司及盛京民赋收支奏册，兼核长芦等处盐课请引疏销。……山西清吏司掌稽山西布政使司民赋收支奏册，兼核游牧察哈尔地亩。……江南清吏司掌稽江宁、苏州、安徽三布政使司民赋收支奏册，兼核江宁、苏州织造支销奏册。……云南清吏司掌稽云南布政使司民赋奏册，兼核山东、河南、江南、江西、浙江、湖广等省岁运漕糈、京通仓及江宁水次六仓收支考核。……贵州清吏司掌稽贵州布政使司民赋收支奏册，兼核各关、各口征收税课。——《清朝文献通考》卷81《职官考五·户部》

3. 清代会考府审计史料

会考府是雍正时期设立的政府审计机构，其主要职能是审计工部、太常寺等部门的钱粮奏销。相关史料主要涉及会考府设立与裁撤时间、机构编制及官员任用、职权与责任等内容。

▲ 向来奏销钱粮不给部费则屡次驳回，勒索地方官，朕欲革除此弊，特设会考府衙门。前降旨甚明，近见各处奏销之事并不送会考府，各部有擅行驳回者，如此，则勒索之弊尚未革除也。嗣后，有应驳之事，定须送会考府查看，如果应驳，会考府王、大臣官员列名驳回。

——《上谕内阁》雍正元年二月二十五日谕

▲ 向来各部院动用俱系各衙自行奏销，往往无从稽考，朕办事之初不得不加意经理，是以设立会考府以司查核。自雍正元年以来，迄今将及三载……。会考府本属有益，设立日久，但恐多一衙门即多一事端……。嗣后着将会考府停止。——《上谕内阁》雍正三年八月十三日谕

▲ 向来各部院动用钱粮，俱系各衙门自行奏销，往往无从稽考。朕办理之初，不得不加意经理，是以设立会考府以司察核。自雍正元年以来，迄今将及三载，办过各部院奏销钱粮事共五百五十件，内驳回应改正者共九十六件，似此，则部院事件之不能无误，而会考府之有益于察核可知矣。但恐设立日久，多一衙门即多一事端，嗣后著将会考府停止。凡尔部堂司官，各宜秉公抒诚，以尽职业，勿谓无人稽查，遂草率蒙混，致自干罪戾。

——《清朝文献通考》卷41《国用考三》

▲ 肆后，一应钱粮奏销事务，无论何步，俱著怡亲王允祥、隆科多、大学士白潢、左都御史朱轼会同办理。另设衙门，定名会考府，设满汉郎中、员外郎各二员，主事各三员，笔帖式十员。二月二十五日，重申会考府职权，凡各处奏销，有应驳回者，各部均应送会考府查看，如应改驳，会考府王大臣等列名驳回。

——《清世宗实录》卷3

4. 清末预备立宪中筹建会计检查院及审计院史料

在清末筹备立宪过程中，一些有识之士受近代西方审计思想的影响，进行了筹建会计检察院和审计院的尝试，但这些计划随着清王朝的灭亡而没有付诸实践。以下史料主要选自故宫博物院明清档案部编《清末筹备立宪档案史料》（中华书局1990年版）。

▲ 查普鲁士于未立宪法之先，即有会计检查院。日本于明治初年，亦就大藏省先设检查局，嗣因未能独立，效力颇少，乃离政府而直隶君主，监督之权遂由此而扩大。今宜仿普、日之制，特置会计检查院，设正卿、少卿各一人，凡关于检查会计之事，各地方行政官皆受其监督指挥。

——《清末筹备立宪档案史料》，第373-374页。

▲ 欲行责任制度，必立监督机关，宜照光绪三十二年编定官制原案，将审计院及行政裁判院同时设立，而实行其职务，一以坚国民之信服，一以制行政之专横，庶责任机关较为完备。

——《清末筹备立宪档案史料》，第512-513页。

▲ 宜设不隶内阁之大审及会计检查二院，以完司法之独立，重财政之考核也。司法与行政官吏分职任事，不相统摄，已为立宪国之通例。……设会计检查院以稽核全国财政，院长由内阁大臣会奏任，但任职以后独立行事，不受内阁管辖。凡司大审院及会计检查院职者，在各国多为永任官，非犯罪恶不罢职，此制必须酌行，而后法权常伸，而财政不紊矣。

——《清末筹备立宪档案史料》，第551页。

▲ 略仿外国提前设会计检察院，即派政务大臣及度支长官充之，详定格式，就见在用款严加勾考，先除浮冒挪移之弊，而后以筹款委之行政官。政府乃举核节之数与筹得之数，通盘计算，以定办事之次第，而财政机关尤应分任。查各国行政官司，主出纳者不任规划，司稽核者不管金钱。今筹款、用款、司计、司金责任既不分明，指挥一从长吏，挪移则属官不敢问，蔽混则长官不能知。应以监理属会计院，专主稽核；以金库归银行，专主收发。庶理财之官得以专意财政，总任规划，统事权，条理既清，弊窦自无从起。

——《清朝续文献通考》卷398《宪政六》

（三）清代会计（审计）法制史料

1. 清代会计法制史料

主要涉及钱粮收支奏销制度、岁出岁入黄册制度等内容。相关史料主要出自《古今图书集成·食货典》、光绪《大清会典事例》以及《大清律例》等文献。

（1）《古今图书集成》中的会计法制史料。

▲ 直省销算钱粮，逐款备造支解完欠清册，户部据以查核。近畿各省限二月终，远省限三月终到部，逾限者参处。

——《古今图书集成》卷134《食货典·赋役部》

▲ 奏销钱粮册结，必须随案送部，若司道都司府州县卫所官将册结迟延不送，违限一月者罚俸六个月，违限二月者罚俸九个月，违限三月者罚俸一年，违限四五月者降一级留任，违限六月以上者降二级调用，违限一年以上者革职。如已申送而督抚不即送部，违限五月以下者照司道等官例处分，违限六月以上者降二级留任，违限一年以上者降三级调用。

——《古今图书集成》卷136《食货典·赋役部》

（2）光绪《大清会典事例》中的会计法制史料。

▲ 府州县官员造报奏销钱粮册内有数目舛错遗漏者，将该州县官罚俸一年，督抚及转报之司道，各罚俸六月。如督抚司道所造册内，有数目舛错遗漏者，亦各罚俸六月。 ——《大清会典事例》卷107《吏部·处分例》

▲ 州县每年额征钱粮，本年征过若干，各未完若干，其已完银内，州县应留支若干，实应解存司库、报部候拨若干，又节年缓带征钱粮征获若干，仍未完若干，分别正课杂项，各归各款，造具简明册，依限详报督抚查核。该督抚即于二十日内专折具奏，将原册一并送部。迟逾参处。并责

成承办司员，按款详细登记印簿，俟该省春秋二拨及奏销各册到日，逐一核对。遇有送到州县交代册结，随时抽查。倘有已征未解情弊，除州县参革治罪外，并将该督抚藩司一并严参。

——《大清会典事例》卷171《户部·田赋》

▲各省报销，或半年奏报一次，或一年奏报一次，上半年者限本年十二月到部，下半年者限次年六月到部，一年者限次年八月到部。不准经年累月汇案造报。——《大清会典事例》卷177《户部·奏销》

▲各直省奏销钱粮，直隶、山东、山西、河南、陕西、甘肃，限次年四月；奉天、安徽、浙江、江西、湖北、湖南、江南之苏州藩司，限次年五月；福建、四川、广东、广西、云南、贵州、江南之江宁藩司，限次年六月；山西之大同、朔平二府属，与年底另册奏销。凡奏销限期，该督抚照依例定月份，于是月底具题，出文册结随本送部。若因公不能依限，奏明加展，无故逾限者议处。——《大清会典事例》卷177《户部·田赋》

(3) 其他文献中的会计法制史料。

▲工竣之后，限十日内呈递销算清册，限十五日该司核算呈堂。如不遵定限完工，及工竣之日不照限呈递清册，或已递清册该司不据实核算者，照例分别议处。——《大清律例》卷38《工律》

▲奏销册内钱粮总数遗漏印信及有洗补添注字样，造册之员交部议处，缮书册吏按律治罪。——《大清律例》卷7《吏律》

▲嗣后奏销钱粮米石物价工料，必详查核实，造册具奏。以少作多、以贱作贵、数目不符、核估不实者，治罪。——《清史稿》卷121《食货二》

▲府州县卫所官员所造册内，有数目舛错遗漏，督抚不行查出，经该部查出者，将府州县卫所官员罚俸一年，督抚及转报司道都司各罚俸六月。如督抚司道都司所造册内，有数目舛错遗漏者，亦应各罚俸六月。

——《清圣祖实录》卷63

2. 清代审计法制史料

主要涉及钱粮奏销审计、仓库审计和工程审计等方面的法律制度。相关史料主要出自《钦定台规》《大清会典事例》《清史稿》等文献。

(1)《钦定台规》中的审计法制史料。《钦定台规》是清代都察院和六科给事中的工作规程，其中汇集了大量与审计有关的诏谕、条例、则例、规程等官方政令文书。

▲州县奏销册开解支之数，由单列征收之款，每有册单总散数目不符，嗣后奏销册务与由单相符。至实征原额、起存完欠、藩司总数，务与州县细数相符，送户科察核。——《钦定台规》卷16《六科二》

▲凡各省粮艘、兵船及一切应差船，或奉旨新造，或经朽烂拆修，钉板各工料，备造细册，送工科察核。二十八年议准，直省制造盔甲、弓箭、器械、铁炮、火药、铅弹等项，并分给某旗某营，均核明经费出人，备造细册，送工科察核。——《钦定台规》卷16《六科二》

▲嗣后各仓开放米石，户部仍将旗分、仓口，先行知照江南道。仓监督即将实放米数，每月造送江南道。各该处亦将实领米数造册并原稿，于下月初十日内，一并送该道察核，米数相符者，听江南道按月注销，年终汇奏。倘有舛错，照例查参。——《钦定台规》卷18《各道二》

▲紫禁城外修造工程，一百两以上者，令御史稽察。查工完日，将用过物料、钱粮数目开列，咨送该道御史查勘。若修造不如式，责令原修官另造；如有浮冒、不符等弊，会同工科题参。——《钦定台规》卷18《各道二》

▲修建工程等处，多有迟延、浮冒、侵蚀情弊。除内务府监造工程外，其余修建之处，俱令都察院逐一稽察。——《钦定台规》卷18《各道二》

▲在京各衙门，凡关系钱粮、刑名案件，每年八月内，汇造印册，送京畿道刷卷。——《钦定台规》卷18《各道二》

▲将款项数目及领解职名、起解日期、程限，具文飞咨都察院衙门，由都察院堂官札知稽察银库科道，设档登记，弹收后注销。并著于年终汇造批解总册，咨交都察院查核。——《钦定台规》卷30《稽察二》

（2）光绪《大清会典事例》中的审计法制史料。

▲州县奏销册开解支之数，由单列征收之款，每有册单总散数目不符，嗣后奏销册务与由单相符。至实征原额、起存完欠、藩司总数，务与州县细数相符，送户科察核。——《大清会典事例》卷1015《都察院·六科》

▲在京大小各衙门，照例文卷，凡有关系钱粮者，全行开送，毋得丝毫遗漏。其无关钱粮案件，概行停止送刷。

——《大清会典事例》卷1017《都察院·各道》

▲著各该衙门将应刷卷册，于八月初旬，移送河南道，以凭磨对查刷，倘逾期仍蹈故辙，延不造送，即著该御史等查明参处。

——《大清会典事例》卷1018《都察院·各道》

（3）其他文献中的审计法制史料。

▲ 直省征收钱粮，夏税于五六月，秋粮于九十月，其报部之数，责成各司于奏销时详加磨勘，按年送京畿道刷卷。——《清史稿》卷 121《食货二》

▲ 三库月支银两、颜料、缎匹，每月月底缮折具奏。奏后将原折咨送都察院转交江南道查核。其承办札发各司，各将一月内札发过银、缎、物料细数造册，连稿于下月初十日内移送江南道，听候磨对汇题。

——同治朝《户部则例》卷 13《库藏三》

（四）清代会计凭证、账簿、会计报告和会计录史料

1. 清代鱼鳞册史料

鱼鳞图册是业主确定土地产权的依据，也是官府征收田赋的基础。以下两条史料转引自汪庆元的《从鱼鳞图册看徽商故里的土地占有：以歙县〈顺治十年丈量鱼鳞清册〉为中心》（《江淮论坛》2010 年第 3 期）。

▲ 壹字二十九号，土名：厅门前，新丈：屋地四十八步四分六厘，计税：一分七厘三毫，见业：十八都六图八甲郑永庆、五甲郑昭祠，四至：东至郑宗仁屋二十四号，西至郑本先屋卅四号，南至官路，北至郑永庆等地二十八号，分庄：郑永庆八厘六毫五丝，郑昭祠四厘三毫二丝五忽，郑宗仁、郑光先四厘三毫二丝五忽。

▲ 壹字三十一号，土名：长龄村中，新丈：屋地七十八步三分九厘，计税：二分八厘，见业：十八都六图五甲郑本佥，四至：东至郑本仁屋三十号，西至自屋三十二号，南至官路，北至（同西），分庄：郑本佥一分四厘，郑继之一分三厘四毫六丝四忽，郑濂夫五毫三丝六忽。

2. 清代会计凭证史料

相关史料涉及截票（串票）、易知由单、滚单、盐引、部照等，传世文献中仅有简单记载，需要从相关档案文献中查找更为详细的内容。

▲ 令各省巡抚于每年奏销时，盘查司库钱粮。先是各州县催征用二联串票，官民分执，不肖有司勾结奸胥，以已完作未完，多征作少征，弊窦日滋。至是议行三联串票，一存有司，一付役应比，一付民执照。其后更刊四联串票，一送府，一存根，一给花户，一于完粮时令花户别投一柜以销欠。未几，仍复三联串票之制　　——《清史稿》卷 121《食货二》

▲ 各省州县将下年征粮之红簿于上年十月内申送布政司钤盖印信，于开征前给发各州县，于征收时眼（连）同花户登记填写串票。上司盘查，即取

布政司钤盖之红簿对验。其征收卯簿，该管官务须亲对完欠，无得假手户房。

——《清朝文献通考》卷3《田赋考三》

▲额定粮数，俱填易知由单，设有增减，另给小单，以防奸胥籍口。……收粮听里户自纳，簿柜俱加司府封印，以防奸弊。

——《清世祖实录》卷59

▲凡征粮立滚单，每里之中，或五户或十户，止用一单，于纳户名下注明田亩若干，该纳银米若干，春应完若干，秋应完若干，分作十限，每限应完银若干，给与甲内首名，挨次滚催。——《清朝文献通考》卷2《田赋考二》

3. **清代奏销制度及奏销册史料**

清政府依靠奏销制度掌握全国的财政收支，奏销册则是奏销制度的核心内容。奏销册的基本形式是记录旧管、新收、开除、实在的四柱清册。① 相关史料主要涉及奏销时限、奏销格式、奏销流程和四柱清册，以及对奏销册的核查磨算等内容。

▲凡岁课奏销，布政司会所属见年赋税出入之数申巡抚，疏报以册达部，曰奏销册。载旧管、新收、开除、实在四柱，条析起运、存留、支给、拨协、采办为数若干，以待检校。部会全数而复核之。汇疏以闻。以慎财赋出入，以定奏销考成。——乾隆《大清会典》卷10《户部》

▲国家钱粮，部臣掌出，藩臣掌入。入数不清，故出数不明。请自八年为始，各省布政使司于每岁终会计通省钱粮，分别款项，造册呈送该督抚按查核。恭缮黄册一套，抚臣会题总数，随本进呈御览。仍造清册，咨送在京各该衙门互相查考，既可杜藩臣之欺隐，又可核部臣之参差。

——《清世祖实录》卷57

▲奏销册者，合通省钱粮完欠支解存留之款，汇造清册，岁终报部核销。定制可谓周且悉矣。——《清史稿》卷121《食货二》

▲凡奏销，必以四柱之册。一曰旧管、二曰新收、三曰开除、四曰实在。司若道以册申于总督、巡抚加印而送部焉。及本下，十有四司各按其所隶而核之。——光绪《大清会典》卷19《户部》

▲奏销册，直省布政使司总数，府州县细数，皆载旧管、新收、开除、实在四柱，以凭稽核。——光绪《大清会典事例》卷177《户部》

▲今官司钱粮交代，必造四柱册。四柱者，盖旧管、新收、开除、

---

① 土居智典．从田赋地丁看晚清奏销制度［J］．北大史学，2005（11）：277.

实在也。——《十驾斋养新录》卷19《四柱》

▲ 藩司攒造地丁奏销册，于例限前令各属先造草册申送，核发照造，如款项数目不符，即于草册内注明发回，分别远近，定限补造。……直省奏销钱粮，由藩司核造总册，申呈该管督抚，该督抚无遗漏滥支，加钤印信，声明具题。……各省每年奏销地丁钱粮，各该督抚缮造黄册，随本进呈。

——乾隆《户部则例》卷16《田赋·奏销考成》

4. 清代会计录及会计分析史料

相关史料有刘岳云的《光绪会计表》和李希圣的《光绪会计录》。其中，李希圣编撰的《光绪会计录》的内容较为完善。该书以光绪十九年的财政收支数额为依据，基本内容分为两部分：一是列示全国的收支总数；二是分别列示各项收支的明细数额。总数按收支大项排列，明细数则按细目列示。大项一律采用四柱式，着重反映每一财政收支项目的动态；各个细目以反映本年度实际收支数为主。《光绪会计录》为揭示国家财政收支中存在的问题，提供了系统而较为完整的资料。具体内容参见教育世界社清光绪二十七年石印本《光绪会计表》、上海时务报馆1896年石印本《光绪会计录》。

（五）清代预算会计史料

清末的预决算会计制度是接受西方预算思想和预算制度的产物。相关史料主要涉及预决算制度、预决算表、预算制度建立与执行等内容，主要见于《清朝续文献通考》《清末筹备立宪档案史料》等文献。

▲ 泰西各国岁入岁出之款，年终布告国人，登之报章，虽以五尺之童无不能言国用者，中国则不然，自光绪七年已有岁计报告之文，当事者终视为故事而虚应之，司农大臣老于其职不能尽举，非无石生魁士博极古今，进而问以左藏之所掌，瞠目不能对，盖官无成画，吏无专牍，以蔽为能，以秘为巧，财政终靡得而理矣。——《清朝续文献通考》卷67

▲ 户部职掌度支，近年经用浩繁，左右支绌，现在力行新政，尤须宽筹经费，以备支用。……近来泰西各国，皆有预筹用度之法，著户部将每年出款、入款，分门别类，列为一表，按月刊报，俾天下咸晓。

——《清德宗实录》卷426

▲ 近泰西各国岁出岁入，年终布告国人，每岁国用，妇孺咸晓。考泰西列邦，所以国人咸知国用者，在有预算以为会计之初，有决算以为会计之终。

其承诺之任，监财之权，悉议会担之。……近奉明谕，预备立宪，设资政院以司预算，设审计院以掌检查，远符周礼，旁采列邦，用意至善。

——《光绪政要》卷32，光绪三十二年十二月，《度支部议复御史赵秉麟奏制定预算决算表事宜》

▲至预算报告册，系自宣统二年起，每年均限于五月底到部。决算报告册系自宣统四年起，每年均限于六月底到部。

——档案，宣统元年八月二十八日度支部奏，《为清理各省财政，酌拟册报处分事》①

▲户部将每年钱漕正供所入若干、关税杂款之有定者若干、其无定者约入若干，缕析条分，按簿细核，定为岁入一表。即将每年度支，自宫廷内外，以及各省常年开支，分别正项杂项，逐一开单，进呈御览，交王大臣会同各部院详加核议，将有名无实之款，一概淘汰，定为岁出一表。俟诸臣核议详妥奏闻，均行颁布，天下周知。

——《军机处录副·补遗·戊戌变法项》，七月二十七日翰林院代奏②

（六）清代成本会计史料

目前已知清代成本、费用和利润史料主要出自《松江府续志》《两淮盐法志》《皇朝经世文编》等文献。其中，乾隆、嘉庆、光绪三朝《两淮盐法志》均有“成本”专篇，其他地方志书和农书中也有一些成本方面的内容。清代资本主义萌芽有了初步发展，传世文献中有大量清代成本和管理会计方面的史料尚待发掘和利用。

▲凡田须人工。自开耕至上场，亩须十余工。旧时雇人耕种，其费尚轻。今则佣值已加，食物腾贵。一亩已约需工食二千钱。再加膏壅二千钱，在农人自种或伴工牵算，或可少减。丰岁富田，近来每亩不过二石有零，则还租而外，更去工本，所余无几，实不足以支日用云。

——《松江府续志》卷5《疆域志·风俗》

▲田之须人工也，锄田及塌跋头亩各一工。中等之牛，日可犁田十亩，然必须两人服事，一人捉草，一个扶犁，一田须犁田两次，耙亦如之，合而计之，每亩须人一工。插秧每日人种一亩五六分，然拔秧挑秧分秧，两人种

① 转引自陈锋．晚清财政说明书的编纂与史料价值［M］//中国近代史研究所．章开沅先生九秩华诞纪念文集．武汉：华中师范大学出版社，2015：520.

② 转引自茅海建．戊戌变法史事考初集［M］．北京：生活·读书·新知三联书店，2012：320.

秧须一人服事，统计一亩，亦得一工。三耘三耥，每亩合须二工，拔草下壅须一工。车水无定，收稻须一工，掼稻选柴须两工。砻米不计工。极一人之力，日砻米一石而已。自开耕至上场，亩须十余工也。

——（清）姜皋《浦泖农咨》

▲ 旧时雇人耕种，其费尚轻。今则佣值已加，食物腾贵。如忙工之时，一工日食米几二升、肉半斤、小菜烟酒三十文、工钱五十文，日须两百文。一亩约略以十工算，已须工食两千文；再加膏壅，必得两千文。在农人自种或伴工牵算，或可少减，然亦总额须三千余文。种熟一亩，上丰之岁，富农之田，近来每亩不过两石有零，则一石还租，一石去工本，所余无几，实不足以支持一切日用。——（清）姜皋《浦泖农咨》

▲ 自场价、额课、引窝、捆运、包索、水脚，以及河工、织造、铜斤并辛工火足等项，每引需用成本银七两一钱三分九厘六毫零，每包一钱七分一厘二毫零，每斤二分七毫零。——光绪《两淮盐法志》卷99《征榷门·成本上》

▲ 每村庄知务本种稻者，不过十分之二三，图利种棉者，则有十分之七八。

——《皇朝经世文编》卷37《户政·农政中》

▲ 每钱一千，约费铜七斤，加以炉座工炭等费不下三钱，每钱一千作银一两，约略相当，无甚息也。——《皇朝经世文编》卷53《户政·钱币下》

▲ 论成本，则晒为轻，煎之用草荡者次之，煤火又次之，木则工本愈重。

——《清史稿》卷123《食货志四》

▲ 今宝泉、宝源二局每年额铸钱文，每串需工本银一两四钱，岁计亏折银约三十万两。——《浙江通志》卷87《钱法》

（七）清代会计舞弊史料

清代官吏贪腐之风盛行，上自朝廷大员和内务府，下至州县官员及书吏、幕友和长随等低层胥吏，均深陷其中的纵向贪腐链条和横向贪腐网络，给国家财政税收、社会秩序和百姓生活造成了严重危害。会计舞弊是官吏贪腐和侵吞国家资产的常用手段，《皇朝经世文编》《清实录》等传世文献中有大量相关的记载。

▲ 簿书太繁者，乃用法之流弊，非立法之本意也。夫立法之本意，所以课功核实，而防奸伪也。但用之不善，则本以课功，或因琐细而转致羁迟；本以核实，或不胜烦数而应以具文；本以防奸，乃本病未去而他病丛生。

——《皇朝经世文编》卷15《吏政·吏论上》

▲钱粮数目繁琐，头绪牵杂，非精于核算，洞悉款项，熟知卷案者，万难得其要领。司官专司其事，设或稍欠精详，便为吏胥蒙蔽。况堂官不过总其大概，止据说堂数言，安能备知底里，加以多慎重钱粮起见，自是一照司议。由是而吏胥之权重矣，部胥之权既重，则经用钱粮之官不得不行贿以求之所谓部费也。

——《皇朝经世文编》卷26《户政·理财上》

▲内务府之职，如衙门之有庶务，即俗所谓帐房也。帐房有折扣、有花帐，已处处有弊，而内务府更有百倍于此者。……盖御膳房报帐，一个鸡蛋须三两银也。……甚矣，积重之难返也！——（清）何德刚《春明梦录》

▲据称司库历年出入银数，纠葛不清，司书狡黠支吾。因调齐册档案据，详悉稽核，查出历年地粮耗羡以及杂税银两，均有虚收之款。随又亲提各州县奉到司发批收，逐加核对，竟有假印贴改诸弊。随查传承办司书王丽南等隔别严讯。历年以来，该犯等有将司发库收小数贴改大数者，有将领款抵解钱粮，又蒙混给发者，有串通银匠给与假印批收者，为弊不一，共虚收过定州等十九州县地粮、正耗、杂税等银二十八万余两。

——《清仁宗实录》卷165

（八）清代会计人物与会计思想史料

史料涉及梅文鼎、黄遵宪、郑观应等的会计思想。

▲四柱者，旧管、新收、开除、实在也。各衙门造册，必归四柱，则收放可稽，在笔算则减、并合用。盖旧管、新收用并法，开除用减法，实在则减余也。亦有减尽无余者，则无实在，即于实在项下直注曰无。其事件创立之前无所承者，则无旧管。亦有存留不动之项，则有旧管而无新收，其法并同。

——《历算全书》卷34《钱粮四柱法》

▲余考泰西理财之法，预计一岁之入，某物课税若干，某事课税若干，一一普告于众，名曰预算。及其支用已毕，又计一岁之出，某项费若干，某款费若干，亦一一普告于众，名曰决算。

——黄遵宪《日本国志》卷17《食货志三》

▲度支者，国家预筹出入之数也。泰西各国每岁出入度支皆有定额，不能愈限。

——《盛世危言·度支》

四、档案文献中的清代会计史料辑要

（一）晋商会计史料

晋商在长期经营过程中，留下了丰富的经营管理活动史料。刘建民的

《晋商史料集成》（商务印书馆 2018 年版）、李锦彰的《晋商老账》（中华书局 2012 年版）、黄鉴晖的《山西票号史料》（山西经济出版社 2002 年版）等论著中有大量晋商会计史料。此外，《中国经济史研究》《财会月刊》等期刊中也经常能检索到新发现的晋商账簿史料。

1. 《乾隆十六年（1571）晋商年终决算清单》

一宗原本银叁千四百八十两

一宗护本银七百十五两

一宗借贷本银八百四十五两

三宗共本银伍千四拾两

一宗得十五年利银五百十贰两八钱五分

一宗现得利银叁百八十八两八钱

一宗得估衣利银七十六两四钱七分

一宗得外帐利银贰百卅两七分

一宗得日清长银廿六两八钱八分

一宗得杂粮利银廿一两五钱

六宗共得利银壹千贰百五拾七两贰钱

以上二大宗共本利银六千贰百九拾七两贰钱

一宗现存银五百四十八两八钱

一宗现存钱八十叁万九千九百五十（文）

一宗现存架本银壹千八百九两七钱四分

一宗现存房东支艮壹百五两

一宗现存外帐本银壹千九十贰两

一宗现存众支银五百六十贰两七钱弍分

一宗现存缺支银廿五两

一宗现存请会入买骡本银九十五两

一宗现存永盛号本艮八百廿七两五钱四分

九宗共存银五千九百五两七钱伍分

一宗日费银贰百四十三两八钱七分

一宗县内杂使银八十四两八钱七分

一宗劳径身工银卅四两贰钱

一宗出长短月利银廿八两五钱壹分

四宗共费银叁百九十一两四钱五分

以上二大宗共存费银六千贰百九十七两贰钱

一宗除原本银叁千四百八十两

一宗除过护本银七百十五两

一宗除过借贷本艮八百四十五两

一宗除过日用杂使劳径身工出月利银叁百九十一两四钱五分

一宗撇过地价外帐银壹百壹拾四两四钱

一宗撇过房价银壹百五两

六宗共除撇过银五千六百五十两八钱五分

一切除清净得利银六百四拾六两叁钱五分

人银俸股十六俸六厘，每俸分银叁拾伍两

该分银五百八拾壹两

净余银六十五两叁钱五分坐入护本

按：该史料是晋商某商号的年终决算清单，涉及本、利和存、费，最后是净利润，具有龙门帐所具有的平衡和双轨制运算等复式簿记的特征。取自郭兆斌的《新发现的清代民间复式簿记报告试析——以乾隆十六年晋商年终决算清单为例》（《财会月刊》2016 年第 30 期）以及刘秋根、郭兆斌的《清代前期龙门账簿记报告编制方法研究——以晋商年终结算清单为例》（《中国经济史研究》2017 年第 5 期）。

2. 光绪二十四年正月立积金账簿

“积金”有积累财富的意思，积金账是在晋商个人参与多个商号合伙的情况下，用来记录自己在各商号的股权变动情况的账簿。以下两则史料记载的是光绪十四年至光绪三十年间，某位股东记录参与亨豫昌、洪盛昌两家商号合伙、分红等相关情况的个人日用账簿。取自刘建哲的《新发现的清代晋商个人日用账簿探析——以光绪二十四年积金账簿为例》（《会计之友》2018 年第 13 期）。

(1)《亨豫昌积金账》。

立合同人：张治国、乔锡躬、宋礼贤等因心投意合，在交邑东关开设当铺生理字号——亨豫昌。自立以后务要秉公无私，同心协力。日后蒙天赐利，按股均分。今立合同一样十张，钱股各执一张，铺存一张，永远为证。今将钱人股俸开列于后：

益寿堂入本钱贰千四百贰拾千文，作为壹俸一厘

闫际亨入本钱贰千贰百千文，作为壹俸

爱日堂入本钱壹千五百四拾千文，作为柒厘

荣庆堂入本钱壹千五百四拾千文，作为柒厘

益元堂入本钱壹千壹百文，作为五厘

乔腾逵入本钱壹千壹百文，作为五厘

敦山堂入本钱壹千壹百文，作为五厘

五和堂入本钱四百四拾千文，作为二厘

乔锡躬入本钱四百四拾千文，作为二厘

张治国身力，作为一俸

乔锡躬身力，作为柒厘

宋礼贤身力，作为柒厘

光绪十四年八月二十八日立

光绪二十六年生意亏本歇业，二十九年东伙离事，有原典计房院一所，有自己七股，应分房价钱五百八十三千三百三十三文，又改字号亨豫乾。

(2)《洪盛昌积金账》。

当思仁乃集福之根，义为治身之本。居仁由义古训贻然，允而克守，天必赐之以福，而同财合伙仁义甚要。兹我东伙相逢心投意合，资钱资人基立于世。今在交邑东关开设花布生意号——洪盛昌记。自立以后，务须同心协力，矢公矢慎，日后蒙天赐获利按钱股人俸均分，立一样合同柒张，东家各执一张，铺中公存一张，所将钱俸身股开列于右：

洪盛当入本钱四千五百千文，作为三股

荣庆堂入本钱壹千贰百千文，作为八厘

源敦堂入本钱玖百千文，作为六厘

光裕堂入本钱玖百千文，作为六厘

洪盛当随身股，作为一俸

牛履道顶身股，作为一俸

吕澎身力，作为一俸

王雁塔身力，作为一俸

石金镶身力，为九厘

贺敦身力，作为九厘

光绪十九年二月初六日立

二十四年二月二十二日算帐，每股倍入本钱三百五拾千文。

二十五年三月，褚金芝、褚金茹二人将本利抽清。

3.《道光五年三义当清单》

道光六年开五年三义当　新正

清单

原本银柒千两

借本银叁千叁百两

增本银壹千壹百贰拾壹两柒钱叁分伍厘

借铜本息谷官项三宗本银壹百陆拾玖两伍钱肆分肆厘

以上共本银壹万壹千伍百玖拾壹两贰钱柒分玖厘

(中略)

一得会利银壹拾壹两叁钱

以上五宗得利银壹千柒百陆拾玖两捌钱捌分陆厘

(中略)

一出豁本银贰百两

以上九宗共出银壹千零伍拾陆两伍钱捌分肆厘

除出净剩银柒百壹拾叁两叁钱零贰分

(中略)

一存现银钱壹千零叁拾捌两捌钱壹分壹厘

以上八宗共存本银壹万贰千伍百零肆两伍钱捌分壹厘

一除本银柒千两

一除借本银叁千叁百两

一除增本银壹千壹百贰拾壹两柒钱叁分伍厘

一除铜本息谷官项三宗本银壹百陆拾玖两伍钱肆分肆厘

一除豁本银贰百两

以上五宗共除本银壹万壹千柒百玖拾壹两贰钱柒分玖厘

一应除清净剩利银柒百壹拾叁两叁钱零贰厘

按：该史料是晋商三义当当铺的年终决算清单，账簿涉及本、利、出、存、除五类，可作为研究龙门账的史料使用。取自刘秋根和郭兆斌的《清代前期龙门账簿记报告编制方法研究——以晋商年终结算清单为例》(《中国经济史研究》2017 年第 5 期)。

4.《道光二十二年天合永清单》

道光二十三年　新正月　吉立

天合永清单　刘营天合李记

天合道光二十二年清单

现存钱伍千伍百伍拾捌千陆百陆拾文

（中略）

以上四宗共存钱壹万陆千柒百伍拾千零九百拾文

除一宗原本钱叁仟吊整

（中略）

以上三宗共除钱壹万伍千壹百伍拾陆千伍百柒拾文

除讫净长钱壹千五百玖拾肆千叁百肆拾文

收一年人前利钱壹千九百贰拾捌千捌百贰拾文

（中略）

以上四宗共收利钱贰千柒百捌拾壹千文

除一宗短月利钱伍百伍拾贰千壹百陆千（文）

（中略）

以上三宗共除钱壹千壹百捌拾陆千陆百陆拾文

按：该史料是晋商天合永的年终决算清单，涉及存、除、收和出四类，在编制方法上已经具有龙门账“双轨制”结算法的形制和特点。取自刘秋根和郭兆斌的《清代前期龙门账簿记报告编制方法研究——以晋商年终结算清单为例》（《中国经济史研究》2017 年第 5 期）。

5.《光绪十三年（1887 年）正月至十六年（1890 年）年终算单》

计开：

共四年净得余利足纹银二十四万八千四百七十六两四钱五分

十三年净得余利银四万七千七百〇六两〇一分按银（人）股三十八俸六五每股应分足银一千二百三十四两三钱一分

十四年净得余利银五万七千八百八十两零七分，按银（人）股三十八俸四五每股应分足银一千五百零五两三钱三分

十五年净得余利银七万二千一百九十四两七钱，按银（人）股三十七俸九五每股应分足银一千九百零二两三钱六分

十六年净得余利银七万零六百九十五两六钱七分，按银（人）股三十七

俸一五每股应分足银一千九百零二两九钱八分

每俸统共应分余利足银六千五百四十四两九钱八分

光绪十七年新正吉日　开

按：史料内容反映了蔚长厚票号一个账期的盈利及分红情况，与此类似的还有《光绪九年（1883年）正月至十二年（1886年）年底算单》。摘自黄鉴辉的《山西票号史料》，山西经济出版社2002年版，第1214页。

（二）徽商会计史料

徽商会计史料主要出自《徽州千年契约文书》。此外，《近代史研究》《财会月刊》等学术期刊中也经常可以检索到新发现的徽商账簿史料。

1.《嘉庆溆浦裕余》

嘉庆拾贰年岁次丁卯春王月　吉立

年　总

一该以记存本钱一千三百五十四千〇九十二，丙□出苏□货时开张

一该以记存马效葵、马迪光店钱贰百五十贰千，家伙另帐

一该以记存坐房钱肆拾千文

三共存钱一千六百四十六千零九十二

一该郑信和存货钱九十三千八百五十六

一该任永和存货钱拾一千零七十九

一该戚德茂存货钱廿八千六百

一该房租未付去存钱拾贰千

一该各友存俸钱贰千八百

以上共该钱一千七百九十四千四百廿七

一存店盘现货钱一千零五十一千四百六十六

一存以记该钱三十五千八百廿文

一存过店钱贰百五十贰千

一存坐房钱四十千

一存现钱二百七十贰千零卅八

一存现银廿五两四钱二分，作廿贰千三百七十

一存现洋九元，作钱六千三百

一存寄苏染布卅匹，钱十一千

一存寄买被面洋十，钱七千

一存押包钱三千零五十二

一存欠帐钱贰千六百九十一

一存陈荆岩借钱十八千六百廿一

一存汪泽云借钱八千八百六十二

一存王加小船借钱四百七十

一存店各友借钱贰千九百卅

一存缉亭该钱三千三百九十八

一存方斗光借钱卅千

一存徐萃华首会五十千

一存李德和借钱八百

一存松记该钱七千二百廿四

一存聚源该钱七百廿五文

一存置物钱一三二百，六折作七千九百廿

以上共存钱一千八百卅四千六百八十八

两兑净余钱四十千零二百六十一

十一年十月二十日开市，至年杪计七十日，卖钱一千五百零九千二百八十四

一支俸钱三万一千八百

一支堂食五十一千七百七十四

一支杂用钱卅贰千八百五十

一支零用钱十贰千九百廿七

一支置物钱五千二百八十

共支用过钱一百卅四千六百卅一

仍除支余钱四十千零二百六十一

总共计毛利钱一百七十四千八百九十贰文，作毛利一分一厘六

按：徽商账簿《嘉庆溆浦裕余》采用了与龙门账一致的双轨计算盈亏的结算方法。史料取自张建朋、刘秋根的《徽商账簿〈嘉庆溆浦裕余〉研究》（《财会月刊》2013 年第 12 期）。

2. 咸丰年间徽州布商志成号账簿文书

徽商志成号商业账簿类型主要有银钱总录、暂记簿、誊清簿、收支簿、进货簿和盘货簿，详细记录了志成号历年进货、销售、开支、结算等经营情

况。以下两则史料摘自马勇虎的《乱世中的商业经营：咸丰年间徽商志成号商业账簿研究》（《近代史研究》2010年第5期），以及《晚清徽州钱号与地方社会的互动——以咸同年间万隆、志成账簿为中心》（《安徽师范大学学报》（人文社会科学版）2011年第1期）。其中，第一则史料记载了志成号为躲避战乱而搬移货物的支出，第二则史料是志成号缴纳厘金的原始记录。

（1）《志成咸丰六年丙辰正月吉立公和誊清伙食门差杂用总》。

八月二十三，支钱6100文，搬移至菱车力。

九月初四，支钱6100文，搬移至徐家仓车力。

九月初八，支钱200文，搬移至刘家坞车力。

九月二十，支钱1363文，搬移至刘家坞车力。

十月十五，支钱700文，搬移船上并在店散用共七天。

十月十六，支钱490文，搬移船上，推车上下力。

十月十七，支钱10400文，搬移船上，船钱并船下力。

十二月二十一，支钱200文，搬移下力。

支钱5000文，搬移。

丁巳年正月初十，支钱100文，搬移船钱。

支钱2150文，搬移船上，十二月二十二至正月初十零用。

三月二十二日，支钱12466文，搬反在乡两个月零用并恒足。

二十五日，支钱430文，搬货回店船钱。

（2）《志成号咸丰八年戊午元号暂记》。

咸丰八年正月廿七日，付总局十六至廿五日厘金钱938文，本店值日交局。

杏月初四日，付总局正月廿六至廿九日厘金钱490文，源隆值日交局。

十一日付总局初一日至十日厘金钱1213文，道生值日交局。

廿二日，付总局，十一至廿日止厘金钱1083文，宏昌值日交局。

桃月初二日，付总局厘金钱968文，二月廿一至卅日元达值日。

（三）浙江松阳石仓文书中的会计史料

以下史料转引自章毅的《祀神与借贷：清代浙南定光会研究——以石仓〈定光古佛寿诞会簿〉为中心》（《史林》2011年第6期）。清代浙南定光会是以定光佛信仰为基础，会众共同出资成立的宗教性民间组织。该会具有借贷功能，会众通过定光会能得到较低利率的借款，以满足会众的经济需求。史料第一部分概述当年定光会寿诞活动的开支，以及上年会内资金的结存情况。其余部分分列各会众对定光会的收支情况。

《定光古佛寿诞会簿》“道光七年”条

道光七年正月初七，阙永寿为首。面结消用钱四千四百卅七文。陆年收去朖租谷贰担，作钱四千文。对除，仍透用出钱币四百卅七文。即付去钱贰拾玖仟〇六十贰文。再对除，仍存去钱贰拾捌千陆百廿五文。七年十二月，该租谷钱叁千贰百文。共本利钱叁拾壹千八百廿五文。元奎借去，立字交永焕存去。

阙和生。领去钱本壹千柒百九十一文。又存去朖租谷柒桶，作钱一千柒百五十文。又存去朖租谷五桶，作钱一千贰百五十文。共结存去钱四千柒百九十一文。该利钱五百七十六文。上年透欠生钱一百七十五文。

阙光奎。仍领去钱本叁千文。永焕、和生、献奎三人认。

阙天开。存去五年租谷四桶。

石日才。领去钱本拾四千柒百文。欠五年利谷壹担。

赖学云、学书、学仁。借去钱本拾壹千文。陆年立当字，当字存永焕处。八年谷收。每年充朖租谷柒桶。

（四）档案文献中的清代政府会计史料

史料内容涉及四柱奏销清册和四柱记账法，主要出自中国第一历史档案馆《清代档案史料丛编》（第 10 辑）等相关专著和期刊。

1. 顺治十年《王道新题销算茶马事本》

巡视陕西茶马试监察御史王道新谨题，为微臣遵旨交差事。

臣于顺治九年十月内都察院具题请差巡视茶马官员事，臣奉敕谕巡按陕西茶马，于顺治十年二月初七日入境，受事招商中马，散引催茶，严缉私贩，清核牧马，催征茶课地亩银两，纠参不肖有司，逐一举行。今奉止息，遵将五司中完马匹，给发过数目，与管收除在茶篦，并七监孳牧马匹，及中完商引，拿获私马私茶，征过茶课地亩银两等项，备细造册奏缴。

外相应通汇总目具题，伏乞敕下该部院查核施行。为此具本，专差承差刘怀义赍捧，谨题请旨。

计开

一，洮岷、河州、西宁、庄浪、甘州五茶马司，中完茶马三千七十九匹。

洮州司中完马三百六十二匹，岷州司中完马一百九十匹，河州司中完马九百二十七匹，西宁司中完马一千三百匹，庄浪司中完马三百，甘州司中完马无，凉州中完马无，肃州中完马无。

一，洮岷、河州、西宁、庄浪茶马司，给发过各边镇茶马通共三千七十九匹。

总督移拨平西王马五百匹，解总督马一百四十匹，给陕西提督马四百五十七匹，给临巩镇马二百五十匹，给固原镇马一百匹，给兴安镇马二百五十匹，给延绥镇马一百匹，给宁夏镇马一百匹，给甘肃镇马一百匹，给阶文副将营马六十九匹，给洮州参将营马一百二十六匹，给固原城守参将营马五十匹，给红水游击营马三十七匹。现存候解平西王马八百匹。

一，苑马寺库贮各项银两

旧管：顺治九年十月初七日止，现在库贮粮课等银二千三百六十三两七厘八毫八丝三忽。新收：顺治九年十月初八日起，至十年闰六月终止，收过粮课等银共一千九百五十两九钱八分四厘五丝。开除：顺治九年十月初八日起，至十年闰六月终止，开过买种马银三千八百八十五两八钱六分一厘一毫八丝三忽。实在：顺治十年闰六月终止，库贮粮课等银共四百二十八两一钱三分七毫五丝。

一，苑马寺七监各项马匹银粮

旧管：顺治九年十月初七日止，马并驹二千一百五十一匹。新收：顺治九年十月初八日起，至十年闰六月终止，收过马驹七百一十九匹。该前茶臣详允动地亩等银，买种马一百五十九匹。该臣动私茶私马变价，买种马二百一十五匹，发安、广二监孳牧收讫。该臣盘获私马七匹，发安定监孳牧收讫。新生驹二百四十一匹，追完八、九年本色驹二十匹，追完倒死马二十八匹，倒死应赔马四十九匹。开除：顺治九年十月初八日起，至十年闰六月终止，除过马并驹一百匹。依给固镇马一十一匹，详允照例除豁沿途倒死纳肉赃马九匹，照例除豁倒死余驹三匹，追完倒死马二十八匹，倒死应赔马四十九匹。实在：顺治十年闰六月终止，马并驹二千七百七十匹。现养马并驹二千七百四匹，倒死应赔马六十六匹。开城、广宁、黑水、清平、万安、武安六监银粮无。安定监，旧管：顺治九年十月初七日止，现仓粮二百七十六石五斗五升。新收：无。实在：顺治十年闰六月终止，现在仓粮二百七十六石五斗五升。

一，五司茶篦数目

洮州茶马司

旧管：顺治九年十月初七日止，新旧黑黄截篦块斤共茶八千八百三十九篦零七斤。新收：顺治九年十月初八日起，至十年闰六月终止，岷州转运黑黄茶二千三百八十四篦半。开除：顺治九年十月初八日起，至十年闰六月终止，中马并赏番共放过黑黄茶三千四百二十二篦。实在：顺治十年闰六月终止，新旧黑黄截篦块斤共茶七千八百一篦半零七斤。

（中间略）

甘州茶马司在兰州库贮

旧管：顺治九年十月初七日止，茶篦无。〈下残〉

批红：著察核，该部院知道。

按：文书是对顺治九年十月至顺治十年闰六月陕西茶马账务的汇总报告。详见中国第一历史档案馆《清代档案史料丛编》（第10辑），中华书局1984年版，第40-43页。

2.《江南制造局同治六年至十二年四柱奏销清单》

谨将上海机器制造局自同治六年五月起至十二年十二月止，收支经费银两，缮具简明清单，恭呈御览。

旧管

无项

新收

一，收江海关自二十七结起至五十四结止，陆续拨用二成洋税银二百八十八万四千四百九十七两九钱八分九厘四毫。

开除

一，购买外洋制造书籍等项及刊刻翻译书籍等项共支银一万六千四百六十两六分三厘七毫。

一，洋人辛工等项共支银十四万一千一百八十八两九钱七分六厘八毫。

一，购买外洋大小机器、一切器具、各项军火价脚及添购厂地、培成厂座、开挖船坞等项共支银五十三万五千一百九十两一钱九分二厘一毫。

一，制造机器等件共支银十八万七千五百七十二两四钱四分九厘。

一，制造枪炮等件共支银十七万四千五百五两四钱二分三厘二毫。

一，购解总理各国事务衙门铜铅字模印图、铁架及转解神机营千里镜等件价脚共支银五千四百四十八两八钱六分三厘八毫。

一，支委员薪水等项共支银十一万二千七百四十八两四钱一分七里九毫。

一，代江宁炮局购买外洋物料价脚共支银九万五千五十八两四分六毫。

一，另单开报轮船经费共支银九十六万八千五十二两二钱六分二厘。

以上统共支银二百二十三万六千二百二十四两六钱八分九厘一毫。

实在

应存银六十四万八千二百七十三两三钱三毫，归于下届开报。

按：李鸿章在奏折中采用四柱记账法，以旧管、新收、开除、实在四项，列明上海江南制造局的收支情况。详见中国史学会主编《光绪元年十月十九日直隶总督李鸿章等奏折》，《洋务运动》（第4册），上海书店出版社2000年版，第31-32页。

3.《道光二年（1822年）福建省地丁钱粮奏销册》

道光二年地丁并升垦起科银1 234 269两零，除留支各款银200 923两零外，截至奏销止，解完司库银840 941两零，尚未完银192 404两零。

比较嘉庆二十四年分额征地丁银1 233 654两零，除留支各款银200 923两零外，截至奏销止，解完司库银819 197两零，尚未完银213 533两零，计多完银21 744两零。

比较嘉庆二十五年分额征地丁银1 234 191两零，除留支各款银199 770两零外，截至奏销止，解完司库银796 752两零，尚未完银237 668两零，计多完银44 189两零。

比较道光元年分颛征地丁银1 234 193两零，除留支各款银199 731两零外，截至奏销止，解完司库银833 956两零，尚未完银210 505两零，计多完银16 984两零。

带征积年旧欠：

道光二年分带征嘉庆二十三、四、五等年并道光元年积欠地丁银704 754两零，尚未完银627 158两零。

比较嘉庆二十四年分带征嘉庆二十三年积欠地丁银230 424两零，截至奏销止，解完司库银58 034两零，尚未完银172 390两零，计多完银19 561两零。

比较嘉庆二十五年分带征嘉庆二十三、四等年积欠地丁银385 923两零，截至奏销止，解完司库银61 785两零，尚未完银32 4137两零，计多完银15 810两零。

比较道光元年分带征嘉庆二十三、四、五等年积欠地丁银561 805两零，截至奏销止，解完司库银67 557两零，尚未完银494 248两零，计多完银10 038两零。

按：史料内容包括“本年额征”钱粮与上三年比较，以及“积年旧欠”钱粮与上三年比较两项内容。转引自陈锋的《清代财政政策与货币政策研究》（武汉大学出版社2008年版，第479页）。

4.《呈浙江省光绪十七年分耗羡银两收支动存四柱清单》

旧管
存库银一千七百七十一两零
未完光绪十四十五十六三年列参缓带地杂
河工监课蜡茶丝芽茶漕项等款耗羡银
四萬九千八百一十六两零
光绪十七年额征地耗及颜料蜡条茶材芽茶
河工南丝盐课季钞等款耗羡共银一十三
萬四千五百三十一两零，内除被水荒芜灾
歉及沙淤新垦蠲免缓征并流亡坐支等项
共银一萬七千六百一十七两零
实应解司耗羡银一十一萬六千九百一十三两零
新收
（明细略）
以上统共收存银一十七萬三千三百七十九两零
开除
一支给各官养廉心红备工雩祭主考路费拨
兵工食拨补学租各属监犯口粮棉衣药饵
丝绵饭食协饷汇费塘兵工食油烛渡夫工
食等款共银一十七萬三千七百一十五两零
实在
存库银一千四百三十五两零
未完光绪十四十五十六十七等年列参灾歉
缓带地杂河工盐课蜡茶南丝芽茶季钞等

项耗羡共银四萬六千八百一十三两零

未完光绪十四十五十六十七等年漕耗共银

一萬五千一百三十二两零

按：该史料是光绪十七年耗羡银两收支情况的四柱呈报清单。旧管由库存银、未完光绪十四年至十六年的各类耗羡银、光绪十七年应征各类耗羡银三部分组成，其中第二部分相当于外欠账。转引自王祥伟的《四柱结算法登载外欠账的方式及其演变》(《中国经济史研究》2019 年第 3 期)。

思考题

1. 简述先秦会计史料的主要来源和特点。
2. 简述先秦时期会计史研究中需要利用的主要考古文献。
3. 简述秦汉时期会计史料的来源与特点。
4. 简述秦代会计史研究中需要利用的出土简牍文献。
5. 简述汉简在汉代会计史研究中的重要意义。
6. 简述隋唐时期会计史料的来源与特点。
7. 简述隋唐时期与会计史料研究相关的传世文献。
8. 简述敦煌吐鲁番文书在隋唐会计史研究中的重要意义。
9. 简述宋代会计史料的来源与特点。
10. 简述宋代与会计史料研究相关的传世文献。
11. 简述辽西夏金元会计史料研究中需要利用的考古文献。
12. 简述档案史料在明清会计史研究中的重要意义。
13. 简述清代会计史料的来源与特点。
14. 简述清代会计史研究中需要利用的主要档案文献。

参考文献

［1］安作璋，熊铁基．秦汉官制史稿［M］．济南：齐鲁书社，2007.

［2］安作璋．中国古代史史料学［M］．福州：福建人民出版社，2005.

［3］包伟民．宋代地方财政史研究［M］．上海：上海古籍出版社，2001.

［4］曹树基，等．石仓契约（第二辑第4册）［M］．杭州：浙江大学出版社，2012.

［5］曹天忠．中国近现代史史料学［M］．北京：高等教育出版社，2016.

［6］陈锋．清代财政史论稿［M］．北京：商务印书馆，2010.

［7］陈明光．走马楼吴简所见孙吴官府仓库账簿体系试探［J］．中华文史论丛，2009（1）：27-56.

［8］陈明光．汉唐财政史论［M］．长沙：岳麓书社，2003.

［9］陈伟．里耶秦简牍校释（第1卷）［M］．武汉：武汉大学出版社，2012.

［10］陈伟，等．秦简牍合集［M］．武汉：武汉大学出版社，2016.

［11］崔军红，等．实用古典文献学［M］．北京：光明日报出版社，2010.

［12］董乾坤．民国以来账簿研究的三种取向［J］．中国社会经济史研究，2016（3）：96-104.

［13］杜立晖，陈瑞青．黑水城元代汉文军政文书研究［M］．天津：天津古籍出版社，2015.

［14］杜希德．唐代财政［M］．上海：中西书局，2016.

［15］杜泽逊．文献学概要［M］．北京：中华书局，2001.

［16］方宝璋．宋代财经监督研究［M］．北京：中国审计出版社，2001.

［17］方宝璋．中国审计史稿［M］．福州：福建人民出版社，2006.

［18］冯尔康．清史史料学［M］．北京：故宫出版社，2013.

［19］冯友兰．中国哲学史史料学［M］．南京：江苏教育出版社，2006.

［20］冯卓慧．商周民事经济法律制度研究：卜辞、金文、先秦文献所见［M］．北京：商务印书馆，2014.

［21］高恒．汉代上计制度论考：兼评尹湾汉墓木牍《集簿》［J］．东南文化，1999（1）：76-83.

［22］郭道扬．会计史研究（第 3 卷）［M］．北京：中国财政经济出版社，2010.

［23］郭东旭．宋朝法律史论［M］．保定：河北大学出版社，2001.

［24］郭浩．汉代地方财政研究［M］．济南：山东大学出版社，2011.

［25］郭兆斌．晋商簿记报告研究［D］．保定：河北大学，2017.

［26］郝继伟．会计控制与财政运行关系考略：以唐宋应在账为中心［J］．会计论坛，2020（1）：143-154.

［27］何忠礼．中国古代史史料学［M］．上海：上海古籍出版社，2012.

［28］侯旭东．丞相、皇帝与郡国计吏：两汉上计制度变迁探微［J］．中国史研究，2014（4）：99-120.

［29］湖南省文物考古研究所，湘西土家族苗族自治州文物处．湘西里耶秦代简牍选释［J］．中国历史文物，2003（1）：8-25.

［30］张春龙．龙山里耶秦简之“徒簿”［J］．出土文献研究，2013（0）：101-131.

［31］湖南省文物考古研究所．里耶发掘报告［M］．长沙：岳麓书社，2007.

［32］黄纯艳．宋代财政史［M］．昆明：云南大学出版社，2013.

［33］黄仁宇．十六世纪明代中国之财政与税收［M］．北京：三联书店，2001.

［34］黄永年．唐史史料学［M］．北京：中华书局，2015.

［35］黄征．敦煌语言文字学研究［M］．兰州：甘肃教育出版社，2002.

［36］黎明钊，唐俊锋．里耶秦简所见秦代县官、曹组织的职能分野与行政互动：以计、课为中心［J］．简帛，2016（2）：131-158.

［37］李金华．中国审计史［M］．北京：中国时代经济出版社，2004.

［38］李锦绣．隋唐审计史略［M］．北京：昆仑出版社，2009.

［39］李锦绣．唐代财政史稿［M］．北京：社会科学文献出版社，2007.

［40］李锦彰．晋商老帐［M］．北京：中华书局，2012.

［41］李均明，刘军．简牍文书学［M］．南宁：广西教育出版社，1999.

［42］李均明．散见简牍合辑［M］．北京：文物出版社，1990.

［43］李均明．汉简会计考（上），出土文献研究（第3辑）［M］．北京：中华书局，1998.

［44］李均明．里耶秦简“真见兵”解，出土文献研究（第11辑）［M］．上海：中西书局，2012.

［45］李均明．走马楼吴简会计用语丛考，出土文献研究（第7辑）［M］．北京：中华书局，2005.

［46］李天虹．居延汉简簿籍分类研究［M］．北京：科学出版社，2003.

［47］李孝林，等．比较会计史学［M］．北京：中国财政经济出版社，2007.

［48］李逸友．黑城出土文书（汉文文书卷）［M］．北京：科学出版社，1991.

［49］梁淼泰．清代景德镇一处炉寸窑号的收支盈利［J］．中国社会经济史研究，1984（4）：1-16.

［50］林甘泉．中国经济通史（秦汉经济卷）［M］．北京：中国社会科学出版社，2007.

［51］林梅村，李均明．疏勒河流域出土汉简［M］．北京：文物出版社，1984.

［52］刘伯山．徽州文书（第1辑）［M］．南宁：广西师范大学出版社，2005.

［53］刘秋根，郭兆斌．清代前期龙门账簿记报告编制方法研究：以晋商年终结算清单为例［J］．中国经济史研究，2017（5）：110-120.

［54］刘秋根，谢秀丽．明清徽商工商业铺店合伙制形态：三种徽商账簿的表面分析［J］．中国经济史研究，2005（3）：79-87.

［55］刘秋根，张建朋．明清时代工商企业的资产负债表：以《万历程氏染店查算账簿》为中心［J］．河北大学学报（哲学社会科学版），2010（1）：1-7.

［56］刘秋根．明代徽商合伙制店铺融资形态分析：以万历程氏染店账本为例［J］．河北大学学报（哲学社会科学版），2003（3）：23-30.

［57］刘守刚．中国财政史十六讲：基于财政政治学的历史重撰［M］．上海：复旦大学出版社，2017.

［58］刘文英．中国哲学史史料学［M］．北京：高等教育出版社，2002.

［59］毛建军．古籍数字化理论与实践［M］．北京：航空工业出版社，2009.

［60］明成满．唐后期五代宋初敦煌寺院财产管理研究［D］．南京：南京

师范大学，2008.

［61］莫日达．中国古代统计思想史［M］．北京：中国统计出版社，2004.

［62］潘洁．黑水城出土钱粮文书专题研究［M］．银川：宁夏人民出版社，2013.

［63］潘树广，等．文献学纲要［M］．桂林：广西师范大学出版社，2000.

［64］齐海鹏，等．中国财政史［M］．大连：东北财经大学出版社，2015.

［65］齐世荣．史料五讲［M］．北京：首都师范大学出版社，2014.

［66］钱大群．唐律研究［M］．北京：法律出版社，2000.

［67］桑良至．珍贵的徽商经营档案：咸丰年间经商账簿［J］．大学图书情报学刊，2008（1）：82-83，58.

［68］宋小明，陈立齐．敦煌“历”文书的会计账实质［J］．郑州航空工业管理学院学报，2017（4）：84-97.

［69］孙翊刚．中国财政通史（隋唐卷）［M］．北京：中国财政经济出版社，2006.

［70］陶敏．中国古典文献学［M］．长沙：岳麓书社，2014.

［71］汪桂海．秦汉简牍探研［M］．台北：文津出版社，2009.

［72］汪圣铎．两宋财政史［M］．北京：中华书局，1995.

［73］王晖，贾俊侠．先秦秦汉史史料学［M］．北京：中国社会科学出版社，2007.

［74］王建忠，柳士明．会计发展史［M］．大连：东北财经大学出版社，2016.

［75］王菱菱，王中良．清代晋商典当业会计账簿组织探析：基于《立账簿头绪》［J］．财会月刊，2018（3）：132-137.

［76］王祥伟．四柱结算法登载外欠账的方式及其演变［J］．中国经济史研究，2019（3）：125-137.

［77］王晓光．秦汉简牍具名与书手研究［M］．北京：荣宝斋出版社，2016.

［78］王欣夫．文献学讲义［M］．上海：复旦大学出版社，2015.

［79］王永兴．唐勾检制研究［M］．上海：上海古籍出版社，1991.

［80］王钰欣，周绍泉．徽州千年契约文书（宋元明编）［M］．石家庄：花山文艺出版社，2015.

［81］吴睒骧．敦煌汉简释文［M］．兰州：甘肃人民出版社，1991.

[82] 夏寒．中国古代审计思想演进评述 [J]. 审计研究，2018（6）：10-15.

[83] 夏南强．人文社会科学信息检索 [M]. 北京：清华大学出版社，2012.

[84] 谢国桢．史料学概论 [M]. 北京：北京出版社，2014.

[85] 严昌洪．中国近代史史料学 [M]. 北京：北京大学出版社，2011.

[86] 杨智杰．中国古代官厅理财思想史研究 [M]. 北京：经济科学出版社，2009.

[87] 杨帆．宋代县级财政账簿初探 [J]. 宋史研究论丛，2016（0）：89-114.

[88] 杨际平．杨际平中国社会经济史论集（先秦秦汉魏晋南北朝卷）[M]. 厦门：厦门大学出版社，2016.

[89] 于洪涛．里耶秦简经济文书分类整理与研究 [M]. 北京：知识产权出版社，2019.

[90] 于振波．简牍与秦汉社会 [M]. 长沙：湖南大学出版社，2012.

[91] 袁为鹏，马德斌．商业账簿与经济史研究：以统泰升号商业账簿为中心（1798—1850）[J]. 中国经济史研究，2010（2）：50-60.

[92] 袁延胜．秦汉简牍户籍资料研究 [M]. 北京：人民出版社，2018.

[93] 张伯元．法律文献学 [M]. 上海：上海人民出版社，2012.

[94] 张德芳．敦煌马圈湾汉简集释 [M]. 兰州：甘肃文化出版社，2013.

[95] 张革非．中国近代史料学稿 [M]. 北京：中国人民大学出版社，1990.

[96] 张建朋．明清民间会计报告的演变研究 [D]. 保定：河北大学，2010.

[97] 张嘉兴，等．隋唐中央财计组织制度研究：我国大部制改革的历史借鉴 [J]. 中南财经政法大学学报，2014（6）.

[98] 张荣强．汉唐籍帐制度研究 [M]. 北京：商务印书馆，2010.

[99] 张三夕．中国古典文献学 [M]. 3 版．武汉：华中师范大学出版社，2018.

[100] 张显成，周羣丽．尹湾汉墓简牍校理 [M]. 天津：天津古籍出版社，2011.

[101] 张显成．简帛文献学通论［M］．北京：中华书局，2004.

[102] 张应强，王宗勋．清水江文书［M］．南宁：广西师范大学出版社，2007.

[103] 章文钦．吴渔山嘉定账簿初探［J］．北京：中华文史论丛，2009（2）：195-246.

[104] 赵友良．中国古代会计审计史［M］．上海：立信会计出版社，1992.

[105] 赵友良．中国近代会计审计史［M］．上海：上海财经大学出版社，1996.

[106] 朱崇先，杨怀珍．国家图书馆藏清代彝文田赋帐簿研究［M］．北京：民族出版社，2013.

[107] 朱德贵．汉简与财政管理新证［M］．北京：中国财政经济出版社，2006.

学术术语索引